D1564532

GUERRA DE DOS MUNDOS

CIENCIA CONTRA ESPIRITUALIDAD

GUERRA DE DOS MUNDOS

CIENCIA CONTRA ESPIRITUALIDAD

Deepak Chopra
y
Leonard Mlodinow

Título original: *War of the Worldviews. Science vs. Spirituality*

Publicado originalmente por Harmony Books, de Crown Publishing Group.

De esta edición:
D. R. © Santillana Ediciones Generales, S.A. de C.V., 2012.
Av. Río Mixcoac 274, Col. Acacias.
México, 03240, D.F. Teléfono (55) 54 20 75 30
www.editorialaguilar.com

Traducción al español por: Vicente Herrasti, 2012
La cubierta es una adaptación de la edición original realizada por Daniel Rembert
Fotografias de la cubierta: Dimitri Vervitsioris/Getti Images (ráfaga de luz)
y Stephen Coburn/Bigstock.com (sol)

Primera edición: abril de 2012.
ISBN: 978-607-11-1688-8

Impreso en México

Para todos los sabios y científicos
que han expandido la mente humana

Contenido

Prólogo

Nada es más misterioso que la manera de ver el mundo (la cosmovisión) de otra persona. Todos tenemos una. Creemos que nuestra cosmovisión expresa la realidad. Los indios del suroeste norteamericano viajaron una gran cantidad de millas para cazar búfalos, pero nunca comieron pescado proveniente de los arroyos locales. En su cosmovisión, era real la idea de que los peces eran los espíritus de los ancestros fallecidos. En el Antiguo Testamento era real el hecho de que los sacrificios de animales aplacaban la ira de Dios. Para el romano común era real la idea de que el futuro podía predecirse analizando las entrañas de un pollo. Para los antiguos griegos, era real que un individuo moralmente respetable pudiera tener esclavos, además de la idea de que existían muchos dioses: del amor y la belleza, de la guerra, del inframundo, de la caza, la cosecha o el mar.

Entonces, ¿qué sucede cuando dos visiones del mundo chocan? En 399 antes de Cristo, tres ciudadanos atenienses acusaron a Sócrates de negarse a reconocer a los dioses tradicionales y de introducir en su lugar nuevas divinidades (también fue acusado de corromper a la juventud). La pena para este choque de cosmovisiones, o de dioses, era la muerte. A lo largo del juicio, Sócrates se rehusó a retractarse y a salvarse de un veredicto cierto de culpabilidad. Según Platón, Sócrates dijo: "En tanto pueda respirar y tenga mis facultades, jamás dejaré de practicar la filosofía." Desafortunadamente, en muchas partes del mundo actual, las posturas antagónicas en la forma de ver el mundo todavía son tratadas con violencia y muerte.

Este libro versa sobre el choque de cosmovisiones, donde los golpes brillaron por su ausencia. La obra nació cuando dos individuos se encontraron en un debate televisivo para discutir "el futuro de Dios". El debate tuvo lugar en un auditorio del Instituto Tecnológico de California, y la audiencia estaba compuesta por muchos científicos y estudiantes, y también por gente común, incluyendo a los fanáticos de Deepak de las comunidades aledañas. Cada persona trajo al debate sus creencias personales –sin duda mucha gente era declaradamente religiosa–, pero al mismo tiempo llevaron al encuentro su cosmovisión, avalados por un conocimiento profundo de sus temas.

En el debate del Caltech,[1] Deepak desempeñó el papel de defensor de una cosmovisión conocida generalmente como espiritual. Dado que las nociones de la física eran importantes para el tema, en la etapa de preguntas y respuestas, Deepak preguntó: "¿Hay algún físico en casa?" Ni Leonard ni nadie más respondió. No obstante, después del debate, el moderador, quien reconoció a Leonard como físico, le pidió que hiciera una pregunta a Deepak. En lugar de ello, Leonard ofreció enseñar física cuántica a Deepak. Deepak aceptó –con una mezcla de risas y aplausos–, y en cuanto comenzaron a comunicarse, resultó muy claro que no coincidían sus formas de ver el mundo. Al percatarnos de la intensidad del choque, decidimos darle cauce en este libro.

La ciencia ha puesto a la humanidad en el camino de descubrir los secretos de la naturaleza, de dominar sus fuerzas y desarrollar nuevas tecnologías, usando la razón y la observación en lugar de los aspectos emocionales como herramienta para descubrir la verdad de las cosas. La espiritualidad mira lo invisible, ve el reino de lo trascendente descubierto en uno mismo. La ciencia explora el mundo tal como se ofrece a los cinco sentidos y al cerebro, en

---

[1] Forma coloquial de referirse al Instituto Tecnológico de California [N. del T.].

tanto la espiritualidad considera que existe un propósito en el universo y que éste se encuentra lleno de significado. Desde la perspectiva de Deepak, el gran reto de la espiritualidad es ofrecer algo que la ciencia no puede proveer, en particular nos referimos a las respuestas que yacen en el reino de la conciencia.

¿Qué cosmovisión es correcta? ¿La ciencia describe el universo, o las enseñanzas antiguas, como la meditación, revelan los misterios que están más allá de la cosmovisión de la ciencia? Para descubrirlo, este libro indaga el choque de las formas de ver el mundo en tres niveles: el cosmos o universo físico, la vida y el cerebro humano. Finalmente, también exploramos el misterio de misterios: Dios. En el capítulo titulado "Cosmos", discutimos sobre el origen del universo, su naturaleza y su futuro. En el apartado "Vida", debatimos sobre la evolución, la genética y el origen de la vida. "Mente y cerebro" acude a la neurociencia y analiza los temas de la relación mente-cuerpo. Y "Dios" se refiere no sólo a la deidad presidente, sino a un concepto más amplio de la presencia divina en el universo.

Este libro aborda un total de dieciocho temas, con ensayos de ambos autores para cada asunto. Cada uno contó su versión de la historia, un tema a la vez, pero siempre que alguien de nosotros presenta el segundo texto sobre un tema particular lo hace conociendo de antemano el texto del otro sobre el mismo tema, lo cual nos dio libertad para escribir una refutación. Dado que las refutaciones tienden a convencer a las audiencias, tratamos de ser tan justos como pudimos cuando se trató de decidir quién tendría esa ventaja.

Cada uno de nosotros cree profundamente en la cosmovisión que representa. Hemos escrito con fiereza y respeto para definir la verdad tal y como la vemos. Nadie puede ignorar la pregunta relativa a nuestra percepción del mundo. Lo mejor que podemos hacer –tanto escritores como lectores– es entrar a la contienda. ¿Qué puede ser más importante?

Deepak Chopra y Leonard Mlodinow

Primera parte

La guerra

1

Perspectivas

La perspectiva espiritual

Deepak

Quien mira el exterior, sueña;
quien mira su interior, despierta.
Carl Jung

Si la espiritualidad ha de ganar la lucha en el futuro, primero debe superar una desventaja mayor. En el imaginario popular, hace tiempo que la ciencia desacreditó a la religión. Los hechos remplazaron a la fe. La superstición fue vencida de manera gradual. Por eso prevalece la explicación de Darwin sobre la versión del Génesis, en el sentido de que el hombre desciende de los primates, o la teoría del Big Bang en lugar de los mitos protagonizados por uno o varios dioses.

De modo que es importante comenzar diciendo que la religión no es lo mismo que la espiritualidad. Hasta Dios es distinto de la espiritualidad. Puede que la religión organizada se haya desacreditado, pero la espiritualidad no ha recibido una derrota semejante. Hace miles de años, en culturas localizadas en todo el mundo, maestros espirituales inspirados, como Buda, Jesús y Lao Tse, propusieron visiones y conceptos hondos sobre la vida. Enseñaron que, detrás de la lucha y el dolor de todos los días, existe un dominio trascendente. Aunque el ojo sólo ve rocas, montañas, árboles y cielo, hay un velo que oculta una realidad misteriosa y nunca antes vista. Más allá del alcance de los cinco sentidos se encuentra una realidad invisible y de infinitas posibilidades; la clave para aprovechar su potencial es la conciencia. "Viaja a tu interior –declararon los sabios y videntes– y así encontrarás la verdadera fuente de todo: tu propia conciencia."

Ésta fue la gran promesa que la religión olvidó cumplir. Las razones para ello no nos interesan en este trabajo, porque éste es un libro sobre el futuro. Basta con decir que, si el reino de Dios está en nosotros, como declaró Cristo, si el nirvana significa la liberación de todo sufrimiento, como enseñó Buda, y si el conocimiento del cosmos se encuentra encerrado en la mente humana, como propusieron los antiguos *rishis* o sabios de la India, no podemos afirmar que esas enseñanzas han rendido todos los frutos que debieran. Cada vez menos personas adoran a su deidad de manera tradicional; por más que lo lamenten los viejos, aquellos que se han alejado de la religión ya ni siquiera necesitan una excusa para haberlo hecho. Hace mucho tiempo que la ciencia nos presentó un mundo nuevo y valiente que no requiere tener fe en una realidad invisible.

El tema central de todo este asunto es el conocimiento y la forma en que lo obtenemos. Jesús y Buda no dudaban de que describían la realidad desde una postura que implicaba verdadera sabiduría. Habiendo pasado más de dos mil años, creemos saber más que ellos.

La ciencia celebra sus triunfos, que son muchos, y se disculpa por las catástrofes, que también son muchas y siguen presentándose. La bomba atómica nos llevó a una etapa de destrucción masiva que aterra con sólo pensar en ella. El medio ambiente ha sido afectado desastrosamente por las emisiones de las máquinas que, tecnológicamente, nos ayudan a vivir mejor. Sin embargo, quienes apoyan la ciencia no hacen mucho caso de estos efectos secundarios o fracasos de la política social. Se nos ha dicho que la moralidad no es responsabilidad de la ciencia. Pero si tratas de penetrar más en el asunto, puedes darte cuenta de que la ciencia ha llegado a enfrentar el mismo problema que la religión. La religión perdió de vista la humildad frente a Dios, y la ciencia perdió su capacidad de asombro, concibiendo a la naturaleza como una fuerza opositora que debe enfrentarse y conquistarse para que los secretos obtenidos beneficien a la humanidad. Y ahora estamos pagando el precio. Si se pregunta si el *homo sapiens* está en peligro de extinción, algunos científicos se muestran esperanzados al afirmar que, en unos cuantos cientos de años, los viajes espaciales avanzarán lo suficiente como para permitirnos abandonar este nido planetario que estamos echando a perder. ¡Echemos a perder otros mundos!

Todos sabemos qué está en juego: el futuro cercano se cierne amenazante sobre nosotros. La solución estándar para nuestras presentes desdichas es ya demasiado familiar. La ciencia nos rescatará con nuevas tecnologías, y así lograremos salvar el medio ambiente, remplazaremos los combustibles fósiles, curaremos el sida y el cáncer, y terminaremos con el hambre. Nombra un mal y de inmediato escucharás una voz que afirme que la solución científica está a la vuelta de la esquina. ¿No es verdad que la ciencia, en última instancia, promete rescatarnos de nosotros mismos? ¿Por qué debemos confiar en esa promesa? La cosmovisión que se impuso a la religión, y que concibe la vida desde un punto de vista esencialmente materialista, nos ha conducido a un callejón sin salida. Literalmente.

Incluso si elimináramos milagrosamente la contaminación y el desperdicio, las generaciones venideras seguirían sin un modelo de buena vida, a excepción del esquema que ya nos ha fallado: el consumo infinito, la explotación de los recursos naturales y la diabólica creatividad de la guerra. De acuerdo con un joven estudiante chino que comentó con amargura sobre Occidente: "Se comieron todo el banquete. Ahora nos ofrecen café y postre, pero nos piden que paguemos por toda la comida."

La religión no puede resolver este dilema: ya ha tenido oportunidades para hacerlo. No obstante, la espiritualidad sí puede hacerlo. Debemos retornar a la fuente de la religión. Y esa fuente no es Dios. Es la conciencia. Los grandes maestros que vivieron hace milenios ofrecieron algo más que la creencia en un poder superior. Nos ofrecieron una manera de ver la realidad que no se limita a los hechos externos y a una existencia física limitada, sino que está dotada de sabiduría interior y conciencia infinita. La ironía es que Jesús, Buda y los demás sabios iluminados también eran científicos. Tenían una manera de descubrir el conocimiento que corría paralela a la ciencia moderna. Primero llegaban a una hipótesis, es decir, a una idea que debía ser sometida a prueba. Luego experimentaban para saber si dicha idea era verdadera, y entonces pasaban a la evaluación crítica, ofreciendo los hallazgos a otros científicos con el fin de que pudieran reproducir el hecho revolucionario.

La hipótesis espiritual que funcionó desde miles de años atrás está conformada por tres partes:

1. Una realidad invisible que es la fuente de todo lo visible.
2. Esta realidad invisible puede conocerse por medio de la conciencia.
3. La inteligencia, la creatividad y el poder de organización, están integrados al cosmos.

Estas tres ideas son como los valores platónicos en la filosofía griega, que nos dicen que el amor, la verdad, el orden y la razón dan forma a la existencia humana a partir de una realidad superior. La diferencia consiste en que las antiguas filosofías, cuyas raíces podemos ubicar unos cinco mil años atrás, nos dicen que esta realidad superior está con nosotros aquí y ahora.

En las siguientes páginas, conforme Leonard y yo debatimos sobre las grandes preguntas de la existencia humana, mi papel consistirá en ofrecer respuestas espirituales, no como sacerdote o practicante de una fe particular, sino como investigador de la conciencia. Con esto se corre el riesgo, lo sé, de alejar a los creyentes devotos, a los muchos millones de personas de cualquier fe para los que Dios es muy personal. Pero las tradiciones de sabiduría del mundo no excluían a un Dios personal (en mi caso, no me enseñaron de pequeño a adorar a un Dios, pero a mi madre sí se lo enseñaron, y le enseñaron a rezar a Rama en un templo cada día de su vida). Al mismo tiempo, todas las tradiciones de sabiduría incluyen a un Dios impersonal que permea cada átomo del universo y cada fibra de nuestro ser. Esta distinción molesta a aquellas personas que quieren aferrarse a una fe única, sea cual sea. Sin embargo, un Dios impersonal no tiene por qué constituir una amenaza.

Piensa en alguien a quien ames. Ahora piensa en el amor mismo. La persona amada da un rostro al amor, pero con seguridad el amor existía antes de que esta persona naciera y le sobrevivirá. En este ejemplo tan sencillo radica la diferencia entre el Dios personal y el impersonal. Como creyente, puedes atribuir un rostro a Dios –se trata de una elección privada–, pero espero que te des cuenta de que, si Dios está en todas partes, las cualidades divinas de amor, piedad, compasión, justicia, y todas las demás atribuidas a Dios, se extienden infinitamente por toda la creación. No es de sorprender que esta idea sea común a todas las religiones. La conciencia elevada permitió a los grandes sabios, santos y visionarios, acercarse al tipo de conocimiento que resulta amenazante para la ciencia, pero que es completamente válido. Nuestra comprensión de la conciencia es muy limitada como para hacerle justicia aquí.

Si yo te preguntara de qué cosas eres consciente en este mismo momento, probablemente comenzarías por describir la habitación en que te encuentras y las vistas, sonidos y olores que te rodean. Al reflexionar, te harás consciente de tu estado de ánimo, de las sensaciones de tu cuerpo, y quizá adviertas una preocupación o deseo oculto que está a mayor profundidad que los pensamientos superficiales. Pero el viaje interior puede ir mucho más lejos, conduciéndote a una realidad que no tiene que ver con los objetos comunes ni con los sentimientos y pensamientos cotidianos. Eventualmente, esos dos mundos se funden en un estado del ser que va más allá de los límites espacio-temporales, en una realidad de infinitas posibilidades.

Ahora nos enfrentamos a una contradicción: ¿cómo pueden dos realidades opuestas (en el sentido de que cocinar una hogaza de pan es lo opuesto a soñar con una hogaza de pan) terminar siendo una misma? Esta visión improbable es descrita sucintamente en el *Isha Upanishad*, una antigua escritura hindú. "*Eso* está completo y *esto* también está completo. *Esta* totalidad ha sido proyectada a partir de aquella *otra* totalidad. Cuando *esta* totalidad se funde con esa *otra* totalidad, sólo queda la totalidad." En primera instancia, este pasaje parece un acertijo, pero puede descifrarse al percatarnos de que "*esa otra*" totalidad es el estado de conciencia pura, en tanto que "esta" totalidad constituye el universo visible. Ambas están completas en sí mismas, como sabemos gracias a la ciencia, que ha pasado cuatro siglos explorando el universo visible. No obstante, desde el punto de vista espiritual, una totalidad oculta subyace a la creación, y es esta totalidad invisible la que más importancia tiene.

La espiritualidad ha existido durante algunos miles de años, y sus investigadores han sido brillantes, son como los Einstein de la conciencia. Cualquiera puede reproducir y verificar sus resultados, al igual que sucede con los principios de la ciencia. Más importante aún, el futuro que la espiritualidad promete –un futuro sabio, libre y pleno– no se esfumó conforme declinaba la época de la fe. La realidad es la realidad. Sólo hay una y es permanente. Esto significa que, en algún momento, el mundo interior y el exterior han de encontrarse, no tendremos que elegir entre ellos. En sí mismo, ese hecho será un descubrimiento revolucionario, puesto que la disputa entre ciencia y religión ha convencido a casi todos de que, o se enfrenta la realidad y las duras cuestiones de todos los días (ciencia), o te retiras pasivamente a contemplar una realidad que está más allá de la vida cotidiana (religión).

Esta supuesta elección fue forzada en nosotros cuando la religión fracasó en el cumplimiento de sus promesas. Pero la espiritualidad, la fuente más profunda de la religión, no ha fracasado y está lista para vérselas con la ciencia cara a cara, ofreciendo respuestas consistentes con las teorías científicas más avanzadas. La conciencia humana creó la ciencia, la cual, irónicamente, trata de excluir a la conciencia, ¡su creadora! Obviamente esto nos dejaría con algo aún peor que una ciencia huérfana y estrecha: habitaríamos un mundo empobrecido.

Y este mundo ya llegó. Vivimos en una época de rudo ateísmo, cuyos defensores califican a la religión como superstición, ilusión y engaño. Pero su verdadero objetivo no es la religión sino el viaje interior. Me preocupan menos los ataques a Dios que otros ataques más insidiosos: la superstición del materialismo. Para los científicos ateos, la realidad debe ser externa; de no ser así, todo su entramado se viene abajo. Si el mundo físico es todo lo que existe, la ciencia hace lo correcto al buscar datos en él.

Pero aquí se viene abajo la superstición del materialismo. Nuestros cinco sentidos nos alientan a aceptar que existen objetos "ahí afuera", bosques y ríos, átomos y quarks. Sea como sea, en la frontera de lo físico, cuando la naturaleza se convierte en algo pequeño, la materia se desintegra y desvanece. En este caso, el acto mismo de la medición cambia aquello que vemos; todo observador termina entretejido con aquello que observa. Éste es el universo que la espiritualidad ya conoce bastante bien, en que la observación pasiva da pie a la participación activa, para descubrir que formamos parte del entramado de la creación. El resultado es un poder y libertad enormes.

La ciencia nunca ha llegado a la objetividad pura, y nunca lo hará. Negar el valor de la experiencia subjetiva equivale a despojarse de lo que hace que la vida sea digna de vivirse: el amor, la confianza, la fe, la belleza, el azoro, la maravilla, la compasión, la verdad, las artes, la moralidad y la mente misma. El campo de la neurociencia ha dado por sentado que la mente no existe, sino que es un subproducto del cerebro. El cerebro (una "computadora hecha de carne", como afirma Marvin Minsky, experto en inteligencia artificial) es nuestro amo, y decide químicamente cómo nos sentimos, determinando genéticamente cómo crecemos, vivimos y morimos. Este panorama no es aceptable para mí, porque al hacer a un lado la mente, eliminamos nuestro portal al conocimiento y a la introspección.

Conforme Leonard y yo entremos en debate sobre los grandes misterios, los grandes sabios y videntes nos recuerdan que sólo existe una pregunta: ¿qué es la realidad? ¿Se trata del resultado de las leyes naturales que operan rigurosamente por medio de causa y efecto, o se trata de otra cosa? Existen buenas razones para que nuestras cosmovisiones estén en guerra. Cualquier realidad es o no limitada por el universo visible. O el cosmos fue creado a partir de un vacío sin sentido, o no fue así. Hasta que se comprende la naturaleza de la realidad, eres uno de los seis ciegos que tratan de describir un elefante sosteniendo sólo una de sus partes. El que se aferra a la pierna dice: "El elefante es como un árbol." El que sostiene la trompa dice: "El elefante se parece a una serpiente." Etcétera.

La fábula infantil sobre los ciegos y el elefante es en realidad una alegoría proveniente de la antigua India. Los seis ciegos son los cinco sentidos más la mente racional. El elefante es el brahmán, la suma de todo lo existente. En principio, la fábula es pesimista: si únicamente dispones de los cinco sentidos y de la mente racional, jamás verás al elefante. Sin embargo, existe un mensaje oculto tan obvio que muchos lo pasan por alto. El elefante existe. Estaba ahí, frente a nosotros, esperando con paciencia a ser conocido. Ésta es la verdad más profunda de la realidad unificada.

El simple hecho de que la religión no haya tenido éxito no significa que sucederá lo mismo con una nueva espiritualidad basada en la conciencia. Necesitamos ver la verdad, y en el proceso despertaremos los hondos poderes que nos prometieron hace miles de años. El tiempo espera. El futuro depende de la elección que realicemos hoy.

La perspectiva científica

Leonard

Conforme más avanza la evolución espiritual de la humanidad,
más seguro estoy de que el camino a la religiosidad genuina
no se encuentra en el temor a la vida,
a la muerte o en la fe ciega,
sino en la búsqueda constante de sabiduría racional.
Albert Einstein

Los niños vienen al mundo creyendo que todo gira alrededor de ellos; lo mismo sucede con la humanidad. Las personas siempre han estado ansiosas por comprender su universo, pero durante la mayor parte de la historia humana, no hemos logrado desarrollar los medios para lograrlo. Dado que somos animales proactivos e imaginativos, no permitimos que la falta de herramientas nos detenga. Simplemente aplicamos la imaginación para formar escenas atractivas. Estas escenas no se basaban en la realidad, sino que eran creadas para satisfacer nuestras necesidades. A todos nos gustaría ser inmortales. Nos gustaría creer que el bien triunfa sobre el mal, que un gran poder nos observa, que somos parte de algo más amplio y que estamos aquí por alguna razón. Nos gustaría creer que nuestra vida tiene un significado intrínseco. Los antiguos conceptos del universo nos hacían sentir mejor al afirmar estos deseos. ¿De dónde vino el universo? ¿De dónde vino la vida? ¿De dónde salimos los seres humanos? Las leyendas y teologías del pasado nos aseguraban que habíamos sido creados por Dios y que nuestra Tierra era el centro de todo.

La ciencia de hoy puede responder muchas de las preguntas fundamentales de la existencia. Las respuestas de la ciencia derivan de la observación y la experimentación, más que del deseo o la voluntad humanas. La ciencia ofrece respuestas en armonía con la naturaleza tal como la vemos, no con la naturaleza que queremos.

El universo es un lugar que inspira embeleso, especialmente en el caso de quienes saben algo de éste. Mientras más aprendemos, más sorprendente nos parece. Newton dijo que si él vio más allá, fue gracias a que estaba parado en los hombros de gigantes. Hoy todos podemos pararnos en los hombros de los científicos para ver las hondas y sorprendentes verdades sobre el universo y nuestro lugar en él. Podemos comprender que nosotros y nuestra Tierra somos fenómenos naturales que derivan de las leyes de la física. Nuestros ancestros vieron el cielo nocturno maravillados, pero ver estrellas que explotan en segundos y que brillan con más luz de la que producen galaxias enteras da una nueva dimensión a ese asombro. En nuestros días, un científico puede orientar su telescopio para observar un planeta parecido a la Tierra que está a trillones de kilómetros de distancia, o puede estudiar un universo interno y espectacular en el que millones de millones de átomos conspiran para crear una peca diminuta. Ahora sabemos que nuestra Tierra es un mundo entre muchos y que nuestra especie derivó de otras especies (cuyos miembros pueden no desear ser invitados a nuestra sala, pero son nuestros ancestros de cualquier modo). La ciencia nos ha revelado un universo vasto, antiguo, violento, extraño y bello, un universo que presenta variedad y posibilidades casi infinitas, un universo cuyo tiempo puede terminar en un agujero negro y que puede producir seres conscientes que evolucionan a partir de un caldo mineral. En un universo tal, las personas pueden parecer insignificantes, pero lo verdaderamente significativo y profundo es que nosotros, un ensamble de un número casi infinito de átomos que no piensan, podemos volvernos conscientes y comprender nuestros orígenes y la naturaleza del cosmos en que vivimos.

Deepak siente que las explicaciones científicas son estériles y reductivas, convirtiendo a la humanidad en una mera colección de átomos, igual que cualquier otro objeto en el universo. Pero el conocimiento científico no disminuye nuestra humanidad, así como el saber que nuestro país es uno entre muchos no disminuye la apreciación de nuestra cultura originaria. De hecho, lo opuesto está más cerca de la verdad. La emoción, la intuición, el respeto a la autoridad –características que alientan la creencia en las explicaciones religiosas y místicas–, son rasgos que también pueden encontrarse en otros primates, incluso en animales inferiores. Sin embargo, los orangutanes no pueden razonar sobre los ángulos de un triángulo, ni los macacos miran al cielo y se preguntan el porqué de los planetas que siguen órbitas elípticas. Sólo los humanos podemos adentrarnos en los maravillosos procesos de razón y pensamiento llamados ciencia; sólo los humanos podemos comprendernos a nosotros mismos y plantearnos la pregunta de cómo llegó hasta aquí nuestro planeta; sólo los humanos podemos descubrir los átomos que nos conforman.

El triunfo de la humanidad es nuestra capacidad de comprensión. Lo que verdaderamente nos distingue es nuestra comprensión del cosmos, nuestra intuición respecto a de dónde venimos, nuestra concepción del sitio que ocupamos en el universo. Un subproducto de esta comprensión científica es el poder de usar a la naturaleza en nuestro beneficio o, es cierto, en nuestro detrimento. Las elecciones morales y éticas de las personas dependen de la naturaleza y de la cultura humanas. Las personas dejaron caer piedras sobre sus enemigos mucho antes de comprender la ley de la gravitación universal; o bien, emitían contaminantes al cielo mucho antes de comprender la termodinámica del carbón que se quema.

Promover el bien y evitar el mal es potestad de la religión organizada y de la espiritualidad. Son esas empresas –no la ciencia– las que han fallado en cumplir su promesa. Las religiones orientales no evitaron una historia de brutalidad bélica en Asia, ni las religiones occidentales pacificaron Europa. De hecho, más personas han sido asesinadas en nombre de la religión que a causa de las armas atómicas que la física moderna hace posible. Desde las Cruzadas hasta el holocausto, además de ser una herramienta del bien y del amor, la religión ha sido empleada también como herramienta del odio. La aproximación universalista y pacifista de la espiritualidad que hace Deepak constituye una alternativa bienvenida. No obstante, la metafísica de Deepak va más allá de la guía espiritual para ofrecer perspectivas sobre la naturaleza del universo. Puede que sea atractiva la idea de que el universo tiene un propósito y está imbuido de amor, pero ¿es correcta?

Deepak critica a la ciencia por su visión de la vida "esencialmente materialista". Al decir "materialista", Deepak no sugiere que los científicos sólo se concentran en las cosas y en los deseos de poseerlas, sino que los científicos se ocupan únicamente de fenómenos que podemos ver, escuchar, oler, detectar con instrumentos o medir con números. Él contrasta el universo visible o detectable estudiado por la ciencia, con una realidad implícitamente superior pero invisible, llena de infinitas posibilidades, que está más allá de nuestros sentidos, y que constituye un "dominio trascendente" que subyace a éstos y que es la fuente de todas las cosas visibles. Deepak argumenta de manera apasionada que, sólo si acepta esta supuesta realidad, la ciencia puede superar sus limitaciones y ayudar a salvar al mundo. Pero el argumento de que una realidad semejante puede expandir los límites de la ciencia, ayudar a la humanidad o el hecho de que los sabios antiguos hallan hablado de ella, no la hace cierta. Si piensas que estás comiendo una hamburguesa con queso, y yo te digo que en otra realidad invisible en realidad comes un filete mignon, seguro que estarías deseoso de saber cómo es que sé eso y qué evidencia apoya mi idea. Sólo esas respuestas pueden hacer que una creencia trascienda mi deseo, así que si Deepak pretende ser convincente, debe responder a esas preguntas.

El asunto de fondo, como dice Deepak, es el conocimiento y cómo lo obtienes. Deepak critica la ciencia por negar "el valor de la experiencia subjetiva", pero la ciencia no habría llegado muy lejos si los investigadores describieran el átomo de helio como algo "bastante pesado", o una cosa que se siente menos ligera que otras. Los científicos utilizan mediciones precisas y objetivas, y conceptos precisos y objetivos por una buena razón. El hecho de que no quieran que sus mediciones estén influidas por el "amor, la confianza, la fe, la belleza, el asombro, la maravilla y la compasión", etcétera, no significa que desprecien el valor de esas cualidades en otras áreas de la vida.

Los científicos suelen guiarse por la intuición y por las sensaciones subjetivas, pero reconocen la necesidad de ir más allá: eso se llama verificación. La ciencia procede de un círculo de observación, teoría y experimento. El círculo se repite hasta que la teoría y la evidencia empírica están en armonía. No obstante, este método fracasaría si los conceptos no fueran definidos con precisión y si los experimentos no fueran controlados con todo rigor. Estos elementos del método científico son cruciales, y son precisamente estos elementos los que hacen la diferencia entre la buena y la mala ciencia, o entre la ciencia y la pseudociencia. Deepak dice que Jesús era un científico. ¿Lo era? Me parece difícil que haya reunido una muestra significativa de la población y, tras ser insultado, que haya ofrecido la mejilla a la mitad de ellos, lanzando un derechazo a la otra mitad, para luego reunir estadísticas sobre la eficacia de las distintas aproximaciones. Puede parecer tonto que yo objete cuando Deepak dice que Jesús era un científico, pero estamos ante un tema –el uso de la terminología– que será importante en contextos más sustantivos de este libro: uno debe ser cuidadoso de no utilizar términos a la ligera al discutir temas científicos. Es fácil usar las palabras sin precisión en medio de una discusión, pero también es peligroso, porque la esencia del argumento suele recaer en las particularidades de esas palabras.

No sugiero que la ciencia sea perfecta. Deepak dice que la ciencia nunca ha conseguido la objetividad pura, y tiene razón. El hecho es que los conceptos empleados en la ciencia son concebidos por el cerebro humano. Puede que los alienígenas con estructuras cerebrales distintas, con procesos de pensamiento y órganos de los sentidos diferentes, puedan ver las cosas desde puntos de vista completamente distintos pero igualmente válidos. Y si existe un cierto tipo de subjetividad en nuestros conceptos y teorías, también existirá subjetividad en nuestros experimentos. De hecho, los experimentos que se han realizado a los experimentadores demuestran que los científicos tienen una tendencia a ver lo que quieren ver, y a convencerse con datos que quieren encontrar convincentes. Sí: los científicos y la ciencia son falibles. Aun así, estas razones no llevan a dudar del método científico, sino que conducen a la necesidad de seguirlo tan escrupulosamente como sea posible.

La historia demuestra que el método científico funciona. Siendo humanos y nada más, algunos científicos pueden resistirse a las ideas nuevas y revolucionarias, pero si las predicciones de una teoría son confirmadas por un experimento, la nueva teoría pronto será una corriente principal de pensamiento. Por ejemplo, en 1982, Robin Warren y Barry Marshall descubrieron la bacteria *Helicobacter pylori,* y formularon la hipótesis de que causaba úlceras. Su trabajo no fue bien recibido porque, entonces, los científicos creían firmemente que el estrés y el estilo de vida eran la causa principal de la úlcera péptica. Sin embargo, más experimentos confirmaron esa idea y, llegado 2005, se había establecido que la *Helicobacter pylori* causaba más de 90 por ciento de úlceras duodenales, y hasta 80 por ciento de úlceras gástricas. Warren y Marshall recibieron el Premio Nobel. La ciencia también abrazaría las ideas de Deepak, si lo que él dice fuera verdad.

Cuando las teorías que apasionan a la gente son descartadas por la comunidad científica, suelen escucharse reclamos de estrechez de miras. Pero la historia de la ciencia demuestra que la verdadera razón del rechazo de las teorías es que suelen chocar con la evidencia observable. De hecho, algunas muy extrañas, venidas de regiones muy oscuras e inesperadas –como la relatividad y la incertidumbre cuántica– han ganado reconocimiento rápidamente, a pesar de poner en entredicho el pensamiento convencional. La razón para ello es que han pasado las pruebas experimentales. Los seguidores de la metafísica y de la espiritualidad de Deepak se muestran mucho menos abiertos a revisar o expandir sus cosmovisiones para abarcar nuevos descubrimientos. En lugar de dar la bienvenida a nuevas verdades, suelen aferrarse a viejas ideas, explicaciones y textos. Si por casualidad acuden a la ciencia para justificar sus ideas tradicionales, en cuanto parece que la ciencia no los apoya, le dan la espalda sin demora. Y cuando emplean conceptos científicos, los usan tan a la ligera que los significados quedan alterados y, en consecuencia, las conclusiones a las que llegan no son válidas.

Uno no puede esperar que la ciencia responda a todas las preguntas del universo. Es posible que existan secretos de la naturaleza que permanezcan para siempre más allá de los límites impuestos por la inteligencia humana. Otras preguntas, como por ejemplo las que se refieren a aspiraciones humanas y al sentido de la vida, suelen responderse mejor si se abordan desde perspectivas múltiples, tanto científicas como espirituales. Estas aproximaciones pueden coexistir y respetarse entre sí. El problema comienza cuando la doctrina religiosa o espiritual comienza a hacer aseveraciones sobre el universo físico, aseveraciones que contradicen lo que, por observación, sabemos de cierto.

Para Deepak, la clave de todo está en comprender la conciencia. Es cierto que la ciencia apenas trata de responder a ese tema. ¿Cómo es que esos átomos que no pensaban llegaron a conspirar para crear amor, dolor y alegría? ¿Cómo es que el cerebro crea pensamiento y experiencia consciente? El cerebro contiene más de cien mil millones de neuronas, casi el número de estrellas que existen en una galaxia, pero las estrellas casi no interactúan, en tanto que la neurona promedio interactúa con miles de neuronas. Eso hace que el cerebro humano sea más complejo y difícil de desentrañar que el universo de galaxias y estrellas, además de ser una de las razones por las que hemos dado grandes saltos en la comprensión del cosmos, mientras que el conocimiento de nosotros mismos ha sido relativamente lento. ¿Es esa una señal de que nuestras mentes no pueden ser explicadas?

Es un tanto miope creer que, dado que la ciencia de hoy no puede explicar la conciencia, la conciencia debe estar más allá del alcance de la ciencia. Pero incluso si el origen de la conciencia es demasiado complejo como para ser comprendido por la mente humana, eso no constituye evidencia para afirmar que la conciencia reside en un mundo sobrenatural. De hecho, aunque la pregunta sobre el origen de la conciencia sigue siendo un acertijo, tenemos gran evidencia de que la conciencia funciona de acuerdo con las leyes de la física. Por ejemplo, en los experimentos realizados por la neurociencia, los pensamientos, sentimientos y sensaciones de los sujetos –el deseo de mover un brazo, el pensamiento relativo a una persona específica como Jennifer Anniston o la madre Teresa y el antojo por un chocolate Snickers– han sido rastreados hasta derivar en áreas específicas y actividades del cerebro físico. Los científicos han descubierto las llamadas "células-concepto", que se activan cuando el sujeto reconoce un concepto como una persona, un lugar o un objeto. Estas neuronas son el sustrato celular de una idea. Se activan cada vez que, digamos, una persona reconoce a la madre Teresa en una foto, sin importar lo que lleve puesto o su postura. Incluso se activarán si el sujeto ve el nombre escrito en un texto.

La ciencia puede responder la pregunta de aparente respuesta imposible de cómo es que llegó a existir el universo, y existen razones para creer que, eventualmente, podrá explicar también los orígenes de la conciencia. La ciencia es un proceso en constante progreso, cuyo final no está aún a la vista. Si en algún momento del futuro somos capaces de explicar la mente en términos de la actividad de un universo neuronal, si todos nuestros procesos mentales prueban que el origen está en el flujo de iones con carga determinada dentro de las células nerviosas, eso no significaría que la ciencia niega el valor del "amor, la confianza, la fe, la belleza, el azoro, la maravilla, la compasión, la verdad, las artes, la moralidad y la mente misma". Explicar algo no equivale, como ya he dicho, a disminuir o negar su valor. También es importante reconocer que, incluso si consideramos que una explicación científica de nuestros procesos de pensamiento (o de cualquier otra cosa) es desagradable, o espiritualmente insatisfactoria, o poco estética, no por ello es falsa. Nuestras explicaciones deben guiarse por la verdad; la verdad no puede ajustarse para conformar lo que deseamos escuchar.

Desafortunadamente, la ausencia de una teoría científica completamente desarrollada sobre la conciencia impele al tipo de razonamiento impreciso que conduce a conclusiones que entran en conflicto con las leyes conocidas de la física. La filosofía y la metafísica no pueden explicar un aparato de resonancia magnética, ni una televisión, ni un tostador. ¿Pueden explicar la conciencia o el motivo de que el universo sea como lo conocemos? Tal vez. Mientras Deepak siga ofreciendo sus explicaciones sobre la conciencia universal, pienso aferrarme a un concepto importante para la ciencia: el escepticismo. Deepak dice que en esta discusión él está en desventaja. Los datos muestran lo contrario. De acuerdo con muestras al azar, sólo 45 por ciento de los norteamericanos cree en la evolución, pero 76 por ciento cree en los milagros. Ningún candidato presidencial tendría credibilidad sin proclamar la creencia en un poder superior, pero muchos han encontrado políticamente ventajoso negar la teoría de la evolución. La ciencia no es la gran señora de la vida moderna, como imagina Deepak, sino la sirvienta, muy poco apreciada.

Las respuestas de la ciencia no llegan fácilmente. El físico ganador del Premio Nobel, Steven Weinberg, ha dedicado su vida al estudio incansable de la teoría de las partículas elementales, como los electrones, los muones y los quarks. No obstante, escribió que esas partículas nunca le han parecido muy interesantes. ¿Entonces por qué ha dedicado su vida a estudiarlas? Porque cree que, en este momento de la historia del pensamiento humano, su estudio ofrece la vía más promisoria para entender las leyes fundamentales que gobiernan la naturaleza toda. Algunos de los cerca de diez mil científicos que trabajaron, por más de una década, construyendo el Gran colisionador de hadrones, un acelerador de partículas con un costo multimillonario localizado en Ginebra, probablemente tampoco pensaban que calibrar delicados instrumentos y espectrómetros fuera fascinante (aunque seguro que para muchos lo era). Lo hicieron por la misma razón que llevó a Weinberg a estudiar los muones. Los hombres son muy diferentes a los otros animales cuando se trata de responder preguntas sobre el medio ambiente. Cuando se pone a una rata en un medio nuevo, ésta explorará por un rato, se formará un mapa mental, se pondrá a salvo y dejará de probar. Pero una persona insistirá en preguntar: "¿Por qué estoy en esta jaula? ¿Cómo llegué aquí? ¿En dónde hay café decente?" Los humanos estudiamos la ciencia porque tenemos la urgencia de saber cómo es que nuestras vidas se ajustan al gran esquema del universo. Es una de las características definitorias de nuestra humanidad. Sin embargo, las respuestas sólo son edificantes si son verdaderas. Así que en tu caso, lector, sugiero que ponderes la muy atractiva cosmovisión de Deepak teniendo en mente las palabras del legendario físico del Caltech, Richard Feynman: "El primer principio es que no puedes engañarte, y eres muy fácil de engañar."

Segunda parte

El cosmos

2

¿Cómo surgió el universo?

Leonard

Cada civilización tiene sus mitos de origen. Los europeos dieron con una versión genial a principios del siglo XX, y desde entonces la historia ha sido refinada y reelaborada por investigadores de todo el mundo. Llegó a llamarse Big Bang, pero se ha transformado hasta convertirse en algo conocido como el modelo estándar de la cosmología. La consideramos una teoría, en tanto a las demás historias les llamamos mitos de creación. ¿Qué hace distinto al Big Bang de la propuesta maya que dice que todos estamos hechos de maíz blanco y amarillo? ¿Se justifica la fe que la ciencia tiene en su explicación? ¿Cuáles son los límites del conocimiento actual?

La idea del Big Bang surgió de la teoría de la relatividad general, la cual completó Albert Einstein en 1915, tras más de una década de trabajo. La relatividad general es un conjunto de ecuaciones que describen la manera en que interactúan la gravedad, el espacio y el tiempo, y la energía y la materia. Con esta teoría, Einstein pedía a la gente que desechara la intuitivamente satisfactoria y muy exitosa teoría de Isaac Newton, para aceptar en su lugar ideas muy raras que parecían contradecir nuestra experiencia en la vida cotidiana. La metafísica es una corte en la que hay argumentos de apertura y de término, sin que sea requisito presentar evidencias en ningún momento del proceso. En la ciencia, sólo importa la evidencia. Así que cuando Einstein dijo que existía una realidad subyacente, oculta y muy diferente del mundo que percibimos con nuestros sentidos, ningún científico hubiera hecho caso a menos que produjera una serie de revelaciones. Y eso fue lo que sucedió.

En tanto que uno puede aplicar la relatividad general al universo como un todo, las aplicaciones que proveen las pruebas más sencillas de su validez son las que explican exitosamente sistemas sencillos, como el de un planeta que orbita alrededor del Sol, o el de un rayo lumínico que pasa volando cerca de éste. Fueron estas aplicaciones las que proveyeron la primera evidencia física de que Einstein estaba tras algo grande. En el caso del planeta, esta teoría explicaba una irregularidad observada previamente en la órbita de Mercurio, la cual se apartaba de lo que anticipaban las leyes de Newton. Se trataba de una pequeña irregularidad, de modo que la mayoría de los científicos anteriores a Einstein se dedicaron a rascarse la cabeza en espera de encontrar una eventual explicación mundana. Einstein demostró que la explicación era todo menos mundana. Dado que la irregularidad ya era conocida, fue aún más impactante su nueva (y en ese entonces sorprendente) predicción en el sentido de que, tomando en cuenta los efectos de la relatividad, la gravedad curvaría los rayos de luz, por lo que la luz de las lejanas estrellas que miramos sería alterada cuando sus rayos pasaran cerca de nuestro Sol. Para observar dicho efecto sin que la luz de la estrella fuera opacada por la del Sol, uno tenía que ver el haz de luz en cuestión durante un eclipse total de Sol. Este experimento se llevó a cabo, y se encontró que la teoría de Einstein predecía correctamente no sólo la curvatura de la luz, sino el grado de esa curvatura.

El triunfo de Einstein –y el triunfo igualmente revolucionario de la teoría cuántica– no implicó que toda la cosmovisión de Newton fuera invalidada de pronto. No fue como si la civilización despertara una mañana para darse cuenta de que había construido mal todos sus edificios y puentes, o de que el foco de Einstein era en realidad un láser cuántico, o que si manejas más rápido que el límite de velocidad nunca necesitarás crema antiarrugas. La teoría de Newton había sido puesta a prueba una y otra vez, y, a excepción de la órbita de Mercurio, nunca había tenido carencias. Además, la teoría de Einstein no ponía en duda el hecho de que la de

Newton ofrecía una excelente descripción de los acontecimientos que experimentamos en nuestra vida diaria. De hecho, cuando la teoría se aplica a situaciones como las mencionadas anteriormente, la de Einstein arroja resultados tan parecidos a la de Newton que sólo los instrumentos extremadamente sofisticados pueden detectar la diferencia. No obstante, bajo ciertas condiciones relevantes para la astrofísica y en ciertos experimentos de laboratorio, las predicciones newtonianas difieren de forma significativa de las que derivan de la teoría de Einstein. De manera que, cuando los científicos dicen que la teoría de Newton está "equivocada", nos referimos a que sólo es correcta en grado de aproximación. Aun así, la teoría de Einstein sigue constituyendo una descripción fundamentalmente más verdadera de la naturaleza, pues revela el carácter del espacio y del tiempo a nivel mucho más profundo que Newton.

El apoyo experimental de sus teorías hizo que Einstein se convirtiera en una celebridad internacional, pero las implicaciones más destacadas de sus ideas estaban aún por venir. En la década de 1920, un sacerdote y astrónomo belga llamado Georges Lemaître, aplicó las ecuaciones de Einstein al universo como un todo. Descubrió algo que, en su momento, pudo ser simultáneamente obvio y sorprendente. Primero nos referiremos a lo obvio. Dado que la gravedad es una fuerza de atracción, cuando arrojas una manzana al aire, el tirón de la gravedad hará que caiga de vuelta a la Tierra. Es decir, la manzana se aleja primero de la Tierra y luego retorna a ella, pero no permanece flotando en el espacio (a excepción del instante acaecido en la parte más alta de su trayectoria). La parte sorprendente vino cuando Lemaître demostró que, de manera similar, debido a la mutua atracción de la materia y la energía en ella contenida, el universo puede expandirse, desacelerar su expansión hasta comenzar a contraerse, pero no puede permanecer tal como es, del mismo tamaño, como creían Einstein y sus contemporáneos. Si el universo se expande, eso significa que, si sigues la historia del universo retroactivamente, encontrarás que el universo se está haciendo más pequeño. Así siguió especulando

Lemaître hasta afirmar que el universo comenzó siendo un solo punto. A eso le llamamos teoría del Big Bang.

La teoría del Big Bang estaba íntimamente relacionada con la relatividad general de Einstein, pero si no hubiera realizado predicciones susceptibles de probarse, habría sido tan poco útil como afirmar que el universo está hecho de maíz. Un elemento crítico de la teoría fue confirmado poco después de que Lemaître terminó su trabajo, cuando Edwin Hubble descubrió que el universo *se está* expandiendo. No obstante, una implicación más específica del escenario de Lemaître es que, conforme se enfrió la bola de fuego primordial hasta los mil millones de grados transcurridos apenas unos minutos después del Big Bang, varios elementos lumínicos debieron haber sido creados en proporciones definidas y ciertas. En particular, cerca de 25 por ciento de la materia en el universo debe encontrarse bajo la forma de helio (y ésa es justamente la proporción que encontramos). Otra implicación es que el universo debe haberse enfriado mucho más desde entonces. De acuerdo con la teoría, el espacio de hoy debe ser permeado con radiación residual a una temperatura de, en promedio, 2.7 grados centígrados sobre el cero absoluto. De nuevo, esto coincide con nuestras mediciones.

Llegada la década de 1970, el modelo del Big Bang había probado ser muy exitoso para explicar gran parte de la historia de nuestro universo, aunque todavía existían algunas anomalías aparentes. Por ejemplo, piensa en un sartén que está a una temperatura uniforme, a no ser por un punto en que está más caliente que el resto. Después de poco tiempo, el punto caliente estará un poco más frío, en tanto que la región cercana del sartén estará ligeramente más caliente. Pasado aún más tiempo, el punto caliente se enfriará más, transfiriendo su calor a zonas más grandes del sartén. Eventualmente, el sartén entero presentará una temperatura uniforme, pero esta transición a la uniformidad requiere de tiempo. El universo es como el sartén después de mucho tiempo, su temperatura es casi uniforme. El problema consistía en que estábamos seguros de que no había transcurrido tiempo suficiente como para que eso ocurriera. ¿Entonces por qué la temperatura es cercana a los 2.7 grados en todas direcciones? ¿Por qué no hay un punto más caliente aquí y otro más frío por allá? Los físicos llaman a esto el horizonte del problema.

El llamado problema de la planitud constituyó otro acertijo. La relatividad general dicta que la cantidad de materia y energía en el universo determina la curvatura del espacio. ¿Qué significa eso? La curvatura de nuestro espacio tridimensional puede ser difícil de visualizar, pero la idea es similar en dos dimensiones, de manera que conviene considerar ese caso. Una superficie plana tiene dos dimensiones sin curvatura. La superficie de una esfera, por otra parte, se curva en sí misma, y es ejemplo de lo que se llama curvatura positiva. En contraste, una silla de montar está curvada hacia afuera, por lo que se dice que tiene una curvatura negativa. Las ecuaciones de la relatividad general aclaran que si existe más de una cierta cantidad crítica de materia y energía por unidad de volumen en el universo, el espacio se curvará adoptando una forma similar a la de una esfera, hasta colapsarse en sí mismo eventualmente. Si existe menos de esta densidad crítica, el espacio se curvará hacia afuera, como la parte inferior de una silla de montar. Sólo si la concentración promedio de materia y energía se encuentra exactamente en el valor crítico, el espacio será plano. La densidad crítica varía con la edad del universo. Hace mucho tiempo, esta densidad era muy alta, pero hoy equivale a seis átomos de hidrógeno por metro cúbico de espacio.

Podemos medir la curvatura a gran escala del espacio directamente, y el espacio da la impresión de ser plano, al menos hasta donde podemos medir. El problema es que las ecuaciones de la relatividad general demuestran que, si la densidad del universo llegara a desviarse de su valor crítico, dicha desviación rápidamente se amplificaría en gran escala. Eso significa que, si en el universo temprano la densidad de la materia hubiera sido sólo un poco menor que la densidad crítica, el universo de hoy tendría curvatura negativa y estaría mucho más difuso de lo que está hoy. O si su densidad hubiera sido sólo un poco mayor que el valor crítico, el universo hace mucho que habría colapsado en sí mismo como un globo al que se le extrae el aire. Debido a este efecto amplificador, para que el modelo del Big Bang pueda explicar el grado de planitud que observamos, cuando el universo tenía un segundo de edad, la concentración de materia y energía tuvo que ajustarse al valor crítico con una precisión de una parte en mil billones.

Uno se pregunta: "¿Y qué? ¿No puede ser que el universo haya sido hecho así y ya?" Pudiera ser, pero esto ilustra un punto importante en la ciencia. Los aspectos clave de una teoría deben seguir un principio, y no pueden inventarse para hacer que una teoría funcione. Para un científico, una teoría que afirma que el universo depende de haber comenzado a existir hace mucho tiempo con una estructura muy precisa, no es una teoría muy atractiva que digamos. Los científicos quieren comprender la razón subyacente, las leyes naturales que explican la circunstancia especial.

El horizonte del problema, el de la planitud, y otras dificultades que presenta la teoría del Big Bang, fueron resueltos a finales de la década de 1970, cuando los físicos descubrieron un nuevo capítulo en la evolución del universo, un capítulo llamado inflación. La inflación fue descubierta por Alan Guth, un joven teórico en partículas que, según dice él mismo, no había logrado gran cosa hasta entonces. Guth cambió eso cuando se percató de que ciertas condiciones que los físicos creen estaban presentes cuando el universo tenía una fracción de segundo de edad, hubieran hecho que el cosmos se volviera loco, duplicando su tamaño al paso de cada fracción de una trillonésima parte de un segundo. Asumiendo que este desdoblamiento tuviera lugar durante "solamente" unos pocos ciclos, una parte del universo, del grosor de una moneda de un centavo, habría explotado hasta tener más de diez millones de veces el diámetro de la Vía Láctea.

¿Cómo beneficia la inflación cósmica a un cosmólogo en problemas? Imagina que pasa en reversa una película sobre la historia del universo. Al movernos hacia atrás a través de la inflación, el universo observable es concentrado en una región extremadamente pequeña. Por lo tanto, la inflación cósmica significa que las regiones del universo que ahora están ampliamente separadas estuvieron lo suficientemente cerca antes de la inflación como para que sus diferencias de temperatura se hubieran equilibrado antes de la expansión. Eso resuelve el horizonte del problema. La inflación también resuelve el problema de la planitud. Para entender por qué, imaginen lo que sucedería a un pequeño globo que de pronto se infla hasta tener el diámetro de, digamos, el Sol. Aunque hubiera sido fácil medir la curvatura del globo antes del gran estallido, una vez que alcanza el tamaño del Sol, para cualquiera que estuviera en su superficie, el globo parecería mucho más plano. De forma análoga, la inflación aplanó nuestro universo.

La teoría de Guth no podía ser entrevista por Einstein, Lemaître o cualquier otra persona que sólo trabajara con la teoría de la relatividad general. La teoría de Guth depende de ideas tomadas de esa otra revolución del siglo XX: la teoría cuántica. La teoría cuántica no es una teoría en realidad, sino un grupo de principios que definen un tipo de teoría. Las teorías basadas en esos principios cuánticos reciben el nombre de teorías cuánticas. La relatividad general no es una teoría cuántica, y no sabemos exactamente cómo convertirla en una, pero existen maneras de extraer predicciones limitadas que adoptan principios de ambas teorías. En su trabajo, Guth se basó en muchas ideas cuánticas desarrolladas entre 1930 y 1970 del siglo pasado.

Uno de los principios básicos de cualquier teoría cuántica moderna es que para cada partícula existe un campo, algo como los campos de fuerza que se mencionan en la ciencia ficción. De acuerdo con la teoría cuántica, esos campos no pueden tener una magnitud constante, pero son sujetos de continuas fluctuaciones cuánticas a escala microscópica. Conforme se va presentando la inflación y las viejas arrugas del espacio fueron aplanadas, nuevas arrugas cuánticas microscópicas se produjeron para remplazarlas. Con el progreso de la inflación cósmica, se estiran esas arrugas hasta que llegan a tener dimensión macroscópica, que resulta en un patrón específico de variación en la densidad materia/energía del universo postinflacionario. Y dado que la gravedad es atractiva, las áreas que surgen de la inflación, que es más densa que sus alrededores, atrajeron aún más materia, creando las semillas de las galaxias. Así, las fluctuaciones cuánticas estiradas llevaron a la estructura que vemos en el universo de hoy: los conjuntos de galaxias, las galaxias y las estrellas. Sin las fluctuaciones cuánticas, el universo sería tan uniforme y simple como una sopa.

El patrón de variación de densidad creado por la inflación todavía puede detectarse hoy. Antes dije que el hecho de que la temperatura del universo sea casi siempre la misma en todas partes era un misterio que la inflación explicaba. Pero la inflación va todavía un paso más lejos: predice que, aunque la temperatura es *casi* constante en todas direcciones, variará ligeramente con base en un patrón particular. Ésa es una predicción extremadamente precisa, por lo que su cumplimiento es difícil, pero las variantes de temperatura del tipo exacto predicho por la inflación ya han sido observadas, y su variación se mantuvo en un rango menor a la cienmilésima parte de un grado centígrado.

En suma, tal es el escenario científico de cómo llegó aquí el universo y de algunas evidencias de ese escenario. La verdadera explosión en el Big Bang no fue el comienzo del universo, sino el periodo de inflación, una expansión mucho más drástica que la que preveía el escenario original del Big Bang, expansión que sucedió un instante después de que el universo comenzara.

¿Qué pasaba antes de la inflación? Por ahora, las respuestas científicas a esa pregunta son mucho más especulativas y menos ciertas que el escenario dibujado líneas arriba. Esperamos tener mejores respuestas para crear eventualmente una versión cuántica de la relatividad general (la teoría de las cuerdas es una buena candidata, siempre que se demuestre que es correcta). Muchos físicos argumentan que la nueva teoría, una vez que sea descubierta, demostrará que, en algún momento anterior a la inflación, el tiempo como lo conocemos no existía. Pero la especulación más impactante sobre qué nos diría una teoría cuántica, que incluyera a la relatividad general, proviene de un principio cuántico llamado "fluctuaciones de vacío".

Ya mencioné que las galaxias son producto de las fluctuaciones microscópicas de los campos cuánticos. Las fluctuaciones de vacío se refieren a la predicción cuántica de que incluso la "nada" –que en la teoría cuántica recibe una definición matemática precisa– exhibe fluctuaciones y, por lo tanto, es inestable en cierto sentido. Esto quiere decir que, aunque exista una región del espacio en la que no hay ni energía ni materia, las cosas no seguirán así por mucho tiempo. La nada es más bien como un caldero con agua hirviendo cuyas burbujas son partículas que entran y salen constantemente de la existencia. Estamos ante un concepto bastante extraño si se mira desde el punto de vista de la experiencia cotidiana, pero para quienes pasan su vida estudiando el comportamiento de las partículas elementales, se trata de un efecto familiar. Las fluctuaciones de vacío son uno de los resultados mejor comprobados de toda la ciencia, y se han medido con una precisión de diez decimales. Deben tomarse en cuenta en todos los cálculos y experimentos de la física de partículas moderna. De hecho, la mayor parte de tu masa proviene de los protones en los átomos de que estás hecho, y la mayor parte de la masa de un protón proviene no de las masas de quarks que conforman al protón, sino de la energía del espacio "vacío" que está entre esos quarks; la turbulenta mezcla de partículas surge de la nada para volver a desaparecer rápidamente en ella. Así que la próxima vez que pienses en cuánto pesas, recuerda que la mayor parte de tu peso se debe al peso del espacio vacío.

Muchos físicos creen que las fluctuaciones de vacío llevan a una predicción sorprendente: el universo pudo haberse generado espontáneamente de la nada. ¿Fue así? No lo sabemos con seguridad, porque no comprendemos con exactitud cómo pueden combinarse la relatividad general y la teoría cuántica. Incluso cuando hayamos creído que hemos comprendido, será necesario realizar predicciones específicas relacionadas con fenómenos observables, y esas predicciones tendrán que ser puestas a prueba. Los físicos lo harán porque, en última instancia, es el trabajo de la ciencia. A diferencia de las especulaciones filosóficas, metafísicas y místicas, que no están sometidas a la restricción de la evidencia, una teoría científica del origen del universo debe someterse a pruebas. El escenario resultante puede no ser satisfactorio para quienes buscan una fuente divina de nuestro origen, pero será la respuesta de la ciencia.

Deepak

El primer y más grande misterio es cómo llegó a existir el universo. Para la espiritualidad, el tema parece una causa perdida, incluso antes de comenzar la discusión. La física moderna se ha apropiado de esta interrogante, y su respuesta –el Big Bang y todo lo que pasó durante los siguientes 13.7 mil millones de años– ha tenido éxito al borrar la credibilidad de la Biblia, el Corán, los vedas y cualquier otra versión originaria de la creación. Sin embargo, hoy, cuando la ciencia da la impresión de estar a punto de dar el golpe final, las cosas parecen atorarse. La física cuántica ha sido obligada a detenerse al borde del vacío que precedió la creación, sin tener opción de seguir adelante, hasta que ese vacío pueda explicarse. La postura de Leonard, compartida por los físicos en general, es que la explicación completa se encontrará por medio de las matemáticas. Mi postura, compartida en general por los estudiosos de la conciencia, es que el significado mismo de la existencia está en juego. En los tiempos modernos, hemos asignado la cosmología a especialistas, de la misma forma en que asignamos los genes a los genetistas. Pero no puedes colgar un letrero a la creación que diga: "Fuera. Usted no sabe suficientes matemáticas." Todos tenemos la mirada puesta en el génesis, y eso es algo afortunado, porque una nueva historia de la creación trata de nacer en nuestro tiempo, y todas las versiones previas tendrán que someterse a una revisión radical.

El vacío es el punto de inicio para cualquier relato de creación, ya sea científico o espiritual. El libro del Génesis nos dice que "la

Tierra era caos y confusión y oscuridad por encima del abismo, y un viento de Dios aleteaba por encima de las aguas".[2] Asignar a Dios un hogar en el vacío no satisface a la mente científica, y la espiritualidad debe superar algunas objeciones escépticas, entre las que se cuentan:

- No existe prueba científica de que Dios, o cualquier otra entidad creadora, existe.
- No se puede comprobar que el universo tenga un propósito.
- El preuniverso puede ser inimaginable. Dado que nuestras experiencias tienen lugar en el espacio y en el tiempo, ¿es fútil tratar de explicar la realidad antes de que el espacio y el tiempo aparecieran?
- Lo aleatorio parece ser el ganador a largo plazo en el universo, ya que las estrellas mueren y la energía se acerca mucho al cero absoluto.

Las anteriores parecen ser objeciones arrolladoras, y Leonard es buen ejemplo de la necia resistencia de la ciencia para asimilar otras maneras de concebir el cosmos. A las explicaciones no científicas él se refiere con suspicacia o, peor aún, con superstición primitiva ("maíz blanco y amarillo") o autoengaño. Para él, todos los procesos del cosmos, visibles o invisibles, pueden explicarse por medio del materialismo. Pero es fascinante ver cómo la espiritualidad resurge en el debate, y por qué, desde mi punto de vista, se llevará la mejor parte. Todas las objeciones de la ciencia pueden responderse, y en el proceso podemos allanar el camino a una nueva historia de la creación.

Stephen Hawking es considerado por la cultura popular como el último sabio que, como Einstein, lleva en sus espaldas todo el peso de la ciencia cuando habla. Hawking se hizo escuchar en las noticias a nivel internacional en 2010, al declarar que "no es

[2] Versión de la Biblia de Jerusalén [N. del T.].

necesario invocar a Dios [...] para hacer que el universo se eche a andar". El mundo de creyentes devotos tenía una razón más para considerar que la ciencia es enemiga de la fe. En lo personal, Einstein sentía embeleso y maravilla ante el misterio que se encuentra en el horizonte del cosmos. A partir de ese momento, el universo de la física teorética se ha tornado azaroso, complejo, paradójico y vacío de presencia divina.

Hawking y otros dicen que los principios cuánticos hacen posible que el universo surja de la nada. Pero para evitar que éste sea el vacío de que nos habla el Génesis, la física termina enredándose consigo misma. "La nada" dio origen al deseo humano de conocer el significado de las cosas; siendo así, ¿cómo puede este deseo carecer de significado? El universo opera al azar, pero este azar creó el cerebro humano, que realiza todo tipo de cosas no relacionadas con el azar (como las obras que escribió Shakespeare o decir "te amo"); ¿cómo es que lo que no tiene propósito puede generar aquello que sí lo tiene?

La hasta ahora ignorada naturaleza de "la nada" es el punto de inicio para la espiritualidad que, contrario a lo que Leonard dice, no necesita acudir a mitos precientíficos. En lugar de ello, presenta revelaciones sobre lo que está más allá del espacio y del tiempo. La nueva historia de la creación se basará en los siguientes postulados:

1. **Totalidad:** el universo, incluyendo el vacío que precede a la creación, es un solo sistema. La base de la existencia no es el vacío inerte, sino un campo dinámico que conecta a toda la creación en una sola totalidad. Los procesos menores del área cuántica se sostienen incluso cuando están a años luz de distancia. Vemos toda suerte de cosas sucediendo a nuestro alrededor, cosas que no pueden dejar de relacionarse entre sí: ¿cómo se relaciona una libélula que vuela en una noche cálida de verano con los pingüinos emperadores que marchan cientos de millas a través del hielo antártico,

o con una tormenta tropical que azota al sureste asiático? La verdad profunda consiste en que la totalidad debe incluirlos también. Nuestros cinco sentidos se distraen con la diversidad, y parte del trabajo de la diversidad es dar la impresión de que está desconectada; es lo que nos fascina de la infinita variedad de la vida. Por otra parte, la totalidad es invisible. Sólo puede ser conocida por la mente en sus más hondas exploraciones, tal es la perspectiva espiritual. La única manera externa de echar un vistazo a la totalidad es por medio de las matemáticas. Como observó Einstein, él pensó el concepto de la relatividad en términos matemáticos, y luego se sorprendió de que la naturaleza estuviera de acuerdo con él. No obstante, la experiencia interior de totalidad (la que Buda y otros sabios reportan), es igualmente válida como forma de conocimiento, y también es más satisfactoria a fin de cuentas, como espero demostrar.

2. **Orden:** las leyes naturales que gobiernan el universo mantienen un orden porque pueden ser explicadas matemáticamente. Los hechos que parecen obra del azar, desde la difusión de la luz hasta el bombardeo de átomos, desde el viento hasta las erupciones volcánicas, nos distraen de la verdad profunda: el azar es únicamente la manera de pasar de un estado de orden a otro. Para decirlo con otras palabras, el azar es la manera en que el universo rompe los huevos para hacer omelets cósmicos. Conforme surgen niveles de organización más altos, estos padecen transformaciones caóticas que dan la impresión de ser puro azar –por ejemplo, la forma en que los vegetales en un montón de composta entran en decadencia para convertirse en suelo fértil–, pero el azar no es el último acto de la obra; se trata únicamente de un acto intermedio que conducirá a un nivel más complejo de organización. Es sólo un paso en el tránsito del orden al significado, lo que implica que el universo significa algo en realidad.

3. **Evolución:** el primo del azar es la entropía, cuya ley afirma que el calor se disipa constantemente en todo el universo. La entropía es la manera en que el cosmos reduce la marcha, en pos del cero absoluto, la llamada muerte del calor que aguarda a todas las cosas. Pero existe otra fuerza que crea lo opuesto, puntos de acumulación de calor que llevan al ADN y a la vida en la Tierra. Esta fuerza opositora es la evolución, la tendencia que hace que todo crezca. La espiritualidad sostiene que la evolución es un elemento dominante en la naturaleza. Cuando el crecimiento inicia, nunca se detiene.
4. **Creatividad:** la evolución no se trata simplemente de mezclar viejos ingredientes hasta dar con formas nuevas; tampoco convierte pequeños pedazos de materia en pedazos más grandes. En lugar de ello, la evolución da saltos de creatividad. Éstos se presentan en la forma cuántica, es decir, se presenta el surgimiento repentino de una propiedad que nunca antes existió. El agua surge de dos gases invisibles, el oxígeno y el hidrógeno. Ninguna de las propiedades de estos gases anuncia las cualidades del agua. Los saltos cuánticos dominan en todas partes de la creación, pero se manifiestan especialmente en la bella y sorprendente novedad de las formas de vida en la Tierra. El cosmos es regido por la creatividad.
5. **Conciencia:** para ser creativo, has de ser consciente. La espiritualidad sostiene que la conciencia es básica para la creación. Siempre ha existido, y el universo visible se desdobla como muestra de lo que la conciencia quiere explorar. La totalidad no se desarrolló simplemente siguiendo leyes mecánicas como la gravedad. Al mirar a nuestro alrededor, vemos demasiada experimentación, invención e imaginación en la naturaleza. En lugar de decir que esas cosas son fantasías no científicas de la mente humana, muchos pensadores especulativos llegan a la conclusión opues-

> ta. Para llegar al ADN, a la vida en la Tierra y a la mente humana, el universo era consciente de sí mismo y podía entender lo que hacía. La ciencia está obligada a aceptar la explicación más simple y elegante de las cosas. Es mucho más simple aceptar la conciencia como un hecho que venir con esquemas tortuosos que se tornan aún más complejos si se niega el rol central de la conciencia.

La creación sin conciencia se parece a la fábula de la habitación llena de monos que presionan al azar las teclas de una máquina de escribir hasta que terminan, millones de años después, escribiendo las obras completas de Shakespeare. Un investigador llegó a hacer arreglos para que un generador de números al azar generara letras, y así saber si surgían palabras reales. Al hacerlo, descubrieron que se requerían incontables intentos para formar una frase simple, y las probabilidades de producir *Hamlet* eran astronómicas. Como personaje, Hamlet tiene 1495 líneas de parlamento, y si nuestro mono adepto a las computadoras se equivoca al escribir la última sílaba (escribiendo "Lo demás es silente" y no "Lo demás es silencio"), el proceso tendría que repetirse desde el principio. ¡Y únicamente faltan 36 obras para terminar! El ADN humano es miles de veces más complejo en su estructura que las letras que integran los trabajos de Shakespeare. En lugar de suponer que la naturaleza tiene que volver a empezar cada vez que deja fuera un fragmento de gen, es más razonable asumir que el universo recuerda los pasos de la evolución y puede construir a partir de ellos. En otras palabras, está al tanto de sí mismo, es consciente.

Entonces, la espiritualidad dispone de argumentos viables para discutir cómo llegó a existir el universo, argumentos que trascienden el modelo matemático de Leonard porque ese modelo es insuficiente. Las matemáticas ni siquiera comienzan a explicar por qué los ingredientes del universo temprano se parecen tanto a los materiales que se requieren para la vida consciente. Como escribe el notable físico teórico Freeman Dyson: "Contra todo pronóstico, la vida podría haber tenido éxito al modelar el universo de acuerdo con sus propósitos." Para aquellos que insisten en la primacía de la materia, existen incluso datos convincentes que pueden arrojar el azar por la ventana. En el momento del Big Bang, el número de partículas creadas era ligeramente superior al número de antipartículas. Había mil millones más uno de partículas por cada mil millones de antipartículas. Estas partículas y antipartículas chocaron instantáneamente y se aniquilaron entre sí, llenando el universo de fotones. Sin embargo, debido al mínimo desequilibrio originario, hubo partículas excedentes tras la aniquilación, y este sólo hecho dio origen a lo que conocemos como mundo material. ¿Qué probabilidades existen de que lo dicho anteriormente sea verdad? Casi las mismas que tenemos al demoler un rascacielos para descubrir que, bajo los restos, existe un nuevo rascacielos creciendo bajo el cascajo del anterior.

Leonard ofreció descripciones aún más intrincadas de los primeros pocos segundos posteriores al Big Bang, pero deseo quedarme con un concepto simple. Si lo único que te importa son los datos, entonces tú y yo y todas las especies vivientes, junto con las estrellas y galaxias de nuestro universo, somos el resultado de un desequilibrio mínimo en el momento de la creación. El universo físico tuvo altísimas probabilidades de no surgir, pero lo hizo, y algo más emergió con él: una fuerza organizadora que dio forma al turbio y caótico cosmos sin hacerse visible.

En ausencia de esa fuerza que da forma, las probabilidades de que tú y yo existamos son tan fantásticamente pequeñas que no se puede creer en ellas. Los físicos han añadido muchas otras coincidencias a las que Leonard enumera, pero él minimiza el desconcertante estado de las cosas que tenemos como resultado: las partes del universo coinciden entre sí con una precisión infinita e infinitesimal. No importa qué tan pequeña o grande sea la escala, el cosmos es exacto a un nivel que no puede ser responsabilidad de ningún azar. *Algo* causó esto, y ese algo debe existir más allá del universo visible. Incluso desde su propia perspectiva, los materialistas se enfrentan a una realidad trascendente, y el hecho de sacar a Dios del juego no hace que esa realidad sea menos real.

Aun así, para llegar a una nueva historia de la creación, no es necesario invocar a Dios en el sentido tradicional (aunque el embeleso y la maravilla que Einstein experimentó son, de acuerdo con él, completamente necesarios si alguien quiere hacer grandes descubrimientos científicos). Lo que es crucial desde mi perspectiva del debate es que la ciencia ha sido forzada a atisbar en el vacío que existe más allá del tiempo y del espacio, abriendo la puerta a la conciencia, la creatividad, la evolución, el orden y la totalidad como principios básicos en la naturaleza. Como demostraré, sin estas cualidades el universo no podría haber producido el ADN, la vida en la Tierra, la mente humana ni la civilización. Puesto que todas estas cosas existen, la causa de la espiritualidad está lejos de perder. Digamos que apenas comienza a autoafirmarse.

3

¿Es consciente el universo?

Deepak

En un viejo chiste judío, Dios crea el mundo, se sienta a ver su creación y dice: "Esperemos que funcione." Según el mito de creación de la ciencia, nada crea al mundo ni tiene idea de si funcionará o no. El universo carecía de mente hasta la aparición del cerebro humano, el cual miró su propia historia evolutiva y declaró: "Nada puede ser consciente excepto yo. No existe conciencia ni antes ni fuera de mí."

Lo curioso es que la física, al proponer un universo que no deja lugar a la conciencia durante trece mil millones de años, actúa en contra de sus propios cimientos. El aspecto más avanzado de la física, la teoría cuántica, nos dice que una realidad subatómica nos brinda la mejor descripción de la naturaleza: el campo cuántico que mantiene unida a la realidad. Pero luego los físicos ubican este campo fuera de nosotros mismos; en otras palabras, la conciencia humana se conoce a sí misma, pero no se permite que el campo haga lo mismo. Esta exclusión induce a la ciencia a tortuosas reivindicaciones. Por ejemplo, Stephen Hawking declaró públicamente su apoyo a la existencia de billones de billones de otros universos (el número exacto es un uno seguido por quinientos ceros). Ninguno de estos universos paralelos ha sido visto o probado. La necesidad de tener otros universos obedece a la necesidad de disponer de algunos para descartarlos, porque si sostienes (como hace Hawking) que la conciencia es resultado de procesos físicos azarosos, se requiere de muchísimos fracasos antes de que un universo suertudo –el nuestro– le pegue al premio gordo.

En contra de esta fantástica concepción de trillones de universos prescindibles, me gustaría citar el *Bhagavad Gita* en el momento en que el señor Krishna quiere describir su naturaleza divina: "Soy el campo y el conocedor del campo." En ocho palabras deja en claro la postura espiritual del debate. Existe un campo que abarca toda la creación, tanto la visible como la invisible, y este campo está imbuido con una mente que se conoce a sí misma. (Algunos físicos definen el "campo" de manera estrecha y técnica, mientras que el uso antiguo se refiere sólo a la base de la existencia.) Cuando exploraron su propia conciencia, los grandes sabios de la antigua India descubrieron el *Aham Brahmasmi*, que significa "Todo existe dentro de mí", o en términos más simples, "Soy el universo".

Aham Brahmasmi afirma algo muy básico: la conciencia existe en toda la naturaleza. Si rechazas esta noción, la alternativa es casi absurda, porque convierte a la conciencia en un accidente, en el resultado azaroso de hervir el ADN en la sopa química de los océanos desde hace dos mil millones de años. Entonces, valiéndose de una cadena de hechos igualmente accidental, la inteligencia humana evolucionó para mirar el cosmos y decir: "Soy el único que puede pensar aquí. Vaya suerte la mía." (Una física que se interesó en un universo consciente, me dijo que fue ridiculizada en una conferencia con físicos de experiencia, uno de los cuales le dijo: "Vaya y empiece a hacer buena física de nuevo." Ella notó que los colegas más jóvenes parecían interesados, pero mantuvieron el silencio.)

Como hemos visto, el eslabón más débil en el argumento actual de la ciencia es el azar. Sustituye a una fábrica de autos con el universo visible. La línea de ensamblaje de la fábrica produce bellas máquinas, intrincadas y eficientes; cada diseño despliega invención y creatividad. Sin embargo, cuando vas a la parte trasera de la fábrica y miras bien, encuentras una nube de átomos de hierro, silicón y polímeros plásticos que giran a lo tonto mientras son succionados dentro de la fábrica. ¿Es en verdad creíble que esta nube de materia y energía, sumada a una cantidad indeterminada de tiempo, es suficiente para llegar a la existencia de un auto, así como así? Ésa es la versión de la historia que la ciencia cuenta en relación a cómo el Big Bang llegó hasta el cerebro humano. Increíblemente, cuando se pregunta si tal vez el Big Bang contenía el potencial para la creatividad y la inteligencia, la respuesta convencional de la ciencia es un rotundo no. El caos puede producir esas cosas, según nos dicen, si le das suficiente tiempo y trillones de interacciones azarosas.

Algunos científicos, incómodos por la idea de una creación ciega, han tratado en ocasiones de despertar un poco al cosmos. *Sir* James Jeans, un eminente físico británico de la primera mitad del siglo XX, musitó: "El universo empieza a parecerse más a un gran pensamiento que a una gran máquina." En nuestra época, *sir* Roger Penrose, otro reconocido físico británico (que, por cierto, suele debatir con Stephen Hawking), propone que las semillas de la conciencia están incorporadas al universo en el nivel más sutil de la naturaleza, el punto en que la materia y la energía se desvanecen (conocido técnicamente como escala Planck de la geometría espacio-tiempo).

Penrose habla de verdad matemática, por ejemplo, como si fuera un valor platónico, llamado así en honor del filósofo griego Platón, quien propuso que toda cualidad humana nació de una cualidad universal; por ejemplo, el amor es un valor platónico porque es inherente a la creación y no algo inventado por los humanos para demostrar sus emociones. Sentimos amor porque somos parte de la creación. Penrose se basa en el hecho de que toda la ciencia está sustentada en las matemáticas, pero para él las matemáticas son mucho más que números a resolver. Para alguien que en realidad las comprende, las matemáticas expresan valores que reflejan el cosmos, incluyendo el orden, el equilibrio, la armonía, la lógica y la belleza abstracta. No se puede desnudar a los números de sus valores dejándolos por sí solos.

Todos los físicos están de acuerdo con la preeminencia de las matemáticas, así que resulta difícil comprender cómo la ciencia puede salirse con la suya al rechazar las cualidades que van de la mano con el razonamiento matemático. En otras palabras, si buscas la verdad, ¿no tiene ésta que formar parte de la estructura de tu mente? De no ser así, ¿cómo sabrías qué buscar? Una vez que se acepta la existencia de la armonía y la lógica en el entramado del cosmos, es mucho más difícil excluir la conciencia. La espiritualidad da el siguiente paso lógico: todo lo que experimentamos tiene lugar en la conciencia; por lo tanto, no hay una realidad "ahí afuera", divorciada de la conciencia. Penrose no llega tan lejos, pues alguna vez declaró que aborrece la noción de un universo subjetivo. Sin embargo, la belleza de invocar la conciencia cósmica consiste en que podemos prescindir de la guerra entre lo objetivo y lo subjetivo. En el estado previo a la creación, el potencial para ambos existió, cual si de semillas fértiles se tratara.

Otros pensadores parecen respirar hondo y dejar en paz las cosas. En lugar de aislar la mente humana del campo de la creación –como si fuera un niño hambriento que pega la nariz al escaparate de una pastelería–, algunos científicos se han inclinado por derribar la barrera entre el universo y los humanos. El finado John Wheeler, de Princeton, sostenía que el universo visible sólo podía llegar a existir únicamente si alguien lo observaba; sin dicho observador, no habría universo. A no ser por la participación de un observador, el universo seguiría siendo potencia pura. Cuando miramos las estrellas, ¿es nuestra mirada lo que provoca su aparición?

"¡Solipsismo!", gritarán algunos, pero no es necesario afirmar que el universo esperó a los seres humanos antes de llegar a existir. El observador podría ser Dios. (Ahora escucho gritos que hablan de fe y superstición.) Pero tampoco necesitamos a Dios. Sólo necesitamos que incluya a la conciencia como un aspecto inseparable de sí mismo. Cuando se acepta eso, todos los observadores

–divinos, humanos o de cualquier otro tipo– son expresiones de la conciencia. Comparten el mismo estatus; cada uno participa de la creación. La gran oportunidad para que la espiritualidad rescate a la ciencia de su ciega creación consiste en que la espiritualidad permita que los seres conscientes (nosotros) participemos de un universo consciente.

¿Pero qué significa realmente "participar"? Cuando un físico como Wheeler afirma que en el principio existían solamente probabilidades, se refiere a un concepto bien conocido de la física: el colapso de la función de onda. Una partícula elemental como el fotón no existe sólo en el tiempo y el espacio, cual si se tratara de una pequeña pelota brillante que cuelga del árbol de Navidad del cosmos. Los fotones contienen luz en pequeños paquetes, al mismo tiempo que se comportan como ondas. Las ondas se extienden en todas direcciones, formando campos electromagnéticos que abarcan el universo entero. Existe la posibilidad de encontrar un fotón en cualquier parte del campo, pero en cuanto se detecta uno en cualquier parte, deja de ser necesaria la probabilidad. El acto mismo de observar ha transformado la onda en partícula.

En mi opinión, el hecho de que una partícula pueda existir en un estado de invisibilidad tiene implicaciones inmensas (algunas de las cuales son inaceptables para los físicos comunes), y lo más importante para la espiritualidad es esto: antes del Big Bang, el estado del universo contenía todas las posibilidades. Todo lo que existe –o incluso lo que podría existir– deriva de ese estado original. Ésta no parece ser una idea con repercusiones para la vida cotidiana, pero lo es. Considera cómo utilizas el lenguaje. Antes de elegir cualquier palabra a decir, "elefante" por ejemplo, existe sólo la posibilidad de pronunciarla. Puede que la escojas o puede que no. Quizá optes por el término paquidermo, que existe como otra posibilidad. Pero una vez que has elegido una palabra, algo ha ocurrido en el universo físico, y las posibilidades que podrías haber elegido en ese momento (pero que no elegiste) siguen en estado potencial.

En lo que respecta a la lógica, lo extraño es que, sin importar cuántas posibilidades se conviertan en realidad, sigue disponible un número infinito de éstas. El universo visible es sólo una parte ínfima de lo que *podría* existir. Todas las posibilidades que no colapsaron siguen estando ahí y son tan reales como las otras. La conciencia funciona de la misma manera. Cuando eliges la palabra "elefante", tu vocabulario sigue conteniendo miles de palabras que no utilizaste. Las palabras que no se utilizan no se destruyen u olvidan, siguen siendo posibilidades. Aquí estamos tú y yo, participando en el génesis ahora mismo y en todo momento. El señor Krishna dijo acerca de este proceso: "Al recogerme conmigo mismo, creo una y otra vez."

Si el campo contiene todo lo que puede ser, no podemos excluir la conciencia o los valores humanos. En este caso, la espiritualidad puede enriquecer a la ciencia. La física desecha sin más la muy humana necesidad de que el cosmos sea un hogar significativo, un lugar rico para el amor, la verdad, la compasión, la esperanza, la moralidad, la belleza y para cualquier otro valor atribuido alguna vez a Dios. Dado que estas cualidades no tienen validez matemática, la ciencia se siente libre de descartarlas. No obstante, en realidad tomamos estos valores de las infinitas posibilidades del universo, al igual que escogemos palabras de nuestro vocabulario.

Aunque Roger Penrose –y casi cualquier catedrático de nivel en el campo de la ciencia– aborrezca la noción de un universo subjetivo, no podemos reprochárselo. La espiritualidad no significa sustituir la subjetividad por objetividad. Algunos esquizofrénicos con tendencias paranoides están convencidos de que el mundo desaparecerá si se quedan dormidos, así que tratan de permanecer despiertos veinticuatro horas al día como un servicio a la humanidad. Pero ni Buda ni los sabios vedas dicen que algo semejante es necesario. Dicen que existe un estado primigenio que abarca tanto lo subjetivo como lo objetivo, premisa totalmente consistente con la realidad cuántica. Una vez que la función de onda colapsa, se da la división entre el sujeto y el objeto: "yo" estoy viendo "una cosa". Pero antes de que se escindan sujeto y objeto, la realidad es una entidad infinita. Así debe ser, si todas las posibilidades se contienen en ella.

Hay mucho más qué decir sobre los vínculos de la mente humana y la mente cósmica. Una vez que admites que el universo podría ser consciente, se esfuman repentinamente los misterios relativos a por qué los humanos son inteligentes, creativos y conscientes. La respuesta está en el aire que respiramos; en el vecindario en que crecimos. De hecho, el dominio de las posibilidades infinitas es lo que más cerca está de nosotros todo el tiempo. Como afirma el poeta persa Rumi: "Mira estas palabras que surgen girando de la nada. Puedes hacerlo."

Contenga lo que contenga el universo, incluyéndonos, debe existir primero como potencia. El universo se fija en la creación porque al hacerlo se fija en sí mismo. Ése es el rol de la conciencia, y al no reconocerlo, la ciencia se venda los ojos a sí misma. Desde el punto de vista espiritual, las olas de probabilidades de la física cuántica habitan la misma dimensión que la mente de Dios, la cual los más grandes científicos de la historia han tratado de desentrañar.

Leonard

Friedrich Nietzsche escribió: "Antes, uno buscaba la sensación de grandeza humana refiriéndose a su origen divino: ahora eso se ha convertido en algo prohibido, pues en este origen se encuentra el mono con otras bestias grotescas que sonríen maliciosamente como diciendo: '¡No se puede avanzar más en esta dirección!' " Eso lo escribió en 1881, diez años después de que Darwin escribiera *El origen del hombre*, obra en la que propone que hasta las más nobles características de los seres humanos fueron resultado de los mismos procesos de azar y selección natural que produjeron el graznido del pato y el reptar de la serpiente. La teoría de la evolución de Darwin ha incomodado a la gente desde que la hizo pública en *Sobre el origen de las especies*. Cuenta la leyenda que, en uno de sus primeros encuentros, Samuel Wilberforce, obispo de Oxford, preguntó a T. H. Huxley, un decidido partidario de Darwin, si "reclamaba su descendencia del mono por la línea de su abuelo o de su abuela". Se dice que Huxley respondió esencialmente que no le avergonzaría haber descendido del mono, pero que le daría vergüenza estar relacionado con un hombre que debatía como Wilberforce. Hoy, irónicamente, el físico Stephen Hawking, un hombre que ha hecho mucho para acabar con la necesidad de un origen divino para comprender la creación, tiene su oficina en la Universidad de Cambridge en la calle Wilberforce. El desacuerdo no es universal. Muchos catedráticos de hoy, religiosos o no, sienten una necesidad de atribuir la grandeza de la humanidad a nuestra especial conexión con lo divino.

Deepak llama a la explicación científica de cómo llegamos aquí "el mito de la creación de la ciencia". Al emplear esa terminología, iguala la observación cuidadosa y el trabajo teorético de la ciencia con las leyendas y especulaciones de las civilizaciones antiguas, algunas de las cuales conforman sus propias creencias. Pero esa aproximación ligera no constituye un camino productivo a la verdad. Deepak considera de mal gusto un universo en que la conciencia no existía antes de la llegada de los seres humanos. Prefiere una escena rosa de conciencia universal que ha estado presente desde la creación. Sea como sea, lo esencial no es si nos adherimos a la aproximación ligera de Deepak, el asunto no consiste en decidir si un universo consciente es preferible, sino en el hecho de que ese universo consciente sea real o no. La satisfacción de nuestros deseos no debe delinear nuestra visión del mundo.

¿Qué significaría que el universo fuera consciente? Los científicos lo pasan difícil para definir con precisión la "conciencia", aunque todos tenemos una idea aproximada de su significado. Una cualidad que siempre se incluye en este concepto es la autoconciencia. En contraste, los procesos cerebrales que son automáticos, que están fuera del control de la voluntad y de los que no nos percatamos, se consideran inconscientes. Los experimentos con espejos parecen indicar que los chimpancés y los orangutanes, incluso las urracas, tienen conciencia de sí, puesto que reconocen la imagen del espejo como ellos mismos. Presumiblemente, las moscas de la fruta no se reconocen, así que la autoconciencia parece trazar una línea divisoria entre las especies. Aun así, la autoconciencia, por sí misma, constituye una clasificación bastante cruda, y la mayoría de nosotros quisiéramos pensar que los que dan los plátanos tienen al menos un nivel tan alto de conciencia como aquellos que los reciben, así que la conciencia probablemente es un fenómeno gradual.

La conciencia también varía de acuerdo con nuestro estado mental. Por ejemplo, todos tenemos periodos de inconciencia, que tienen lugar durante el sueño profundo o de ondas lentas.

Si preguntas a personas normales y despiertas en qué piensan o qué experimentaban justo antes de que les preguntaras, podrán decírtelo. Esto también sucede si despiertas a alguien durante el periodo de movimientos oculares rápidos,[3] o también si la gente está soñando, aunque el sueño puede escapar a la memoria rápidamente. Pero si despiertas a la gente durante el sueño profundo, nada reportarán. Sus mentes serán cuadernos en blanco. Por supuesto, los registros de la función neuronal durante el sueño profundo demuestran únicamente actividad asociada con los procesos cerebrales automáticos, inconscientes.

Otra complicación que se presenta al definir la conciencia es que nuestras mentes conscientes e inconscientes son sistemas que funcionan juntos. Ha habido mucha investigación reciente sobre el efecto del inconsciente en lo que concebimos como conducta social consciente y toma de decisiones. No obstante, el ejemplo más vívido de las acciones conscientes basadas en información de la que la mente consciente no está al tanto se llama "visión de ciego". La visión de ciego sobreviene por el daño en una parte del cerebro llamada córtex visual primario. En consecuencia, la gente que tiene visión de ciego no puede ver conscientemente nada o parte de su campo visual, situación que puede confirmarse con escaneos cerebrales. Como sea, sabemos que en las personas que padecen este mal, las imágenes captadas por los ojos son transmitidas al cerebro de todos modos, y allí, sin siquiera alcanzar el nivel de la experiencia consciente, influyen en la conducta consciente. De este modo, la gente con visión de ciego puede alcanzar, tocar y hasta atrapar objetos al vuelo, distinguiendo los rostros sonrientes de los enojados, incluso, en un caso, transitaron en una ruta con obstáculos, todo esto sin ser conscientes de haber visto algo.

Inferimos la conciencia de otros humanos, o animales, al interactuar con ellos. Sin embargo, no podemos poner un espejo

---

[3] Rapid Eye Movement o REM por sus siglas en inglés [N. del T.].

frente al universo para ver si se reconoce. Si el universo es consciente, ¿cómo podemos saberlo? Sería como si una célula estomacal supiera que, al estar inflamada, el individuo de la que forma parte siente dolor. Es tentador creer que la conciencia (de preferencia una conciencia amorosa y compasiva) juega un papel en el universo físico. De hecho, durante siglos los filósofos naturalistas creyeron que las leyes físicas eran análogas a las humanas, y que los objetos en el universo obedecían conscientemente esas leyes porque deseaban evitar el castigo de los dioses. Incluso ya bien entrado el siglo XVII, el gran astrónomo y físico, Johannes Kepler, creyó que los planetas seguían las leyes del movimiento que lograban captar con sus "mentes". Pero la idea no llevó a ninguna consecuencia comprobable, de modo que la ciencia la abandonó. La idea de conciencia universal es igualmente estéril, así que también es mejor abandonar esa idea.

Deepak dice que la ciencia muestra una necia resistencia a otras interpretaciones del cosmos, pero "las otras maneras" que la ciencia resiste son meras especulaciones sin evidencia que las soporte. Deepak lamenta que hayamos asignado la cosmología a especialistas, igual que asignamos los genes a los genetistas. Pero estoy seguro de que Deepak estaría de acuerdo conmigo en que existen ciertas empresas en que el trabajo de los especialistas es positivo y otras en que no es así. Por ejemplo, probablemente ambos pensamos que casi todo mundo puede hacer sándwiches de mantequilla de maní con mermelada, pero si uno de nosotros ha de pasar por una cirugía de corazón, ciertamente querríamos que la realizara un cirujano especializado de primer nivel. Deepak y yo parecemos disentir cuando yo considero a la cosmología más parecida a la cirugía de corazón, en tanto que él la equipara con hacer un sándwich.

Deepak también nos advierte que no podemos decir: "Fuera: no sabes suficientes matemáticas." Estoy de acuerdo en que la gente debe ser libre para discutir cualquier asunto intelectual que le interese, pero no debemos confundir la discusión y el aprendizaje sobre un tema con el hecho de crear una teoría significativa al respecto. Cualquiera puede especular sobre si el Sol puede seguir brillando como lo hace ahora por siempre, pero se requieren las matemáticas para dar sustancia a la especulación y para dejar en claro que, dentro de siete mil millones de años, el Sol aumentará de tamaño 250 veces, por lo que se "tragará" a los primeros planetas del sistema solar.

Me adhiero a la preeminencia de las matemáticas en la ciencia. Esto permite a los científicos calcular números y determinar las consecuencias lógicas de las afirmaciones científicas. También nos ayuda a hacer definiciones más precisas y menos ambiguas. Es fácil dejarse convencer por ideas dudosas si los argumentos que uno utiliza para apoyar esas ideas se construyen con significados equívocos, vagos o múltiples. De hecho, hay un teorema matemático que dice que si aceptas una afirmación falsa como verdadera, puedes usarla para demostrar que cualquier otra afirmación falsa es verdadera. Así que la precisión en el lenguaje es importante, y las herramientas de las matemáticas son de gran ayuda al asegurarnos de que los conceptos son definidos con precisión.

Estoy de acuerdo con Deepak en que las matemáticas son más que números y ya. Estoy de acuerdo en que las matemáticas también tienen que ver con el orden, el equilibrio, la armonía, la lógica y la belleza abstracta (aunque también intervienen el azar y el desorden). Los científicos no rechazan los valores de Deepak. No desterramos el amor, la verdad, la compasión, la esperanza, la moralidad y la belleza de nuestro pensamiento, sino que nos limitamos a desterrar todo esto de nuestras teorías. ¿Preferiría Deepak que nuestras ecuaciones dijeran que el Sol se siente raro cuando un bello cometa pasa cerca? ¿Deberían los físicos enfatizar sus matemáticas con teoremas sobre el estado emocional de una nébula? ¿Podemos apelar a la creatividad del universo para probar el Big Bang? La subjetividad es una parte importante de la experiencia humana, pero eso no significa que debemos incorporar el amor a nuestra teoría de la órbita de

Mercurio, o la conciencia universal a nuestra teoría del universo físico.

El señor Krishna pudo haber dicho: "Soy el campo y el conocedor del campo", pero apuesto a que nunca diseñó un radio. Hay mucho lugar en la experiencia humana para las enseñanzas del señor Krishna, pero eso no significa que uno gana al incorporarlas a la ciencia. La física propone un universo en que la conciencia tiene lugar dentro de los seres humanos –y en otros animales en la Tierra, y posiblemente en otros planetas–, pero ahí parece trazar una línea la naturaleza. Stephen Hawking podría teorizar sobre trillones de trillones de universos, pero no anticipa que esos universos estén teorizando sobre él. Y hasta que nuestras observaciones sobre el cosmos indiquen lo contrario, pocos científicos estarán dispuestos a considerar que el universo es una entidad consciente.

4

¿Evoluciona el universo?

Deepak

La evolución es el club que la ciencia formó para vencer a la religión, y cuando las ideas religiosas amenazaban con cobrar nueva vida, la ciencia se abalanzaba para volver a demeritarlas. Estas ideas incluyen, primero y más importante, la perfección de Dios. De acuerdo con la religión, la deidad no requiere ser más inteligente, porque Dios lo sabe todo. Él (o ella) no necesitó expandirse a nuevos lugares, porque Dios es omnipresente; ni tampoco necesita más poder, porque Dios es omnipotente. Habiendo declarado que el creador es perfecto, la religión no podía afirmar que la creación divina fuera imperfecta; por lo tanto, el universo no necesitaba evolucionar. Pero el surgimiento de la inteligencia a partir de formas de vida primitivas es innegable. La física ha probado que el universo se expande y que la energía se concentra en macizos conocidos como estrellas y galaxias que están más organizadas que el polvo interestelar. La derrota del perfeccionismo parece totalmente justificada. Vivimos en un universo que evoluciona.

Por lo tanto, la espiritualidad no puede volver al juego en términos religiosos. Tiene que añadir algo nuevo al concepto de un universo en evolución. Pienso que puede hacerlo. Si la conciencia subyace a todo en la naturaleza, es la fuerza que dirige la evolución. Si no, la evolución se convierte, con todo lo demás, en el resultado de una ciega actividad azarosa. La física ha elegido la segunda suposición, lo que ha conducido a conclusiones claramente falsas.

Primero, la ciencia se enfoca en la expansión física como cimiento básico de la evolución. En el momento del Big Bang, el universo conocido era miles de millones de veces más chico que el punto que pone fin a esta oración. Ahora se expande hasta miles de millones de años luz. Pero la expansión no es evolución, así como tampoco lo es volar una casa con dinamita. La casa ciertamente se expande cuando la haces explotar, enviando sus fragmentos en todas direcciones, igual que lo hizo el Big Bang en el caso del universo, cuando una explosión de energía de proporciones inimaginables diseminó partículas elementales en todas direcciones. Sin embargo, tras la máscara de la materia sucedía algo más misterioso.

Para llegar al misterio, sigamos el camino que un átomo de hidrógeno tomaría durante los trece mil millones de años subsecuentes a su creación. Primero flotaría en el espacio completamente desorganizado, al azar, dando vueltas por ahí como una pluma diminuta agitada por el viento cósmico. Algunos átomos siguieron haciendo esto hasta formar nubes de polvo interestelar. Pero este átomo cae en un campo gravitacional más fuerte y se convierte en una especie de ladrillo que conformará una estrella, puesto que las estrellas toman átomos primitivos como el hidrógeno y el helio para transformarlos en elementos más pesados y complejos. Por medio de una serie de reacciones nucleares, nuestro átomo de hidrógeno particular se convierte en parte de un elemento conocido como hierro, el metal más pesado formado dentro de las estrellas.

El ciclo de vida de esta estrella llega a su fin con una muerte dramática tras una agonía conocida como supernova, una explosión enorme que disemina átomos de hierro en todas las regiones cercanas del cosmos. Nuestro átomo de hidrógeno original ya no existe como tal, pero sus componentes están siendo atraídos hacia otra estrella cientos de veces más chica: el Sol.

En este punto de la historia del universo, el Sol ya ha arrojado suficiente materia durante su laborioso nacimiento, de manera que a su alrededor se han formado anillos de polvo que lo orbitan. Este polvo se empieza a agrupar hasta formar planetas, y nuestro átomo de hierro, atraído por la gravedad, se une al planeta Tierra. En su centro, se piensa que la Tierra es 70 por ciento hierro fundido, pero nuestro átomo llega lo suficientemente tarde como para quedar en la superficie del planeta, que está formada por diez por ciento de hierro.

Han pasado diez mil millones de años. Muchos átomos de hierro han sufrido interacciones al azar con varios elementos químicos, pero nuestro átomo de hierro sigue intacto. Pasa más tiempo. El átomo es atraído a la hoja de una espinaca, que es comida por un ser humano. Entonces nuestro átomo de hierro se convierte en parte de una molécula miles de veces más compleja, una molécula que tiene la capacidad de recoger oxígeno y liberarlo a voluntad: la hemoglobina. La capacidad de la hemoglobina para realizar este truco resulta crucial, puesto que otra molécula que es millones de veces más compleja, se las ha arreglado para crear vida. Se le conoce como ADN, y alrededor de sí mismo, el ADN se procura los bloques de construcción de la vida, conocidos como químicos orgánicos, entre los cuales la hemoglobina es uno de los más necesarios, ya que sin ella los animales no pueden convertir el oxígeno en células.

En nuestra historia, un átomo primigenio de hidrógeno ha sufrido transformaciones increíbles hasta llegar a contribuir a la vida en la Tierra, y cada etapa del camino implica evolución. Dado que todo el hierro de la Tierra fue alguna vez parte de una supernova (más algo de hierro depositado cuando los meteoritos chocaron con el joven planeta), el viaje del Big Bang puede ser observado y medido. Pero a nuestro átomo de hierro le queda otra transformación. Ha entrado al torrente sanguíneo de un ser humano –quizá tú o yo– para formar parte de una criatura sensible, pensante, una criatura capaz de analizar su propia evolución. De hecho, esta criatura sensible crea la noción de evolución para explicarse a sí misma. De alguna manera, un átomo primigenio ha llegado a ser parte de una criatura pensante.

Me he tomado el tiempo para seguir la pista de un sólo átomo durante 13.7 mil millones de años, porque los pasos que se requirieron para que éste llegara a tu cuerpo o al mío, permitiéndome escribir esta oración y a ti leerla, implican la cualidad invisible que es esencial para la espiritualidad: la creatividad, saltos cuánticos de transformación, el surgimiento de propiedades inesperadas y, sobre todo, un enorme despliegue de inteligencia. Como criaturas evolucionadas, nos atribuimos todas estas propiedades. Por cierto: ¿de dónde vinieron? Los físicos dicen que provienen de procesos físicos al azar, pero esa respuesta no tiene sentido. En cada etapa de su viaje, nuestro átomo de hidrógeno resistió lo aleatorio. Se hizo más complejo; contribuyó a aumentar energía; finalmente, dio el salto hasta la inteligencia humana. El hierro que nos permite a ti y a mí estar vivos y ser sensibles no es distinto al hierro que conforma una tubería oxidada o el polvo interestelar. Sin embargo, la evolución tenía en mente un destino diferente para nuestro átomo, y la espiritualidad sostiene que este destino fue dirigido por la conciencia.

La evolución dirigida por la conciencia no es lo mismo que invocar a un Dios creador. En lugar de ello, se introduce una propiedad inherente al cosmos: la autoconciencia. La belleza de esta propiedad consiste en que puede incluir al azar; no es necesario elegir entre ambos. Si tomas una molécula muy ordenada, como la hemoglobina, que contiene miles de átomos perfectamente estructurados, como miles de gotas de rocío en una telaraña, puedes examinarla a niveles cada vez más profundos. Cuando llegas al nivel cuántico, los átomos son considerados como nubes de probabilidades. Las gotas de rocío se han evaporado hasta formar una bruma. Dado que la ciencia es reduccionista, supone que electrones azarosos emergieron de las ondas probabilísticas, y así nos explica el universo visible, con base en la casualidad pero guiado por fuerzas básicas como el electromagnetismo.

En términos espirituales, ésta es una explicación más bien desordenada. Es muy difícil llegar a la vida en la Tierra si se empieza desde el caos total, mucho más difícil que agitar un vaso de precipitados con células madre antes de irnos, y luego volver para encontrar que esas células se han convertido en Leonardo Da Vinci. ¿Por qué no explicar la creación por medio de sus logros, y no por sus elementos constitutivos? La gran pirámide de Keops puede verse como un montón de distintos tipos de polvo, pero esto no la explica mejor. Es como si dividiéramos al cuerpo humano en sus partículas subatómicas y esto explicara quiénes somos. Como ha dicho el físico inglés David Bohm: "En cierto sentido, el hombre es un microcosmos del universo; por lo tanto, el hombre es una clave para comprender el universo." La música de Bach puede estar conformada por ondas sonoras, pero una vez que se llega a este dato crudo, se pierde a Bach. Su genio ha sido reducido al mismo nivel de información que un trueno o un terremoto.

La gran falla del reduccionismo es que, cuando destaca los aspectos invisibles de la creación, piensa que ha mejorado nuestra comprensión. Voltear y decir que los datos son mejores que la cosa difícil y siempre cambiante que llamamos experiencia es un gran error. Como afirmó el gran pionero de la física cuántica, Niels Bohr: "Todo lo que llamamos real está formado por cosas que no pueden considerarse como reales." Para alguien que insiste en que los objetos sólidos son la única cosa real en el universo, éste es un golpe fatal.

La evolución se queda cerca de ser Dios. Mejor, digamos que es la tendencia del universo a desarrollarse por medio de inteligencia que se incrementa. Queda mucho tiempo para experimentar, viajar, desviarse y dar saltos repentinos. Esta extraña e incierta realidad nos ha acompañado desde el principio de los tiempos.

La espiritualidad ganará la lucha por el futuro al restaurar la conciencia a la evolución. El siguiente paso depende de nosotros. Los seres humanos debemos liberarnos del materialismo si queremos seguir evolucionando. Como especie, nosotros solos podemos trascender la biología. De hecho, el proceso ya está en marcha. Hemos cruzado una frontera importante. La ciencia prueba que hemos tomado el control consciente de nuestra propia evolución, y lo mismo sucede con la espiritualidad. La mano que nos guiaba nos ha dejado solos, permitiéndonos más y más libertad. Cuando la aceptemos, nuestra participación en el universo dará un salto cuántico: nos convertiremos en co-creadores plenos de la realidad. La evolución no es la mente de Dios entera. Es sólo un aspecto, el aspecto que estamos a punto de reclamar como propio.

Leonard

Una manera rápida de convertir a la ciencia en ciencia ficción es jugar con el significado de sus términos. Cuando un astrónomo dice que el cielo está vivo de estrellas, no significa que se puedan intercambiar recetas con ellas. De manera que si decimos, con mucho atractivo, que "la evolución es el club que la ciencia formó para vencer a la religión", y luego preguntamos si el universo está evolucionando, más vale que aclaremos qué se entiende por "evolución". En el uso común, evolución es "cualquier proceso de formación o cambio progresivo". En la biología (el campo que efectivamente usó a la evolución para matar a la religión a garrotazos), significa "un proceso que produce cambios en el código genético de un grupo –vía mecanismos como la mutación y la selección natural– que se heredan de generación en generación". Existen dos diferencias en estas definiciones. Primero, el significado científico de evolución se refiere a un cambio específico, a una alteración en los genes de un grupo de organismos. En segundo lugar, especifica el mecanismo de cambio. La selección natural es un proceso en el que los organismos más capaces de enfrentar su ambiente tienden a tener más descendencia, lo que produce una nueva generación que, en promedio, tiene más rasgos favorables para sobrevivir y reproducirse que la anterior.

Lo que hace que la evolución sea mucho más que un simple proceso aleatorio es la selección natural. Si la ignoras, en verdad puedes hacer que la teoría de la evolución parezca absurda y descabellada. Por ejemplo, Deepak escribe que "la creación sin conciencia se parece a la fábula de la habitación llena de monos que presionan al azar las teclas de una máquina de escribir hasta que terminan, millones de años después, escribiendo las obras completas de Shakespeare". Habla de un investigador que se las arregló para que "un generador de números al azar generara letras, y así saber si surgían palabras reales". Dado que se requirieron incontables intentos para formar incluso una frase simple, y dado que el ADN humano es miles de veces más complejo en su estructura que las letras que constituyen las obras de Shakespeare, Deepak concluye que la teoría de la evolución no puede explicar la estructura de nuestro ADN. Ese experimento de las letras al azar es típico de los argumentos que surgen cuando se ignoran aspectos de la selección natural. Richard Dawkins lo cita en su libro *El relojero ciego*. En él describe un programa de computadora que escribió, el cual incluía un mecanismo análogo a la selección natural. Al ponerlo a funcionar, esperó para ver cuánto tiempo tomaría al programa dar con la frase de Shakespeare: "Pienso que es como una comadreja", por medio del tecleo al azar, de manera que se imitaba a la evolución. En el modelo puramente fortuito que Deepak describió, las probabilidades de teclear la frase entera correctamente eran de una en diez mil billones de billones de billones de billones, de modo que una computadora podría generar letras al azar hasta que el Sol agotara su combustible sin dar nunca con esa frase. Pero al incorporar la selección natural en este programa de tecleo aleatorio, Dawkins demostró que la frase podía producirse en sólo cuarenta y tres generaciones, no más de un instante para cualquier computadora decente. ¡Tal es la magnitud del error que puede suscitarse si uno no es cuidadoso al definir los conceptos en la ciencia!

Uno no puede aplicar el concepto darwiniano de evolución al universo como un todo, porque los conceptos como herencia y selección natural –por medio de los cuales los individuos menos capaces de sobrevivir en sus ambientes mueren y los genes de aquellos que son más aptos prevalecen– no tienen sentido en ese contexto. No se puede decir que una nube que tiene la forma de un elefante y luego cambia a la de Jesucristo esté evolucionando, según el significado biológico de la palabra. Tampoco lo hace una nube de polvo interestelar y gas que se aplana y condensa hasta formar estrellas y planetas. Se puede decir que un sistema tal estaría evolucionando en el sentido del lenguaje que utilizamos cotidianamente, y puede que los físicos usen el término con ese sentido, pero su progresión nada tiene que ver con la teoría de la evolución que "venció a la religión hasta hacerla polvo". Así que: ¿evoluciona el universo? El universo está sufriendo un cambio progresivo, pero no se trata de evolución en el sentido que hizo famoso el nombre de Darwin.

Dejemos a Darwin por ahora en el sótano para dedicarnos al verdadero tema importante. ¿Evoluciona el universo, en el sentido coloquial del término, hacia una mayor complejidad y hacia la inteligencia? Y, de ser así, ¿existe evidencia de que la tendencia es el resultado de una fuerza guía como la conciencia? ¿Es la marcha del cosmos una evolución hacia algo más elevado? ¿Han pasado por alto los científicos la existencia de un cambio progresivo significativo en este universo que es nuestro hogar?

La respuesta, de nuevo, es no. En capítulos posteriores veremos que ni siquiera la evolución biológica tiene una tendencia "innata" que conduzca hacia la inteligencia y la complejidad, pero en lo que respecta al universo físico, lo opuesto es verdad: el universo, lamento decirlo, se dirige a un final simple y carente de vida.

¿Por qué es el futuro del universo? Como expliqué antes, el universo se está expandiendo. La expansión continuará a un ritmo cada vez mayor. Mientras eso sucede, la materia y la energía dentro del universo se harán cada vez más frías y estarán más dispersas. Galaxias lejanas eventualmente se alejarán tanto que ya no podremos detectarlas. Casualmente, todo lo que quedará en nuestro universo visible será nuestro grupo local de galaxias, ligadas a nosotros, aun débilmente, por la gravedad. Los astrónomos que vivan entonces podrían concluir que nuestra galaxia, y quizá algunas vecinas, son lo único que ha existido y existe en el universo. Podrían no tener manera de conocer la rica historia que los precedió.

Tristemente, también esos mundos aislados terminarán en su momento, pues las estrellas se extinguen. Pueden terminar su ciclo de vida de diversas maneras: pueden colapsar y convertirse en agujeros negros o estrellas de neutrones; pueden extinguirse como un tizón encendido, convirtiéndose en un tipo de estrella conocida como enana blanca; o pueden explotar como supernovas. En el último caso, nuevas estrellas y sistemas solares pueden formarse a partir de escombros y gas interestelar, llevando de nuevo a la vida, pero con el tiempo las explosiones de supernovas se harán más raras, hasta cesar, y la reserva de gas interestelar se dispersará y se "secará". Cuando eso suceda, el universo estará formado únicamente por los cadáveres de estrellas muertas: enanas blancas, agujeros negros (que inciertamente se "evaporarán"), y estrellas de neutrones. Ninguna de estas entidades puede sostener la vida, de modo que el universo estará prácticamente muerto. Y si los físicos que piensan que el protón es inestable están en lo cierto, incluso estos "cadáveres" se desintegrarán y disiparán, dejando un universo que es ya un gas ligero compuesto por partículas, inmerso en un inmenso vacío. Esto puede parecer deprimente, pero como me dijo mi madre cuando tenía tres años y me enteré de que la gente moría: no te preocupes, la muerte del universo está muy lejos todavía. Tal vez falten unos 10 000 000 000 000 000 000 000 000 000 000 000 000 000 años.

Si Deepak tiene razón en cuanto a que el universo se hace, a propósito, cada vez más complejo, entonces la escena que les acabo de narrar está mal, y lo mismo sucedería con algunos de los principios de la física más fundamentales y bien probados. Pero si este escenario es correcto, si el desarrollo del universo no tiene propósito y no se evoluciona hacia una complejidad mayor, entonces ¿cómo debemos interpretar la historia de Deepak sobre el solitario núcleo de hidrógeno nacido en el universo temprano, que mejora mucho hasta convertirse en parte de ese preciado metal, el hierro, llegando eventualmente hasta la conciencia del ser humano? ¿Cómo podría tener lugar un suceso tan poco probable? ¿Podría tener lugar por medio de procesos aleatorios?

Todo el tiempo surgen objetos bellos y ordenados a partir de las leyes de la naturaleza, como sucede en el caso de los arco iris y los copos de nieve. Pero los seres humanos estamos predispuestos a buscar patrones y, cuando los encontramos, asumimos que nacieron por una buena causa. No necesitamos acudir a la cosmología para ser engañados por el azar. En *El andar del borracho* escribí sobre el caso del gerente de un fondo mutualista llamado William Miller. Se hizo famoso por operar un fondo que tuvo mejores resultados que el índice de Standard and Poor's durante quince años seguidos. Miles de encargados de fondos mutualistas, a lo largo de varias décadas, trataron de lograr esa proeza, pero sólo un gerente lo consiguió. Incluso para los muchos que piensan que elegir acciones, en el mejor de los casos tiene un valor marginal, parecía que la proeza sólo sería factible por medio de un muy brillante olfato para anticipar los desempeños de las acciones individuales para invertir de acuerdo con eso. Pero las matemáticas probabilísticas dieron un resultado sorprendente: si tú remplazas esos mil gerentes con apostadores que simplemente echan un volado cada año con el fin de que salga cara, encontrarás que son muy altas las probabilidades de que uno de esos apostadores tenga una racha de quince años o más de éxito. La muy cacareada proeza de William Miller resulta que podía ser obra del azar por sí solo.

La historia del átomo de hidrógeno que "evoluciona" es análoga: nuestro azoro por la improbabilidad de un suceso, puede matizarse si sabemos de las muchísimas oportunidades que existen de que ocurra. Por ejemplo, las supernovas son acontecimientos extremadamente improbables. Si eliges una galaxia típica de, digamos, cien mil millones de estrellas, tendrías que mirar esta galaxia durante un siglo, en promedio, antes de que vieras una de esas estrellas explotar. Aún así, si extiendes tu brazo en dirección al cielo, y te fijas en la pequeñísima zona del cielo que quedaría bajo la uña de tu pulgar, en ese espacio cabrían tantas galaxias que, con un telescopio lo suficientemente poderoso, podrías ver diez supernovas cada noche. Los hechos raros suceden todo el tiempo.

En el caso de los protones, existen unos 10^{80} rebotando por ahí en el universo visible. Sólo una fracción ínfima de ellos termina inserta en una forma de vida. De hecho, en la biomasa de la Tierra existen unos 10^{42} protones, así que incluso si asumimos que toda estrella en el universo visible tiene su propia Tierra amiga de la vida –y probablemente algunas la tengan–, encontramos que, por cada protón que termina en un organismo vivo, existen al menos 10 000 000 000 000 000 protones rebotando por ahí que no lo hacen. Al igual que cada tanto un apostador de los que echan volados puede sacar quince veces seguidas cara, en muy raras ocasiones, sin la intervención de ninguna fuerza consciente, un protón puede acabar, no en una estrella ni en el espacio interestelar, sino en el interior de un ser vivo. La ciencia no dice que la naturaleza agitó un vaso de precipitados lleno de células madre para encontrar a su vuelta a Leonardo Da Vinci. Dice que envió la materia a un billón de trillones de sistemas de estrellas, la dejó reposar durante 13.7 mil millones de años, y *entonces*, produjo a Leonardo Da Vinci. La primera versión es descabellada; la segunda es una bella consecuencia de las fuerzas de la naturaleza que no tienen guía o propósito.

Si los científicos describen el universo por medio de leyes que actúan sin propósito alguno, no es porque nos opongamos a un universo intencionado; es porque no parece que vivamos en uno. Puede ser inspirador creer que el universo evoluciona hacia una mayor complejidad e inteligencia bajo la guía de la conciencia universal. No obstante, para los científicos, las cosas no terminan en esas palabras; apenas comienzan llegado ese punto. Deepak ataca el uso que la ciencia hace del reduccionismo como aproximación para entender el universo, pero los científicos no están casados con un solo método. Cuando un fenómeno puede explicarse fácilmente reduciéndolo a sus elementos más simples, los científicos lo hacen. Cuando no es así, cuando las cosas dependen de las interacciones colectivas de un gran número de componentes, lo reconocemos así también. Por lo tanto, cuando los químicos estudian las propiedades del agua, analizan sus componentes moleculares. Pero cuando los oceanógrafos estudian las olas, no se interesan por interactuar con los componentes constitutivos del agua. La ciencia tiene teorías sobre las moléculas de agua, y teorías sobre el agua de las olas, y el tener una no excluye la posibilidad de tener otra. El fin de una investigación llega cuando, sin importar el atractivo de una idea, somos capaces de encontrar evidencias que la prueben correcta o equivocada.

Si el universo evolucionó por medio de la ley física y no tuvo guía o propósito, ni conciencia, ¿niega eso el valor de la humanidad o torna nuestras vidas sin sentido? ¿Es fría la perspectiva científica de la vida? Mi madre, con casi noventa años de edad en estos momentos, me contó una vez de un frío día cuando ella tenía diecisiete años y la guerra arrasaba Europa. Su pueblo en Polonia había sido ocupado por los nazis, y ese día uno de ellos dijo a algunas docenas de judíos, incluida mi madre, que se alinearan de rodillas en la nieve. Él caminó hasta la fila y, cada pocos pasos, se agachaba, ponía su pistola en la cabeza de alguien y disparaba. La perspectiva espiritual dice que la supervivencia de mi madre no fue aleatoria. Dice que mi madre fue saltada por una razón. ¿No implica esto que existe alguna razón cósmica para que los otros, los que no fueron saltados, murieran asesinados? Dado que la mayor parte de los miembros de las familias de mis padres fueron muertos durante el holocausto, para mí es esta explicación "espiritual" la que me resulta fría e insensible.

La ciencia ofrece una mirada distinta: el animal humano evolucionó hasta tener la capacidad de comprender o ejercer el bien y el mal, y hace ambas cosas al por mayor, pero no existe una mano oculta que dé propósito universal o conciencia a lo que hacemos; sólo existe nuestra conciencia, nuestro propósito. Cada uno de nosotros ama u odia; damos y tomamos; dejamos nuestra huella en nuestra familia, en nuestros amigos y en la sociedad. No necesitamos un universo eterno y consciente que dé significado a nuestras vidas. Nuestras vidas son tan significativas como nosotros las hagamos.

5

¿Cuál es la naturaleza del tiempo?

Leonard

Hace algunos años, unos investigadores se interesaron en la percepción subjetiva del tiempo en el caso de unos voluntarios que, sujetados con un arnés a una plataforma, fueron alzados unos treinta metros para luego dejarlos caer sobre una red en un parque de diversiones situado en Dallas, Texas. Antes de que cualquiera de los veinte participantes tomara su turno, observaron que dejaban caer a otra persona. Después de ver este adelanto, se les pidió que cerraran los ojos e imaginaran la caída. Se les dijo que presionaran un botón en el momento en que vieran a la persona comenzar su caída, y que lo volvieran a apretar cuando la vieran aterrizar. Luego, cada sujeto se sometió a la caída. Después, se les pidió que imaginaran su propia caída y que, igual que antes, presionaran un botón al principio y al final de ésta. Las reproducciones mentales de los sujetos, en el caso de su propia experiencia, duraron significativamente más que la imaginación de la experiencia del tercero y de la caída real, experimentada en carne propia. Los investigadores esperaban esto puesto que las personas que han atravesado por hechos breves y peligrosos, como ataques violentos o accidentes automovilísticos, reportan con regularidad que los sucesos parecen suceder en cámara lenta. Sin embargo, nuestra memoria de un hecho depende de dos sistemas neurales: el que gobierna nuestra percepción del suceso y el que gobierna su "grabación" y recuerdo en la memoria. Así que uno puede preguntarse: ¿en verdad percibimos los hechos en cámara lenta, o únicamente los recordamos de esta forma? ¿Tenemos un solo sentido del tiempo que se distorsiona, o el reloj de nuestra percepción del acontecimiento corre a ritmo normal, pero el reloj de nuestra memoria del suceso se hace lenta?

Para investigar el asunto, se dio a los sujetos un reloj de pulso que desplegaba números al azar, y se les dijo que leyeran los dígitos durante la caída. La trampa estaba en que los números aparecían y desaparecían demasiado rápido para que ellos los distinguieran, es decir, demasiado rápido para que los reconocieran en circunstancias ordinarias. Si el estiramiento del tiempo que afecta la memoria de acontecimientos tales también afecta la percepción, los sujetos que caen verían los números apareciendo más lentamente y serían capaces de leerlos. Pero los sujetos no pudieron leer los números. Sus memorias grabaron los sucesos en cámara lenta, pero su reloj de percepción permaneció inalterado.

Los relojes de la percepción y la memoria no son nuestra única medida del tiempo. Parece que tenemos muchos relojes internos, apuntalados por diversos mecanismos neurales. Gran parte de nuestra sensación del tiempo proviene de los relojes incorporados a nuestro cuerpo y que son visibles en nuestro medio ambiente. El reloj principal en nuestro medio –el ritmo del día y de la noche, la luz y la oscuridad– está conectado al menos con un reloj de nuestro cuerpo, el ritmo circadiano. Los seres vivos, incluso los organismos unicelulares, tienen este ritmo biológico que funciona en un ciclo de sueño y vigilia que dura aproximadamente un día. En muchos animales, este ritmo está gobernado por procesos bioquímicos en los que ciertas proteínas se acumulan, entran al núcleo de la célula, se degradan y vuelven a iniciar el ciclo en su estado originario. El proceso es más complejo en los humanos, y tiene lugar en una parte de nuestro cerebro llamada hipotálamo. En todos los animales, el reloj de veinticuatro horas es aproximado. Los seres humanos que viven en la oscuridad completa tendrán ciclos de sueño/vigilia que duran cerca de veinticinco horas, en tanto que los ratones y las moscas de la fruta, al ser mantenidos en oscuridad, tienen ciclos ligeramente menores a las veinticuatro horas. Pero en condiciones normales, estos relojes biológicos vuelven a andar cada día. En el caso de los humanos, esto sucede cuando los fotorreceptores en los ojos y las células de la piel detectan luz solar. Los animales tienen incorporados otro grupo de ritmos corporales que corren en ciclos mucho más cortos, como los que controlan nuestra respiración y el bombeo de nuestros corazones, así como también ciertos patrones de onda que ocurren en nuestro cerebro. Por medio de todos estos relojes internos, sentimos el paso el tiempo.

La multiplicidad de los relojes biológicos lleva a ilusiones interesantes; por ejemplo, en un experimento, los sujetos fueron engañados y se les hizo pensar que un haz de luz era emitido antes de que presionaran una tecla, cuando en realidad era emitido después. Los biólogos y los neurocientíficos están interesados en comprender los aspectos subjetivos de nuestra sensación del tiempo, y de los mecanismos físicos, químicos y biológicos que los producen, y vaya que estamos hablando de temas interesantes. No obstante, aunque el reloj de tu memoria pueda disminuir su marcha cuando eres arrojado desde una plataforma, el resto del universo sigue igual. Así los físicos, a diferencia de los biólogos y los neurocientíficos, o los santos y sabios, ponderan los misterios del tiempo desde una perspectiva menos personal.

El punto de inicio para los físicos consiste en examinar lo que queremos decir por "tiempo". El lenguaje humano destaca en capturar los sentimientos humanos, pero no podemos dejar que el lenguaje defina nuestro concepto de la realidad. Si no has pensado mucho en ello, es muy difícil de definir. Se trata de un concepto abstracto derivado y destilado a partir de nuestra experiencia. Describimos el movimiento de los proyectiles y los planetas empleando el tiempo, pero el tiempo no es un objeto material. Uno puede pensar en el tiempo de la misma manera en que piensa sobre el espacio, como una coordenada que nos permite etiquetar sucesos. La inauguración de un helipuerto en el techo del World Trade Center tiene las siguientes coordenadas: 40 grados, 43 minutos latitud norte, 74 grados un minuto longitud oeste, 1350 pies sobre el nivel del suelo, y el año es 1972. Desde este punto de vista podemos considerar que el universo es un espacio tetradimensional, afín al espacio tridimensional que vemos a nuestro alrededor. Pero el tiempo no sólo etiqueta y ordena los momentos en que los hechos tienen lugar, también les asigna una duración.

Uno de los primeros relojes utilizados en física (al menos es lo que cuenta la leyenda) fue el pulso de Galileo, quien usó ese ritmo para medir el balanceo de un candelero en la catedral de Pisa. Hoy utilizamos relojes más fiables, como la oscilación natural de los átomos. Por ejemplo, cuando un átomo salta de un estado de alta energía a uno de menor energía, se emite radiación. Esa radiación oscila con una frecuencia determinada por la diferencia de energía entre los estados. La radiación correspondiente a la transición entre dos niveles de energía particulares del átomo del cesio, isótopo 133, tiene exactamente 9 192 631 770 periodos o ciclos de radiación por segundo. Y puedo pronunciar el término "exactamente" con confianza, puesto que, desde 1967, de acuerdo con el Sistema Internacional de Unidades, ésta ha sido la definición de un segundo. De esta manera, si decimos que el cristal en un reloj de cuarzo vibra 32 768 veces por segundo, queremos decir que si comenzáramos a contar las oscilaciones del cristal y la radiación simultáneamente, en el preciso momento en que la radiación del cesio ha llegado a 9 192 631 770 ciclos, el cristal de cuarzo estaría alcanzando su vibración número 32 768. Esto destaca un importante concepto relacionado, que es crucial para la definición del tiempo como duración: el concepto de sincronía. Medimos el tiempo que un proceso requiere al compararlo con otro proceso estándar –como los tics de un cronómetro– que presenta un principio y un final concurrentes.

Esta bonita descripción intuitiva del tiempo funciona bien en la vida cotidiana, pero entre 1905 y 1916, Albert Einstein demostró que es solamente una aproximación a la manera en que la naturaleza realmente funciona. El acercamiento es perfectamente válido si no mides el tiempo con precisión extraordinaria, y si se considera a objetos que se mueven a una velocidad mucho menor a la velocidad de la luz, y que se encuentran en campos gravitacionales no mucho más fuertes que aquellos que experimentamos en la Tierra. Pero en realidad, según demostró Einstein, esos objetos en los que se basan nuestras ideas de los relojes, especialmente la sincronía, incluso el orden fijo de los acontecimientos, dependen del estado del observador (y no se refería a un estado emocional).

El hecho de que dos sucesos percibidos como simultáneos puedan, desde la perspectiva de otro observador, ocurrir en momentos distintos, probablemente suene a algo intermedio entre lo extraño y lo equivocado. Esto puede servirnos para mirar el mismo efecto en relación con el espacio. Supón que una persona que está parada en el pasillo de un avión hace rebotar una pelota contra el piso. Ese pasajero reportaría que la pelota chocó con el piso en el mismo lugar una y otra vez. Para un observador que está ubicado en el suelo, la pelota no estaría regresando al mismo punto, sino que estaría trazando una línea en el cielo a más de 800 kilómetros por hora. Ambos observadores tienen razón, desde su propia perspectiva. De manera análoga, distintos observadores pueden discutir sobre si los acontecimientos suceden al mismo tiempo, y sobre si los observadores se mueven lo suficientemente rápido en relación con ellos mismos como para que la disparidad sea notoria. Este es un punto importante para nuestro inminente debate sobre la naturaleza de la realidad, de modo que volveremos a este tema en su momento.

La incapacidad de hacer que los observadores se pongan de acuerdo sobre la simultaneidad significa que los relojes pueden no coincidir, y que los diversos observadores pueden no estar de acuerdo sobre la duración de los sucesos. Los verificadores de los Records Guinness atestiguaron cómo un tipo comió sesenta y seis hot dogs en doce minutos, pero los observadores que pasaran volando a gran velocidad, habrían determinado que el festín requirió de mucho más tiempo. De acuerdo con la relatividad, cada reloj mide su flujo de tiempo local, y los observadores que se mueven en relación con los demás, o que experimentan diversos campos gravitacionales, en general se encontrarán con que sus relojes no coinciden.

Uno puede concebir un reloj como si se tratara de un odómetro para el tiempo. Un odómetro mide la distancia que atraviesas al viajar de un sucesos a otro, en tanto que un reloj mide la duración entre acontecimientos. La distancia que mide un odómetro depende tanto de la diferencia en las coordenadas espaciales de los dos sucesos –como lo son latitud y longitud– y del camino que el odómetro recorra para llegar de un suceso a otro. Según la relatividad, el tiempo que un reloj mide entre acontecimientos también depende del camino que el reloj siga entre ellos. Por ejemplo, supón que dos gemelos de quince años observan la inauguración del World Trade Center en 1972, tras lo cual uno de los gemelos es secuestrado por extraterrestres y llevado a un rápido viaje en cohete en el que llegaron quizá a acercarse (pero no mucho) al poderoso campo gravitacional de un agujero negro. Si el gemelo secuestrado fuera regresado a la Tierra y se reuniera con su hermano en la inauguración de un memorial para el World Trade Center, en 2013, el gemelo que permaneció en la Tierra tendría 56 años, mientras que el adolescente secuestrado contaría apenas con 16 años. Entre el secuestro y la reunión, el odómetro del gemelo que se quedó en la Tierra habría registrado muchos kilómetros, y su reloj habría registrado el paso de 41 años. El odómetro de su hermano secuestrado habría registrado muchos más kilómetros, pero su reloj habría registrado sólo un año transcurrido entre los dos hechos. Einstein demostró que no existe contradicción en esto; se trata únicamente de la manera en que el tiempo funciona. Este efecto fue confirmado por un experimento en 1971: se hizo volar alrededor del mundo un reloj atómico muy preciso, y se comparó su registro con el de otro idéntico ubicado en la Tierra. El efecto del movimiento del reloj a esas velocidades relativamente bajas, dio una diferencia de sólo 180 mil millonésimas partes de segundo por circuito.

Dado que una hora invertida en una caminata con tu novia a la luz de la luna no se experimenta igual que una hora invertida en justificar tu trabajo ante un jefe desagradable, tenemos suerte de disponer de nuestros confiables átomos de cesio, cuya luz atravesará por 33 093 474 372 000 ciclos cada hora, sin importar nuestro estado mental. Aunque los biólogos, los neurocientíficos y los físicos concluirían que el tiempo depende del observador, querían decir cosas diferentes. Para un físico, el tiempo depende únicamente del movimiento y la gravedad, y disponemos de fórmulas matemáticas que dan cuenta de esos factores relevantes. Estas fórmulas permiten a los físicos ir y venir entre relojes de diferentes observadores, sin que en las fórmulas intervenga ninguna subjetividad debida a los sentimientos de los físicos.

Cuando los humanos se reclinan para oler las rosas, las moléculas de betadamascenona que acarrean el aroma siguen su movimiento sin ser afectadas por nuestros sentimientos subjetivos. Pero cuando la Tierra ejerce su atracción gravitacional, sí afecta los relojes en los sistemas de posicionamiento (GPS) que te dirán en dónde encontrar la florería más cercana. Así funciona la naturaleza, y es un regalo de ésta –un regalo tan azaroso como se quiera– el que hayamos evolucionado hasta convertirnos en seres con mentes que pueden comprender la diferencia.

Deepak

La eternidad está enamorada de las producciones del tiempo.
William Blake

El tiempo da a la espiritualidad una oportunidad de oro. La gente necesita una nueva manera de vivir en la que el tiempo no se haya convertido en una suerte de enemigo psicológico. Las fechas límite nos ponen bajo presión. El día no tiene más de 24 horas. No importa qué tan rápido nos movamos, a todos se nos acaba el tiempo. La religión no ha ayudado, pues suele ser bastante negativa respecto al tiempo que pasamos en la Tierra. ¿Qué puede ser más deprimente que la doctrina puritana de "peca apresuradamente y tómate tu tiempo para arrepentirte"? Si la espiritualidad pudiera liberarnos de las desventajas psicológicas del tiempo, la vida cotidiana se transformaría.

Leonard la pasa mal definiendo y midiendo el tiempo con precisión. También usa uno de los puntos favoritos de la ciencia: que la subjetividad no es confiable. Si eres un médico que recopila datos sobre hadrones, bosones y cosas semejantes, no vas y dices: "Mi medición cambió porque tengo migraña." Pero la gente no utiliza la subjetividad para medir el tiempo; la utilizamos para *experimentar* el tiempo. No hay otra opción. En todos sus aspectos, el tiempo llega a nosotros por medio de nuestro sistema nervioso, como una experiencia de la conciencia. Ser conscientes del tiempo no es algo abstracto ni objetivo. Es una cuestión personal y de participación. Y una vez que sabemos cómo participar en el tiempo, tenemos una clave importante respecto a cómo participar en lo eterno.

¿Lo eterno? En este punto, puedo imaginar una oleada de dudas que llegan a los lectores, incluso a los lectores que están de mi parte. No trato de poner en duda la precisión del reloj atómico a base de cesio-133, porque no hay necesidad de hacerlo. Cualquier aspecto del tiempo, incluida la relatividad de Einstein, es un subproducto del no tiempo, de lo eterno; en el preuniverso no existe el tiempo. Nuestra propia fuente es el mundo atemporal. La historia de cómo el tiempo surgió de la eternidad es un verdadero misterio, y se trata de un misterio que puede ser resuelto por la espiritualidad. Cuando tú y yo experimentamos lo atemporal, las frases como "vida eterna", "alma inmortal" y "Dios trascendente" dejan de ser pura buena intención. Cuando lo analizamos con detenimiento, la eternidad no significa un tiempo muy, muy largo. Significa que nos referimos a una realidad en la que el tiempo no está presente. ¿Pero cómo podemos llegar ahí?

Aceptemos que la ciencia y la espiritualidad están de acuerdo en un punto: el tiempo es relativo. No se trata de algo fijo. No necesitamos que Einstein confirme esto, porque lo hace la vida diaria. Dependiendo del estado de conciencia en que te encuentres, el flujo del tiempo cambia. Cuando duermes profundamente no se experimenta el tiempo. En los sueños, el tiempo es completamente fluido: una época entera puede transcurrir en un momento. (Existe una historia sobre Buda en que se narra que él cerró los ojos por unos momentos, pero en su interior experimentaba miles de años.) Leonard se bajó del tren antes de que éste saliera siquiera de la estación. Argumenta que el tiempo que nos "llega por medio de los sentidos" no es el mismo que tiene lugar en el funcionamiento del "universo inanimado". Pero la conciencia es mucho más que los cinco sentidos. Las aves, las abejas y los leopardos de las nieves verían una montaña, el cielo o la luna de diferente manera, porque esas criaturas poseen sistemas nerviosos únicos.

Si cambias el sistema nervioso, la idea de la objetividad cede. Esto es verdad no sólo para los animales, sino también para nosotros. En experimentos recientes, se demostró que los monjes budistas tienen ondas cerebrales en la región gamma que eran el doble de rápidas comparadas con la norma: 80 ciclos por segundo en lugar de cuarenta. Se piensa que las ondas gamma son las que permiten que el cerebro integre el mundo como una experiencia consciente. Así que los monjes budistas, al recibir el doble de señales por segundo, están doblemente despiertos o conscientes. Otras personas operan medio despiertos, y se perciben como adormilados y aburridos en comparación.

Podemos relacionar este descubrimiento con otras experiencias. El mariscal de campo Joe Namath reportó que, cuando estaba "en la zona", el tiempo parecía detenerse. El balón se separaba de su mano como en cámara lenta, en tanto que incluso el rugido de la gente desparecía. En esos momentos, él sabía, con seguridad, exactamente a dónde iría el balón, incluso sabía que sería atrapado. En otras palabras, el tiempo no puede separarse de la experiencia personal, lo que significa que no existen dos personas que experimenten el tiempo de la misma manera.

El tiempo subjetivo, lejos de ser una ilusión, combina muy bien con la física postnetwoniana en que la noción de un observador objetivo fue desechada hace tiempo por la relatividad. Si una nave estelar comienza a viajar cerca de la velocidad de la luz, su tiempo, desde el punto de vista de alguien que permanece en la Tierra, alenta su marcha. Éste es un principio básico de la relatividad. Incluso cuando el tiempo se hace más lento que el crecimiento de la caña en invierno, según se observa desde la Tierra, el viajero espacial vería que los relojes marcan segundos, minutos y horas de manera normal. Igualmente, dado que el campo gravitacional se torna más y más poderoso en la vecindad de un agujero negro, un observador distante vería que el viajero espacial disminuiría su velocidad hasta llegar a detenerse virtualmente conforme se acercara al umbral del agujero negro, daría la impresión de requerir de una infinita cantidad de tiempo para cruzar ese umbral y entrar en el agujero. De cualquier modo, la relatividad es una cuestión secundaria en el contexto de lo que pretendo decir: no es posible librarnos de algún tipo de sistema nervioso y que, por lo tanto, constituye el papel central de la experiencia. Puede que a la ciencia no le importe, en términos objetivos, si Joe Namath sintió que el tiempo transcurría más lentamente; el reloj del cronometrista dice que no fue así. Entonces me corresponde a mí demostrar que la subjetividad es, en efecto, confiable. En la tradición espiritual de la India, el estado de conciencia cero se llama *samadhi*, un estado en que la mente entra a la conciencia pura. Este estado es una experiencia atemporal. En este estado, el tiempo no existe como suceso mensurable. Sólo después de que la conciencia pura se divide en objetiva y subjetiva, podemos experimentar el flujo del tiempo.

Una vez más, los descubrimientos de los grandes sabios se relacionan con la realidad cuántica. (Me disculpo si doy la impresión de que todos los sabios son o de India o antiguos; los hay en todos los tiempos, en Occidente o en Oriente. Le otorgo un peso especial a los antiguos porque sus observaciones espirituales han soportado la prueba del tiempo, ¡sea lo que sea!) El estado subyacente del universo es atemporal. Antes de transcurrido el primer nanosegundo después del Big Bang, sólo existía *la posibilidad* del tiempo en una dimensión en que existían todas las posibilidades, tras la cual los objetos cuánticos (por ejemplo, la energía, el giro, la carga y la gravedad) emergieron. Lo que es potencial no tiene un rango de vida, incluye el pasado, el presente y el futuro. El estado originario de la física se parece mucho al estado cero de *samadhi*. Una vez que estas posibilidades atemporales comienzan a colapsarse hasta conformar sucesos en el espacio y en el tiempo, nuestra conexión con la eternidad parece perdida. Se trata de una ilusión alentada por nuestra dependencia del tiempo que mide el reloj. Siempre has sido eterno, aún lo eres.

Ciertamente, existe una enorme objeción a la pretensión de que podemos experimentar la eternidad. ¿Cómo puede la mente humana pensar lo atemporal cuando los pensamientos requieren de tiempo? Todo lo humano requiere de tiempo, desde nacer hasta estar tendido en el lecho de muerte. Pero los grandes sabios se percataron de que el movimiento del pensamiento es de importancia crítica para el tiempo. Si los pensamientos dejaran de moverse, lo mismo sucedería con el tiempo. Todos hemos tenido una idea de esto. Cuando dices: "Disculpa, me quedé en blanco por un segundo", no estabas participando del tiempo: el reloj se detuvo. Buda tomó una postura más radical. Él (y muchos otros maestros espirituales) declararon que cuando la mente se detiene, *todo* se detiene. Y no sólo del movimiento del pensamiento depende el tiempo, el universo entero es el movimiento del pensamiento.

Toma esta intuición en serio y terminarás con una idea revolucionaria: el estado de precreación se *piensa a sí mismo* para convertirse en el universo. Lo infinito se transforma en lo finito. Usando el vocabulario que quieras, una mente silenciosa (perteneciente a Dios, al Brahman, al nirvana, al absoluto) crea una realidad física por medio del pensamiento, porque sin una vibración o frecuencia, el tiempo no puede comenzar. Lo mismo sucede con el espacio. Sin una especie de vibración, no existe Big Bang ni se expande el universo.

Las vibraciones emergen de una fuente silenciosa y quieta. Luego, conforme el tiempo entra a la creación, es adaptado a cualquier sistema nervioso que lo utiliza, incluyendo el nuestro. Los caracoles, por ejemplo, disponen de una red neural que experimenta el tiempo en amplios intervalos que llegan a los cinco segundos, como si el caracol viviera el mundo a partir de fotografías tomadas cada cinco minutos. Si te agachas y le quitas una hoja de lechuga al caracol con velocidad suficiente, la criatura hambrienta experimentará que la hoja de lechuga se desvanece en el aire. El caracol no puede hacer que el tiempo se acelere;

los humanos disponemos de una capacidad especial: podemos experimentar el tiempo a diversas velocidades. Disponemos de muchas versiones del tiempo, y no sólo de esa versión que va hacia delante y que es medida por el reloj. Vemos que el pasado se repite; observamos el ciclo de la vida; podemos llevar nuestra imaginación hacia delante y hacia atrás; podemos sentir que el tiempo se hace pesado, se acelera, incluso se detiene.

Los médicos se preocupan por la "enfermedad del sueño", un término genérico para los desórdenes que son resultado de la velocidad de la vida moderna. Demasiada velocidad lleva al estrés, lo que en su momento lleva a que los altos niveles de hormonas del estrés estén relacionadas con muchos desórdenes ligados con el estilo de vida, como los ataques cardiacos y la hipertensión. El tiempo literalmente se agota para cierto porcentaje de los viudos recientes, o para los solitarios crónicos, para quienes el tiempo es una carga tal que llegan a correr el riesgo de una muerte prematura. Por eso es tan importante no sólo describir el tiempo, como lo hace la ciencia, sino comprenderlo.

Cambiar tu sentido del yo puede darte más tiempo y mejorar su calidad. Muchas investigaciones se han realizado para estudiar la telomerasa, una proteína específica que parece ayudar a que las células vivan más. La teoría subyacente es que la telomerasa evita que los genes se activen para dar inicio a mutaciones dañinas, así que niveles aumentados de telomerasa podrían tener un efecto benéfico. Los estudios han demostrado que la telomerasa aumenta con los cambios de vida positivos, y más aún, la sensación de bienestar que experimenta una persona –particularmente con los cambios psicológicos positivos que trae consigo la meditación– produce actividad de la telomerasa. (Una coautora de este estudio de 2010 fue la doctora Elizabeth Blackburn, catedrática de la Universidad de California, en San Francisco, quien compartió el Premio Nobel de medicina por el descubrimiento de la telomerasa.) Justo de la misma forma en que podemos alterar la metabolización de la comida, igual podemos controlar nuestra manera de metabolizar las experiencias, incluso aquellas tan abstractas como el tiempo.

Todo se resume en lo siguiente: los seres humanos están en la cúspide entre el tiempo y lo atemporal. Somos una lámpara en la puerta (con tal de usar una antigua imagen védica). En cualquier momento podemos mirar lo manifiesto o lo inmanifiesto, lo visible o lo invisible, el mundo del tiempo o la expansión infinita de la eternidad. Una vez que logremos escapar de la trampa mental que la ciencia ha tendido sin saberlo siquiera, se nos brindan enorme poder y libertad, pero esta especie de dominio sobre la naturaleza no justifica el uso de la fuerza bruta. En lugar de forzar al mundo físico a servirnos, podemos usar la conciencia para obtener cualquier cosa. Una vez que nuestras mentes logren viajar de vuelta a la fuente, nos reconoceremos como parte del proceso creativo que da lugar al espacio, al tiempo y al universo físico. He aquí el verdadero poder del ahora.

6

¿Está vivo el universo?

Deepak

La posibilidad de que vivamos en un universo que tiene vida propia ha intrigado a los seres humanos durante siglos. La religión nos dice que el universo está imbuido con la fuerza divina del creador, por lo tanto, está vivo. Pero soy responsable por revisitar cada concepto con una mente que considere tanto a la ciencia como a la espiritualidad de forma seria. No es fácil hacerlo, dado que la ciencia toma una posición en el sentido de que las primeras formas de vida surgieron hace 3 800 millones de años, lo que equivale a decir que la Tierra –y el universo– estaba muerta antes de ese momento. ¿Por qué es tan necesario hacer que la muerte sea el cimiento de la vida, como si eso fuera más real? En eso insiste la ciencia.

Más real incluso que la muerte es el flujo. El cosmos es parte de un proceso infinito que recicla materia y energía. Nada tiene una identidad fija: ni las estrellas, ni una galaxia, electrón o persona, ni tú, ni yo. Así que nada está muerto en realidad. No se trata de filosofía, sino de una verdad observable. Cada átomo de tu cuerpo viene de una supernova que explota o de los gases interestelares; tú y yo estamos hechos de polvo de estrellas. Nuestras vidas se extienden mucho más allá de lo que nos sucede personalmente y, a un nivel más sutil, la naturaleza también recicla información y memoria. Cada vez que una célula se divide, debe recordar cómo hacerlo gracias a las células que la precedieron, lo que significa que las moléculas que producen enzimas y proteínas dentro de una célula son programadas con la información, o código, sobre qué hacer.

Eres la encarnación de un universo dinámico, lo que significa que vas mucho más allá de identidades tan estrechas como: "Soy un varón caucásico", o "tengo cuarenta años y estoy felizmente casado". Concebirte como un ser con ataduras es una ilusión, sólo una chispa de pensamiento que flota en una continuidad eterna. La espiritualidad provee una forma de conocerte a ti mismo que va más allá de lo personal y conduce a la iluminación. Sé que esto suena grandilocuente. Para aterrizarlo, necesitamos construir un argumento con base en hechos creíbles. El primer hecho ya lo hemos discutido: el universo es un proceso vivo, a pesar de las afirmaciones contrarias.

Obviamente, somos testigos de los aspectos físicos de la muerte que nos rodea. Sin embargo, igualar eso a la muerte misma es miope. La ciencia y la espiritualidad han llegado a un desacuerdo decisivo en este sentido, porque la ciencia define la muerte en términos puramente físicos. Sin un traje espacial, un ser humano (o cualquier ser vivo, presumiblemente) moriría en el vacío congelante del espacio exterior en cuestión de segundos. Como sea, este hecho es irrelevante al determinar si el cosmos es animado. Lo que está en juego al optar entre un universo muerto y uno vivo es la conciencia. Si el cosmos es consciente de sí, como he argumentado, está vivo.

Descubrir la conciencia en el universo es mucho más trascendental que descubrir la gravedad, aunque la ciencia no parece estar de acuerdo. Existen buenas razones para esta resistencia. En el esquema materialista, la materia debe ser antes que el surgimiento de la vida. El universo debe ser considerado muerto antes de que el ADN apareciera. Incluso así, parece un milagro –o la actualización de la más pequeña probabilidad en el universo– el hecho de que el ADN haya aprendido a reproducirse; se trata de una molécula que, de algún modo, se desdobla en imágenes idénticas, de espejo. Ninguna molécula había tenido esta capacidad antes de que apareciera el ADN (aunque los cristales son capaces de replicarse en forma simple, como bien saben los niños cuando meten un hilo en una solución saturada con azúcar y miran cómo los cristales comienzan a formarse en el hilo, como estalactitas en una cueva). La espiritualidad no necesita un milagro para explicar la vida una vez que se descarta el concepto de un universo muerto. Yo deseo arrojar luz, no defender la causa de la magia. Es mucho más sólido argumentar que el universo dio origen a la vida compleja porque la vida siempre ha existido, con lo que volvemos al estado de precreación.

Una célula que crece y se multiplica se parece mucho a un robot que ha aprendido a construirse a sí mismo. Un robot tal es lógicamente imposible sin un creador, puesto que alguien o algo tuvo que ensamblar y programar el primer robot. Aplico la misma lógica al cosmos. Se crea a sí mismo, y si eso es físicamente imposible sin algo de programación, entonces el milagro que el ADN saca de la chistera –la autorreplicación– debe ser solamente un aspecto del programa cósmico. Cada segundo, el universo desaparece en el vacío y retorna recreándose. La física explica este renacimiento al señalar las leyes que gobiernan el universo: actúan como los engranes del reloj del abuelo, sólo que en este caso los engranes son invisibles.

Yo defiendo que la receta de la vida en la Tierra está envuelta en la existencia subyacente de la autocreación cósmica. El término técnico utilizado es "autopoiesis", que literalmente está compuesto por "auto" (yo) combinado con la palabra griega que significa "hacer". Nadie puede negar que el universo crea y se mantiene, justo como lo hace un paramecio (protozoo ciliado) cuando flota en un estanque a la luz del Sol.

A nivel celular, cada paramecio no es descendiente del primero que evolucionó hace miles de millones de años: es ese mismo paramecio. Se pueden producir versiones idénticas por división celular, sin añadir o quitar nada. Es cierto que debe recolectarse nueva materia prima para construir cada generación de paramecios (y en el camino pueden darse mutaciones, aunque la mayoría muere), pero eso es secundario. La vida es como una casa que sigue en pie, luciendo igual día tras día, aunque cada ladrillo está siendo cambiado constantemente por uno nuevo. El alimento y el aire entran y salen de manera constante de cada célula viva, pero *algo* permanece intacto.

Puedo llamar a este invisible poder organizador "vida", pero una explicación específica surge sólo cuando analizamos con mayor detenimiento la *autopoiesis*, o autocreación. Cuatro elementos están involucrados, y me disculpo por adelantado por lo técnico que suenan. Para ser autocreador necesitas:

1. Un mecanismo que esté unificado, con la capacidad de construirse a sí mismo.
2. Partes componentes que se autoorganizan en ese mecanismo.
3. Una red de procesos que se transforman en cualquier cosa que el mecanismo unificado requiere.
4. Un espacio autocontenido que no dependa de una causa externa.

Esto es mucho más abstracto que decir: "Residimos en un universo viviente", aunque es la conclusión a que llevan los cuatro elementos mencionados. Permíteme analizarlos por partes con base en el ejemplo de un embrión que se gesta en el vientre materno. El embrión está unificado, ya que vemos cómo una célula se divide en dos, cuatro, ocho, dieciséis y demás, hasta contar cincuenta replicaciones, todas tendientes al mismo objetivo: un bebé. El embrión crece conforme sus componentes (alimento, aire, agua) se juntan para buscar obtener un objetivo común. Una red de procesos construye cada célula, lo que conduce a otra red que convierte a las células madre en células especializadas para corazón, hígado y cerebro. Finalmente, no hay necesidad de una causa externa. El huevo fertilizado puede ser colocado en un tubo de ensayo, incluso aislado así de la madre; si se proveen los primeros tres componentes, comenzará a crecer un bebé.

Un escéptico argumentará que el universo no funciona así. Sólo parece un organismo vivo. Por analogía, los cristales de azúcar que crecen en un hilo cuando es sumergido en una solución saturada, no están vivos, a pesar de que crecen y se reproducen. Pero la *autopoiesis* no puede compararse con los cristales. El universo no tiene un sustrato de crecimiento, no dispone del equivalente a una solución azucarada. Se creó a sí mismo a partir de la nada. Digamos que la autocreación sólo cambia su forma de presentarse cuando nace un bebé. Un bebé, una galaxia, un fotón, y la ecología de la selva tropical, se parecen muy poco, pero cuando se examina la vida al más hondo nivel, la nada crea todos los aspectos del universo viviente. La vida es la forma en que el universo inventa ojos y oídos para verse y escucharse a sí mismo. El cerebro humano es una plataforma de observación para que el cosmos se experimente a sí mismo.

Si se sigue este camino de investigación, existe evidencia abundante en el sentido de que las formas de vida complejas han estado incrustadas en el cosmos desde el principio. Puesto que discutiremos la vida en mayor profundidad en los capítulos subsecuentes, será necesario que la tengamos en cuenta; a continuación me limito a ofrecer un resumen para irnos preparando.

El universo puede considerarse como una entidad viva debido a:

1. **Autopoiesis**: cualquier ser vivo crece desde dentro.
2. **Totalidad**: los seres vivos funcionan como un solo proceso que unifica muchas partes separadas.
3. **Conciencia**: los seres vivos, primitivos o complejos, demuestran tener atención. Al contrario de lo que sucede con los químicos inertes, responden al ambiente.
4. **Ciclo de vida:** los seres vivos pasan del nacimiento a la muerte, y entretanto se sostienen a sí mismos.
5. **Reproducción espontánea:** los seres vivos se multiplican y se reúnen formando poblaciones. Dentro de estas poblaciones, existe una relación entre los miembros individuales.
6. **Creatividad:** las cosas vivas evolucionan, no generan clones mecánicamente. Por lo tanto, vemos una exhibición de creatividad constante.

7. **Manifestación:** un organismo animado toma ingredientes abstractos y los proyecta en el espacio-tiempo, como un holograma viviente. Estas proyecciones pueden verse, se comunican, entran a participar en la danza de la vida. Cuando desintegras cualquier cosa viva, incluido el universo, se llega una vez más al nivel abstracto. En el camino, la chispa de la vida parece desvanecerse. Si se examina bajo un microscopio lo suficientemente potente para revelar la estructura molecular, el tejido vivo puede reducirse a los químicos inertes que lo conforman. Sin embargo, en realidad la chispa de la vida no se apagó porque nunca hubo ninguna chispa que perder. La vida también está en el vacío, pero de manera tan abstracta que se requiere un holograma –como tú o como yo– para manifestarla.

Desde la perspectiva espiritual, preguntar si el universo es hospitalario con la vida es una pregunta que no tiene sentido. El universo y la vida son lo mismo. No podemos ser engañados por la máscara del materialismo. Detrás de la máscara, el bailarín es la danza, como siempre ha sido y como lo será en el futuro.

Leonard

En 1944, los psicólogos Fritz Heider y Marianne Simmel realizaron una película breve en que aparecía un círculo, un triángulo grande y un triángulo pequeño. La acción implica que las figuras geométricas se persiguen hasta llegar a una escena final, en que una de las figuras sale de cuadro y la otra se rompe. Uno imaginaría que una película así tendría la resonancia emocional de un texto sobre geometría euclidiana. Sin embargo, cuando Simmel y Heider pidieron a los sujetos que habían visto la película que "escribieran lo sucedido", los sujetos la hicieron parecer como si fuera material digno de ganar un premio de la academia, interpretando a las figuras como si de gente se tratara, asignando a las figuras inanimadas motivaciones humanas e inventando una trama para explicar el movimiento de las figuras. A la gente le gustan las buenas historias, al punto de que siempre está dispuesta a escuchar una sobre cualquier tema. Antropomorfizamos todo, desde los gatos hasta los perros y autos, y, en apariencia, incluso nuestra geometría, así que es fácil comprender por qué una teoría metafísica sobre un universo que vive y piensa nos resulta atractiva.

Deepak ofrece una historia atractiva en que se critica el hecho de que el aspecto físico de la muerte se equipare con el final de la vida, pues esta acción se califica de "miope", dado que todos somos parte de un universo que es consciente de sí y, por lo tanto, "vive". Para que esta aseveración tenga algún significado, debemos entender qué significa el hecho de que algo esté vivo. Uno puede decir que una rebanada de pan tostado está viva, pero trata de que se unte sola la mantequilla y verás lo que pasa. Podemos decir que una roca está viva, pero es altamente improbable que veas cómo da a luz una de ellas. Usualmente, cuando pensamos en algo que está vivo, queremos decir como mínimo que reacciona a su ambiente y es capaz de reproducirse. ¿Qué significan estos criterios cuando hablamos del universo?

Deepak enlista siete requisitos para la vida que, según él, satisfacen el caso de la vida en el universo. El primero de la lista es el crecimiento. ¿Crece el universo? Crecer significa aumentar de tamaño o sustancia. El universo no aumenta de sustancia, y los físicos creen que es infinito, así que el tamaño es un asunto sutil. Si se coloca cualquier límite al universo, esa región crecerá, pues, como ya expliqué, ese espacio se encuentra en constante expansión. Así que podemos afirmar que el requisito del crecimiento se satisface. Su segundo criterio, la totalidad, requiere que algo vivo funcione como una unidad. Se trata de un requisito extraño. Piensa en tu equipo favorito. ¿Funciona como una unidad? Un buen equipo lo hace, y uno malo no, y los entrenadores, críticos y fanáticos pueden discutir infinitamente sin llegar a ninguna conclusión definitiva. No obstante, por definición, el universo lo incluye todo, así que sería difícil decir que el universo no satisface el requisito de "totalidad". El requisito del ciclo de vida (es decir, que los seres vivos pasan del nacimiento a la muerte) es satisfecho por todos los objetos que no duran una eternidad. El nacimiento de un niño no es igual al nacimiento de un pastel de chocolate, pero aun así uno puede decir que el universo satisface este criterio. Por otra parte, la mayoría de los físicos ortodoxos no estarían de acuerdo en que el requisito de la reproducción se cumple. Uno podría considerar la opción de dejar abierta esta cuestión, dado que algunos modelos que no se han probado y que son altamente especulativos en cosmología –como el llamado universo ekpirótico– se acercan a esto, permitiendo que los universos puedan renacer, como el ave fénix, de sus propios restos. Pero incluso en esos modelos, los universos recién nacidos no se multiplican y se reúnen en poblaciones, como Deepak requiere, de modo que uno puede concluir que el criterio de la reproducción no se satisface. El requisito de la conciencia –que se dice se presenta cuando un organismo responde a su ambiente– no puede aplicarse al universo, porque el universo, siendo "todo", no tiene medio ambiente. De forma similar –como argumenté en el capítulo 4–, dado que el universo no existe en un ambiente eterno ni es sometido a la selección natural, no puede decirse que esté evolucionando en el sentido biológico del término. Así que el universo tampoco satisface este criterio. El concepto de Deepak de un universo viviente es interesante, pero estos últimos criterios demuestran que, incluso tomando como base la propia definición de Deepak, el universo no está vivo.

¿Podría considerarse que el universo está vivo en un sentido más general o abstracto? Deepak habla sobre los cambios que tienen lugar en el universo, como el surgimiento de las galaxias y de la vida, y afirma que "la vida es la forma en que el universo inventa ojos y oídos". El verdadero criterio para determinar si el universo está vivo, dice, no es su listado de características usuales, sino éste: "Si el cosmos es consciente de sí, está vivo".

Deepak cree descubrir que la conciencia en el universo es más trascendente que descubrir la gravedad, pero "la ciencia no parece estar de acuerdo". En realidad, la ciencia estaría de acuerdo. Es cierto, puede que exista una oposición vociferante que suele acompañar el surgimiento de nuevas maneras de ver las cosas, pero si el hecho de que el universo es consciente *se descubriera* –sin ser meramente propuesto–, la historia demuestra que los científicos terminarían por aceptar el descubrimiento, y en poco tiempo verías que se otorgan Premios Nobel a investigaciones en este campo y que se escribirían miles de artículos sobre la psicología del universo, con títulos como "¿Son autodestructivas las supernovas?" o "¿Son los agujeros negros un síntoma de depresión?" Los científicos basan sus carreras en ideas nuevas y revolucionarias, en especial los científicos jóvenes, cuyas reputaciones no dependen de la utilidad continuada de las viejas ideas revolucionarias. Para ganar aceptación en la ciencia, la idea debe tener implicaciones comprobables, y este concepto de la conciencia universal no parece tenerlas.

La evidencia que Deepak ofrece es ésta: la conciencia universal explica el origen de la vida en el universo. Nos ocuparemos de esa afirmación en breve, pero primero aclaremos el asunto. Deepak compara la aparición del ADN con un cierre que de alguna manera aprende a bajarse por sí mismo. ¿De dónde vino el ADN?, pregunta. Eso es algo que necesita explicación. Sabemos qué sucede una vez que se han formado organismos unicelulares: la evolución proporciona la progresión de formas de vida simples y complejas, hasta llegar a la vida multicelular, y luego a la aparición de criaturas parecidas a los insectos, peces, anfibios, reptiles, aves, mamíferos y, finalmente, primates, para llegar después hasta nosotros. Pero aunque la evolución crea organismos de complejidad cada vez mayor, todos estos organismos, incluyendo la bacteria más simple, tienen algo en común: están dotados de máquinas moleculares que crean energía, transportan nutrientes, entregan mensajes, construyen y reparan estructuras celulares y realizan muchas otras tareas sorprendentes. Casi todas estas moléculas pertenecen al tipo de las llamadas enzimas, que son un catalizador formado por proteínas (un catalizador es una molécula que cambia la tasa de reacción química). Dado que toda la vida utiliza este tipo de moléculas, uno podría concluir que son requisito para la vida, al menos para la vida como la conocemos. El asunto es que, si incluso los primeros organismos vivos simples a partir de los cuales evolucionaron todas las formas vivientes de hoy tenían estas moléculas, ¿cómo llegaron a existir dichas moléculas en primer lugar?

El origen de la vida constituye un proceso de investigación continua, con muchas preguntas que todavía no encuentran respuestas, pero algunos experimentos sugieren que es posible que las moléculas genéticas similares al ADN se formen espontáneamente, y otros que es posible que esas moléculas genéticas se curven o actúen como catalizadores. Eso significa que las formas de vida más primitivas, a las que podríamos agrupar bajo el concepto de "previda", tal vez consistieron en membranas hechas de ácidos grasos –otro tipo de molécula que, sabemos, se forma espontáneamente– que envolvían una mezcla de agua con esas moléculas genéticas. Mutaciones azarosas quizás actuaron, permitiendo que esas células se adaptaran a su ambiente, creando la vida como la conocemos hoy. Recuerda que incluso si el origen espontáneo de la vida, o previda, es improbable en cualquier sistema de estrellas, eso no implicaría su ocurrencia, porque existen unos diez mil millones de billones de estrellas en nuestro universo observable. Así que al decir "improbable" queremos decir una posibilidad de una en un billón, con lo que aun así podemos esperar que unos mil millones de sistemas de estrellas alberguen vida.

Supón que la vida en cualquier sistema estelar tiene una oportunidad en mil millones de existir. ¿Cómo podemos justificar el haber sido tan suertudos? Si de un grupo de mil millones de estrellas, valiéndose de los procesos normales de la naturaleza, exactamente un sistema estelar desarrolla vida, parecería a los seres en ese sistema que su presencia es un milagro. Ciertamente, si ellos hubieran elegido su planeta-hogar lanzando un dardo al mapa de los cielos, las probabilidades habrían sido de mil billones a una en contra de atinarle a un sistema solar dotado de vida. Pero eso no es lo que pasó. Esos seres nacieron en un sistema estelar en que la vida se desarrolló. Y no importa qué tan rara sea la vida; por definición, si los seres vivos miran a su alrededor, descubrirán que nacieron en un sistema solar que alberga la vida. Así que no se trata de un milagro, ni de buena suerte. Es sólo una consecuencia lógica.

Puede que los científicos no hayan resuelto el problema del origen de la vida, pero nuestra civilización no está tan avanzada en sus descubrimientos como para saltar a la conclusión de que, si la ciencia no ha sido capaz de explicar algo, nunca lo hará. ¿Qué ofrece la metafísica de Deepak como alternativa a la ciencia? ¿Cómo explica un universo vivo y consciente el origen de la vida? Él dice: "La espiritualidad no necesita un milagro para explicar la vida una vez descartado el concepto de un universo muerto [...] Es mucho más sólido [que apelar a un milagro] argumentar que el universo dio origen a la vida compleja porque la vida siempre ha existido, con lo que volvemos al estado de precreación." Puede que un argumento de este tipo suene hondo cuando se aplica a la vida y al universo, pero examinemos su lógica en un contexto más mundano, digamos, los alimentos que nos sirven como desayuno. Entonces, el argumento sería algo parecido a esto: "No necesitamos un milagro para explicar cómo apareció en mi plato un huevo estrellado, una vez que el concepto de un plato sin huevo es descartado [...] Es mucho más sólido el argumento de que el universo dio origen a un huevo estrellado porque los huevos estrellados siempre han existido, incluso retrotrayéndonos al momento en que el plato fue originalmente manufacturado." Obviamente, esta explicación no resulta muy iluminadora.

El argumento de Deepak se parece al de Tomás de Aquino y su prueba de la "primera causa" de la existencia de Dios, generada en el siglo XIII, la cual afirma algo como: "Nada puede causarse a sí mismo, así que todo debe tener una causa antecedente." Cada causa antecedente debe tener su propia causa antecedente. La única manera de terminar esta cadena es que exista algo extraordinario que no requiera una causa, y eso es Dios. Dios es eso que puede crear, pero que no requiere un creador para existir. Incluso si uno acepta ese argumento, se está a mucha distancia del concepto de Dios de Deepak, que es un concepto más específico de conciencia universal, o el Dios bíblico que Aquino utiliza en su argumento para justificar. El argumento no hace más que transferir el misterio de cómo el universo puede venir de la nada hasta llegar al misterio de cómo Dios podría haber surgido de la nada. El simple hecho de afirmar que Dios es Dios porque Dios no requiere causa, no nos lleva muy lejos.

Después de que Stephen Hawking y yo terminamos de escribir *The Grand Design*, traté de describir el libro a mi hija Olivia de diez años, mientras esperábamos que nos asignaran mesa en el restaurante IHOP. La ciencia aborda las grandes preguntas, le dije, y queremos explicar las respuestas emocionantes a las personas que no son científicos. ¿De dónde venimos nosotros y el universo, y por qué *las cosas son como son?* Ella escuchó con atención. Luego pensé en indagar cuánto había absorbido. "¿Por qué estamos aquí?", le pregunté. Ella me miró con una expresión extraña. "¡Porque tenemos hambre!", dijo. Creo que no debo discutir asuntos de hondura intelectual antes del desayuno.

Todos tenemos nuestra manera de acercarnos a las preguntas importantes, pero una vez que nuestra hambre se extiende más allá del gusto por los hot cakes para llegar a los más hondos deseos humanos, debemos ser cuidadosos en comenzar a cuestionar al ratón que se roba los dientes. La aproximación rigurosa a la ciencia, que según Deepak oscurece la riqueza de la vida, está diseñada para ayudarnos a evitar ideas seductoras que la evidencia arrancada a la naturaleza no apoya.

Deepak escribe que "la conciencia elevada permitió a los grandes sabios, santos y visionarios acercarse al tipo de conocimiento que resulta amenazante para la ciencia". Probablemente todos estaremos de acuerdo en que los grandes sabios, santos y visionarios penetraron en el conocimiento que está fuera del dominio de la ciencia, y también estaremos de acuerdo en que existen muchos tipos de conocimiento subjetivo que son muy importantes para nosotros. Es importante saber qué hace que nuestros hijos se sientan amados, seguros y contentos, porque cuando, por ejemplo, Olivia dice que el adjetivo que mejor la describe es "alegre", esto añade un gran significado a mi vida. El que una experiencia subjetiva como esa sea importante no constituye una amenaza para un científico. Sin embargo, el problema de ubicar la subjetividad en un pedestal, aceptando sin sentido crítico su especulación metafísica como si de verdad se tratara, hace que uno se pierda de una de las ideas intelectuales más importantes que se pueden alcanzar: conocer el verdadero lugar que la humanidad ocupa en el cosmos físico. Para mí, eso también forma parte de la riqueza de la vida.

Tercera parte

La vida

7

¿Qué es la vida?

Leonard

Durante cada primavera, en el antiguo Egipto, el río Nilo se desborda e inunda las tierras aledañas; al volver las aguas a su cauce, dejan tras de sí un limo nutriente que permite a la gente cultivar las cosechas que necesitan para su sostenimiento. El suelo lodoso también da origen a algo más que no estaba disponible en tiempos más secos: un gran número de ranas. Las ranas llegaban tan repentinamente que parecía que hubieran surgido del lodo mismo, que era justo el origen que los egipcios les atribuían. Los europeos medievales tenían experiencias análogas. Los carniceros descubrieron que pronto aparecían los gusanos y las moscas en la carne que se dejaba al descubierto. Los gansos barnacla cariblancos, que migran por la noche, se presentaban de improviso en las costas de Europa occidental, como si fueran despojos de un naufragio. También los ratones parecían autogenerarse en el grano almacenado en los graneros. En el siglo XVII, un místico y químico, Jan Baptist van Helmont, llegó a crear una "receta" para hacer ratones: pon calzones sucios en una olla abierta con unos cuantos granos de trigo, y espera veintiún días. Aunque la teoría era fallida, la receta era exitosa. Durante la mayor parte de la historia humana, pareció obvio que los organismos simples, vivientes, podían llegar a la existencia espontáneamente, un proceso que llamamos generación espontánea.

No obstante, diferentes explicaciones comenzaron a surgir. En 1668, un médico y naturalista italiano de nombre Francesco Redi, sospechó que los gusanos que se producían en la carne –y las moscas en que se convertían– se debían a minúsculos huevos invisibles que las moscas habían depositado. Redi llevó a cabo uno de los primeros experimentos verdaderamente científicos de la biología para poner a prueba su teoría. Introdujo pedazos de carne de serpiente, pescado y ternera en frascos de boca ancha, dejando unos descubiertos y cubriendo otros, algunos con papel y otros con material parecido a las gasas. Elaboró la hipótesis de que, si su teoría era equivocada, moscas y gusanos aparecerían en la carne en las tres situaciones. Pero si tenía razón, gusanos y moscas pronto infestarían la carne descubierta, pero no la carne cubierta con papel. También esperaba ver moscas zumbando afuera del frasco cubierto con el material parecido a las vendas, pero no dentro. Más tarde, esperaba ver que los gusanos aparecerían en las vendas, para luego caer en la carne que estaba debajo. Y esto es exactamente lo que sucedió.

El experimento de Redi arrojó un balde de agua fría en la generación espontánea, pero la idea no se extinguió. Con la invención y el refinamiento del microscopio, cerca del año 1700, la gente pudo ver por vez primera toda suerte de formas de vida desconocidas, como bacterias y otros organismos unicelulares. Nadie sabía de dónde venían estas criaturas, pero la mayoría de las personas sospechaban que se asociaban con el desperdicio de la carne y otros alimentos en descomposición. Sin embargo, algunos aún defendían la idea de la generación espontánea, porque parecía ser prueba de una fuerza vital inmanente en el universo. También podía interpretarse como una evidencia de cómo Dios había creado la vida a partir de la nada. Y así, en 1745, un biólogo y sacerdote católico llamado John Needham llevó a cabo un experimento semejante al de Redi, pero a escala microscópica. Sabiendo que el calor mataba las bacterias asociadas con la carne en descomposición, calentó caldo de pollo durante unos minutos para matar cualquier cosa que viviera en él, luego selló el recipiente. Unos cuantos días después, el caldo mostró señales de descomposición. Un abad italiano de nombre Lazzaro Spallanzani, repitió los experimentos de Needham con un protocolo más estricto para la esterilización, y el caldo no se echó a perder. Pero los experimentos de Needham habían dado nueva vida a la idea de la generación espontánea, y el trabajo más meticuloso y científico del abad no bastó para aniquilarla.

La creencia de que hay una suerte de esencia –una fuerza vital– presente en el universo era (y todavía es) atractiva para muchos a quienes sus convicciones les indicaban que la vida está imbuida con una cualidad especial que no puede explicarse por medio de las fuerzas de la naturaleza. Desde tiempos antiguos, la gente ha observado que los seres vivos parecen esencialmente distintos de los inanimados, así que incluso lejos de los motivos religiosos, resultaba natural ver en la generación espontánea evidencia de alguna fuerza que podría ser portadora de esta esencia. No obstante, cerca de un siglo después de la controversia Needham-Spallanzani, Louis Pasteur puso el asunto de la generación espontánea a descansar por medio de cuidadosos experimentos que proporcionaban evidencias convincentes de que microorganismos transportados por el aire, no nacidos de los despojos mismos, eran la causa de la descomposición del caldo.

¿Así que qué es la vida? ¿Qué significa estar vivo? Deepak considera que la conciencia es el fundamento de un universo viviente. Sus puntos de vista son reminiscencias de una teoría conocida como vitalismo, que sostiene que la vida deriva de un principio vital, o fuerza de vida, que permea el cosmos y que se encuentra fuera del dominio de la química y la física. Si existiera una fuerza vital que imbuyera a cada organismo vivo, entonces el acto de determinar qué está vivo sería equivalente a, digamos, el acto de determinar si un objeto es un imán. Así como un imán es fuente de, y responde a la fuerza magnética, si existiera una fuerza vital, un objeto vivo interactuaría con ella y podríamos usar esa interacción para definir y medir lo que vive. Pero si no hay una fuerza viviente, ¿entonces qué hace a los seres vivos "esencialmente distintos"? ¿Cómo decidimos qué está vivo?

Los biólogos no se ponen de acuerdo sobre la mejor manera de definir la vida. Los organismos vivientes que encontramos en nuestro mundo cotidiano tienen propiedades en común, similares a los criterios que Deepak enumeró en el capítulo 6: experimentan metabolismo, lo que significa que convierten o usan nutrientes y energía; se reproducen; crecen; responden a los estímulos, como cuando las hojas de una planta se orientan al sol; en una escala mayor de tiempo, sus especies cambian adaptando sus características a las demandas del medio; y presentan homeostasis, procesos autorregulatorios (que se relacionan con todo, desde la temperatura corporal hasta el equilibrio de sustancias químicas en el torrente sanguíneo) que permiten a los organismos mantener un estado interno consistente. Por ejemplo, un cubo de hielo arrojado a una alberca está más frío que la alberca, pero pasado poco tiempo, se derretirá y entibiará, en tanto que la alberca apenas se tornará más fría. En otras palabras, las fuerzas del frío y el calor se enfrentan y llegan a un equilibrio en la forma de una temperatura uniforme. De manera semejante, una olla con agua hirviendo que se coloca en un arroyo frío se enfriará, en tanto que el arroyo aumentará su temperatura muy poco, hasta que ambos alcancen la misma. Sin embargo, una persona que es arrojada a una alberca o a un arroyo frío es capaz de homeostasis y mantendrá su temperatura corporal.

Aunque la lista de propiedades arriba descrita funciona bien como definición de la vida para las tortugas, los abedules y los hongos, es controvertida en casos límite como los virus, las proteínas que se autorreplican y los virus de computadora. Y quién sabe qué tipo de criaturas exóticas podríamos encontrar en otros planetas. ¿Se ajustarían a nuestras definiciones? Ya hemos visto que aquí, en la Tierra, en un ambiente rico en arsénico, la sagrada molécula del ADN opera de manera alterna, pues los átomos de fósforo de su espina dorsal son remplazados por arsénico, elemento de la misma familia que el fósforo, pero muy distinto.

Uno puede argumentar que los biólogos no necesitan una sola definición de la vida, la solución puede estar en aceptar distintas categorías de la vida, cada una con sus diferentes combinaciones de atributos animados. Un virus puede no satisfacer todos los criterios tradicionales, la sal en roca puede satisfacer sólo uno o dos, y un microorganismo marciano tres, pero los detalles respecto de cómo elegimos definir la vida carecen de importancia en tanto todos estemos conscientes de los criterios que cada uno utiliza.

Los biólogos quieren saber qué anima las cosas vivientes y, por lo tanto, requieren de una definición de la vida por motivos operativos. Pero en este punto, tanto Deepak como yo estamos interesados en plantear una pregunta más honda: ¿cuál es la relación de los seres vivos con el universo físico? Es decir, si consideramos que ardillas, abedules y hongos están vivos, y los virus, y hasta los virus de computadora tienen características "parecidas" a la vida, ¿qué cualidades físicas distinguen a los átomos y moléculas de esas cosas, de los átomos y moléculas que están en un pedazo de metal o en la sal marina?

Si en verdad existiera una fuerza vital, uno podría decir que se filtra en cada una de nuestras moléculas un quantum de vitalidad, haciendo que cada átomo dentro de nosotros esté vivo. Seríamos como un pastel en que la dulzura de cada migaja se acumula hasta ser la dulzura del todo. Sin embargo, un ser vivo no lo está tanto como la suma de sus partes. La vida es lo que los científicos llaman "propiedad emergente". Una ola del mar depende de las interacciones entre muchas moléculas, así que para analizar una ola debes comprender conceptos como temperatura y presión, que no tienen sentido si se habla únicamente de unas pocas moléculas. De forma similar, estudiando sólo moléculas individuales es difícil o imposible comprender lo que significa estar vivo. Los átomos y las moléculas de algo que tiene cualidades que se adaptan a la definición de vida no son distintos de los átomos y moléculas que conforman un pedazo de metal. Únicamente difiere su organización.

Desde el punto de vista de la física, los seres vivos se distinguen por su orden y por su capacidad para mantener el orden. Existen muchas maneras más de reordenar los componentes de una olla de sopa minestrone sin destruir su identidad como tal, que maneras de reordenar las partes de un gato sin destruir su identidad de ser vivo; de este modo, la organización y el orden son más importantes para un gato que para la sopa. Métete con la organización de tus moléculas, o con las conexiones de tus órganos, y no durarás mucho. Cuando dejamos de mantener el orden, morimos y volvemos a un estado muy desordenado.

Esta idea fue popularizada por vez primera por Erwin Schrödinger, uno de los fundadores de la teoría cuántica, quien dio una serie de conferencias públicas en Irlanda, las cuales se publicaron en 1944 en forma de libro, bajo el título *¿Qué es la vida?* No suelo citar a físicos fallecidos hace mucho tiempo por un par de razones. La primera, a diferencia de la religión, la física no hace mucho énfasis en la autoridad. Ciertamente, los físicos escuchamos con cuidado los argumentos de los colegas brillantes, pero luego revisamos sus ecuaciones. Más importante aún, dado que la ciencia avanza, cualquier estudiante de física actual sabe más que Schrödinger, Heisenberg, Bohr, Planck, Einstein o cualquier otro pionero de la teoría cuántica sobre esta teoría, o sobre cualquier otra fundamental en física. Y cualquiera que lea *Scientific American* sabe más sobre el cerebro y la neurociencia que ellos. Eso no significa que todo lo que esos científicos dijeron esté mal; significa que no todo lo que dijeron era correcto, y por razones bastante buenas y comprensibles.

¿Qué es la vida? es famoso en parte porque en esta obra Schrödinger especula sobre cómo la información genética puede estar codificada en los seres vivos. El libro fue reconocido después como una fuente de inspiración por el físico convertido en biólogo molecular, Francis Crick, quien con James Watson y Rosalind Franklin descubrió la estructura de doble hélice del ADN. Al abordar la cuestión implícita en el título del libro, Schrödinger nos ofrece también una perla que todavía inspira la

forma en que los físicos ven la vida, describiendo esa perspectiva con mucha claridad:

> ¿Cuál es el atributo característico de la vida? ¿Cuándo se dice que un pedazo de materia está vivo? Cuando "hace algo", cuando se mueve, cuando intercambia material con su ambiente y demás, y cuando hace lo anterior por un periodo de tiempo mucho más largo de lo que cabría esperarse en el caso de un pedazo inanimado de materia que "sigue adelante" bajo condiciones similares [...] Es evitando el rápido decaimiento en el estado inerte de "equilibrio" que un organismo parece ser tan enigmático.

Los seres vivos no son como rocas que ruedan cuesta abajo: gracias a la homeostasis, nuestros fluidos mantienen su mezcla precisa, nuestras estructuras internas mantienen su composición y, en el caso de los animales de sangre caliente, nuestra temperatura permanece dentro de cierto rango.

Cuando hablé de la homeostasis, dije que una olla de agua hirviendo arrojada a un arroyo frío se enfriará, en tanto que un ser humano no lo hará. Por supuesto, si te quedas ahí el tiempo suficiente, tus mecanismos homeostáticos pueden ser abrumados al punto de desarrollar hipotermia y morir eventualmente; entonces, la temperatura corporal sí será la misma que la del agua, y estarías en equilibrio con el ambiente. No obstante, la mayoría de las personas sentirá mucha incomodidad por el frío y saldrá del arroyo. De modo que dos de las características fundamentales de la vida entran en juego para resistirse al destino de la olla de agua hirviendo, el metabolismo (que te ayuda a mantener tu temperatura corporal, al menos por un tiempo) y la respuesta al estímulo. Ésa es la vida actuando en uno de sus niveles más fundamentales: un complejo energético de moléculas hambrientas que se organizan temporalmente en una forma que resiste el inevitable retorno al equilibrio.

Pero el retorno es, en efecto, inevitable. En este caso, yo creo bastante literalmente lo que la Biblia dice en el Génesis: "Polvo eres y en polvo te convertirás." El polvo es un conglomerado desordenado de todo tipo de partículas diminutas; pero entre nuestro comienzo como polvo y nuestro fin como polvo, el universo nos ha dado a las criaturas vivas la capacidad de mantener un orden estricto. En el caso de los seres humanos, este regalo significa que, por un tiempo, nuestras células pueden permanecer organizadas y preservar la integridad de su contenido; nuestra sangre puede fluir por los canales apropiados dentro de nuestro cuerpo; nuestros músculos, órganos y huesos pueden mantener su estructura y función. Y, lo más importante para nuestro sentido de identidad, significa que nuestros cerebros pueden operar y darnos la capacidad de razonar, de almacenar momentos agradables de la infancia y desarrollar vínculos con los demás.

Hablé con mi padre mientras escribía los capítulos de este libro. Hasta donde recuerdo, he temido por su salud. Cuando hablé con él la otra noche, me aseguró que está vivo y bien, de la misma manera que me lo ha asegurado cada vez que lo he visto durante los últimos veinte años, en mis sueños. Mi padre murió hace dos décadas, pero obviamente prefiero no aceptarlo. Quiero creer que se ha unido al universo, o que ha pasado a otra forma de vida. Desafortunadamente, en mi caso el deseo no es lo suficientemente fuerte para vencer el escepticismo. La metafísica de Deepak no es una religión, pero al igual que las respuestas de muchas religiones, las suyas son reconfortantes. Se requiere de un valor especial para optar por creer en la ciencia, para enfrentar el hecho de que, tras la muerte, los cuerpos regresan a la temperatura de los objetos inanimados que nos rodean, y nosotros y nuestros seres queridos alcanzaremos el equilibrio con nuestro ambiente: que volveremos a ser uno con el polvo.

Deepak

Se requiere de una perspectiva muy grande para saber qué es la vida. Si la vida surgió a partir de los mecanismos físicos más básicos que Leonard describe, como la homeostasis y el intercambio de calor, las algas verdeazuladas se comprenderían mucho mejor a sí mismas. Pero la rica profundidad de la vida no ha sido penetrada por la ciencia, y es lo que la espiritualidad quiere destacar. En un capítulo anterior, Leonard defendió la superioridad de la ciencia diciendo que la metafísica no puede construir un escáner para hacer tomografía por resonancia magnética. Es cierto, pero el otro lado de la moneda consiste en que la metafísica tampoco construye armas de alta tecnología. La ciencia puede mejorar la vida en sus aspectos materiales, pero nadie puede afirmar que el mundo sufre por una falta de materialismo; de hecho, el mundo sufre por lo opuesto: por una falta de autoconocimiento.

La ciencia podría contribuir al autoconocimiento expandiendo sus horizontes. Así tomaría ventaja de la creencia esencial de Einstein: "Sostengo que el sentimiento religioso cósmico es el motivo más fuerte y noble para la investigación científica." Desde mi punto de vista, Einstein, Schrödinger, Pauli y otros llamados místicos cuánticos, mostraron verdadera sabiduría al honrar el lado espiritual de la mente humana. Después de dedicar toda una vida a la investigación científica, llegaron a la conclusión de que la espiritualidad ofrece una exploración de la vida mucho más amplia de lo que la ciencia, por sí sola, logrará jamás.

Así que: ¿qué es la vida? La vida es la esencia de la existencia. "Esencia" no significa un elíxir divino que Dios vertió en el oído de Adán y Eva. Tampoco se trata de la "fuerza vital" (hablaremos más sobre ese asunto más tarde). La esencia se refiere a eso que es básico, a lo que no podemos retirar del mundo si deseamos que siga existiendo una creación. La evolución ha dado lugar a millones de formas distintas, pero no debemos distraernos por el hecho de que las plantas y los animales lucen diferentes de las estrellas y las galaxias. La vida está entretejida en la estructura misma del universo. No puedes acariciar una estrella ni sacar a caminar un electrón por el parque, pero en el fondo, ambos están vivos.

¿Por qué? Porque, como ya vimos, el universo pasa las mismas pruebas que la biología aplica a los microbios, los virus, las células hepáticas, los ratones blancos y demás. Toda criatura viva nace y muere. La parte física se descompone y es reciclada para originar nueva vida. Las hojas que cayeron de los árboles el otoño pasado se convierten en el fertilizante que permitirá el crecimiento de retoños en la siguiente primavera. (Puede que te incomode, pero si un gusano muerto envía nitrógeno a la tierra, permitiendo que un roble crezca, el cual produce bellotas que comerán los cerdos, y luego te comes el tocino producido por ese cerdo, pues bueno, puedes sacar tus propias conclusiones respecto al origen de tu cuerpo.) Este ciclo de renacimiento no funciona con base en un piloto automático. Si una amiba muere y se descompone, los elementos de que está conformada no tienen que volver a la vida bajo la forma de otra amiba. Cualquier forma de vida, incluyendo el cuerpo humano, puede utilizar esos materiales.

En otras palabras, el nacimiento y el renacimiento son intensamente creativos. Algo viejo y familiar lleva a algo nuevo y original. El universo ha estado perfeccionando sus habilidades creativas durante miles de millones de años. Este impulso creativo es lo que yo llamaría "fuerza vital". Leonard sostiene que las fuerzas verdaderas pueden medirse; algún tipo de medidor, semejante al medidor de la luz instalado en tu casa, debe medirla. Pero la fuerza vital se parece más al poder de la imaginación. Si mides las calorías consumidas por el cerebro de Leonardo Da Vinci, no estaría midiendo el poder de su imaginación. Sucede que su cerebro produce calor, pero ése es un efecto colateral, no el poder verdadero, que es invisible y no puede medirse.

Los materialistas pueden desaprobar todo lo que quieran, pero existen fuerzas no registradas por los instrumentos científicos de medición. (La fuerza del deseo, la fuerza de la curiosidad y la fuerza del amor serían las primeras de la lista.) La espiritualidad argumenta que la creatividad yace en el centro de todo lo que se puede llamar "vivo". ¿Significa eso que la piedra dentro de tu zapato está viva? Sí, porque es parte del mismo proceso creativo que te incluye, del que no dejan de surgir nuevos productos. (Es fascinante hacer notar que las rocas requirieron de vida para evolucionar. La etapa más temprana en la historia de la Tierra comenzó con 250 minerales, que provenían, como ya vimos, del polvo de las supernovas y de las colisiones de asteroides. Las fuerzas turbulentas de la corteza terrestre, incluyendo el tremendo calor liberado por los volcanes, elevó el número de minerales a unos 1 500. Sin embargo, hace unos dos mil millones de años, los organismos vivos comenzaron a procesar esos minerales, alimentándose con ellos, usándolos para construir conchas y esqueletos. El diminuto plancton oceánico, cuyos esqueletos están integrados primordialmente por calcio, terminó por conformar los Arrecifes Blancos de Dover y casi todo el resto de las formaciones calcáreas. Sorprendentemente, los organismos vivos permitieron que los minerales siguieran evolucionando hasta alcanzar el número que actualmente encontramos en la Tierra, que es de unos 4 500, tres veces la cantidad original. La evolución cósmica se ha apoyado en la vida como co-creador principal.)

Leonard nos pide que no caigamos en los engaños de la metafísica, sin importar cuánto consuelo pueda brindarnos: la vida es únicamente el intervalo que tiene lugar antes de que el polvo vuelva a ser polvo. Pero la ciencia ha tomado la decisión metafísica de poner su fe en el centro del debate. Decir: "Puedo pasarla sin Dios", es metafísica. Decir: "La vida fue creada sólo por moléculas", también es metafísica. Yo le llamaría más bien mala metafísica. La fisiología básica nos dice que nuestros cerebros se alimentan de glucosa, o del azúcar que existe en la sangre. No podría escribir una sola palabra o tener un solo pensamiento sin usar moléculas de glucosa. Aun así, si un superescáner para resonancia magnética llegara a detectar el instante mismo en que una neurona envía la señal correspondiente a una palabra de esta página, eso no significaría que la glucosa está pensando.

Digamos que le sigues la pista a una célula del cerebro y llegas hasta los átomos que la conforman, después hasta el nivel de las partículas subatómicas y, finalmente, a la frontera que divide este mundo del mundo invisible que está más allá. Nadie puede referirse a un proceso físico determinado y decir: "¡Ajá! ¡De ahí viene el pensamiento!", o "ahí es donde la glucosa cobra vida". El esfuerzo por encontrar ese punto de inicio sigue adelante, pero el materialismo se engaña. Si se pregunta a un niño pequeño cómo es que la gasolina aprendió a manejar un auto, cometería el mismo error que cometen algunos de nuestros principales neurocientíficos.

Toda molécula se transforma en un proceso vivo que constituye un enigma. ¿Cómo pasa de ser inerte, de un estado azaroso (la muerte), hasta llegar a un estado vital, creativo (la vida)? La espiritualidad decide emprender sus investigaciones desde la perspectiva de que nada está muerto. Debido al temor a nuestra propia desintegración y disolución, hemos proyectado en la muerte mucho más poder del que realmente tiene. La muerte es únicamente un estado de transición, parecido a una forma de vida que renace en otra. (No estoy afirmando ahora nada relativo al alma, pero lo haré más tarde.) El materialismo puede, hipotéticamente, trazar la ruta de un átomo de oxígeno hasta que entra a los pulmones de un Miguel Ángel o un Mozart, pero es inútil para explicar cómo el átomo se relaciona con el genio, la belleza y el arte.

Para explicar cómo la materia de pronto se vuelve parte de la danza de la vida, con toda la creatividad que la vida exhibe, debes llegar a un nivel más esencial. He estado argumentando que la conciencia es innata en la naturaleza. Es parte de nuestra esencia. Lo mismo sucede con las otras cualidades que distinguen la vida; la inteligencia, la creatividad, la organización y la evolución son todas esenciales para los seres vivos. El ADN los creó. Decir que el ADN crea vida es como decir que la pintura crea obras pictóricas. Creo que llegaremos a la verdad metiendo reversa a la secuencia: la vida fue primero y, eventualmente, la materia le dio visibilidad. El físico Freeman Dyson señala el camino para aceptar el punto de vista espiritual como parte de una ciencia expandida: "Me encuentro con un universo que crece ilimitado en riqueza y complejidad, un universo de vida que sobrevive por siempre."

Algunos científicos parecen deseosos de dividir la diferencia. Dejemos que la biología nos diga cómo surgió la vida, dicen, mientras la religión o la metafísica preguntan por qué. En realidad, ésta es una manera educada de declarar la victoria, puesto que se le cede la vida por entero a la ciencia. Habiendo identificado el ADN y habiéndonos propuesto el trazo de su mapa, la genética trata de abarcarlo todo. Supuestamente existe un gen del amor, un gen criminal, incluso un gen de la fe. De hecho, no se han encontrado ninguno de estos genes, y todo parece indicar que nunca se encontrarán. Un problema aparentemente simple como predecir la altura de un niño, implica la interacción de más de veinte genes, incluso si uno pudiera aislarse, los investigadores conceden que menos de la mitad de la historia habría sido contada. ¿Por qué son los holandeses las personas más altas de la Tierra? ¿Por qué están ahora los japoneses dentro de las diez nacionalidades más altas? Sus genes no han cambiado. La respuesta está en algún lado, cerca de factores como dieta, medio ambiente, cambio genético desconocido o tal vez exista un factor desconocido (como, por ejemplo, que la mente pueda afectar el crecimiento corporal. No seas incrédulo: la medicina ya sabe que el abuso psicológico puede llevar a que los niños vean estancado su crecimiento, por medio de un proceso conocido como enanismo psicológico).

La ciencia se muestra cada vez más egoísta respecto a los temas que desea en exclusiva. No hay espacio, como desea Leonard, para el pensamiento atrevido, del que deberíamos habernos despojado pasada la infancia. Parece que los científicos dicen: "No me vengas con florituras como eso de que la inteligencia está en todas partes." La mejor refutación que se me ocurre para esta postura es una perra de raza border collie llamada Betsy, que vive en las afueras de Viena, Austria. La dueña de Betsy la entrenó para reconocer las cosas por su nombre y traérselas a la orden. Si la dueña dice "hueso", Betsy trae el hueso. Si ella dice "pelota", Betsy elige la pelota. Cualquier dueño de un perro te dirá que esto no es difícil, pero esta dueña en particular es mucho más ambiciosa. Enseñó a Betsy a traer muñecas, queso, llaves, hasta que, contra todo pronóstico, Betsy logró entender 340 órdenes sin confundirse.

La psicóloga cognitiva Juliane Kaminski puso a prueba este fenómeno, que fue filmado para el programa científico de la televisión pública llamado *Nova*. Los niños pueden entender unas trescientas palabras cuando tienen unos dos años de edad. El siguiente estadio en el desarrollo humano (que no ha sido alcanzado por ningún otro primate) es comprender los símbolos. Por ejemplo, si sostienes un pequeño cochecito de juguete y pides a un niño de unos tres años que encuentre lo mismo en una habitación, el niño sabe que el cochecito es un modelo, de modo que no tiene problema alguno para encontrar y traer otro coche de juguete, incluso más grande. *Flash* informativo: también puede hacerlo Betsy, la border collie. Comprende que los modelos representan cosas simbólicamente. (No puedo resistir mencionar que los perros son las únicas criaturas, además de los seres humanos, que saben lo que significa señalar. A las seis semanas de edad, un cachorro irá en dirección a un objeto si lo señalas. Un bebé hará lo mismo a los seis meses de edad. Mientras que, los chimpancés, nuestros parientes primates más cercanos, no pueden hacerlo. Si señalas una taza bajo la cual se ha ocultado un premio, los chimpancés no comprenden qué deseas de ellos. No lo entienden ni siquiera después de cientos de repeticiones.)

Betsy no es la única border collie inteligente; al menos dos más pueden comprender hasta doscientas palabras, lo que contradice casi todas las viejas concepciones de la inteligencia, el cerebro, la escala evolutiva y el orgullo humano por nuestras capacidades mentales exclusivas. Betsy ha logrado otro objetivo que debe hacernos sentir humildes. Desde hace mucho se pretende que sólo los humanos pueden comprender abstracciones. Si te muestro la fotografía de un hueso, por ejemplo, puedes correr y traerme un hueso de verdad. También Betsy. Cuando se le muestra una foto de cualquier objeto que sabe traer, va y lo trae. Los investigadores han quedado boquiabiertos, no ante la grandeza del universo, sino ante un animal que no tiene derecho, científicamente hablando, a hacer lo que hace. De cualquier manera lo hace.

Una vez que abrimos nuestra mente, Betsy puede ser la cuña que nos permita esbozar una teoría integral de la vida. El lector enfrenta una disyuntiva entre el todo y las partes. Si la ciencia tiene razón, la vida es un rompecabezas con muchísimas "piececitas" que, una vez armado, convirtió la materia inerte en criaturas vivientes. Si la espiritualidad tiene razón, la vida es parte de la totalidad de la naturaleza, un aspecto que se hace visible por medio de las criaturas vivientes, pero que no depende de ellas. La elección que hagas refleja tu cosmovisión, y el universo se presentará ante ti de acuerdo con ella.

El verdadero problema con la teoría de una fuerza vital se presenta cuando esta teoría trata de ser materialista. No obstante, dado que no puede ser medida, la parte "viva" de la fuerza vital no tiene validez material. Irónicamente, el ADN sufre la misma objeción. Estoy más que consciente de que la genética es considerada el mayor triunfo de la biología moderna, el avance que hizo posible decodificar la vida misma. El ADN es el portador químico de un mensaje increíblemente complejo, pero no es el mensaje en sí en mayor medida que las letras de un telegrama son el pensamiento de lo escrito en ese telegrama. La vida es la naturaleza experimentándose a sí misma de tantas maneras como le es posible hacerlo. Podemos elegir otra palabra que no sea "naturaleza". El mensaje es el mismo. Podemos hablar de Dios mirando su propia creación, o de la mente universal. Todos los términos apuntan hacia un universo autocreado que se desenvuelve como entidad viva. La espiritualidad no requiere de un momento especial en que la vida apareció repentinamente. La vida siempre ha sido.

8

¿Existe un diseño en el universo?

Leonard

Si por diseño uno entiende un proyecto o patrón, entonces los científicos y quienes sostienen una postura religiosa o espiritual estarán de acuerdo: el universo tiene un diseño. Todos podemos verlo, y los científicos buscan representarlo por medio de sus ecuaciones, porque creen que las leyes de la física son el plano o proyecto del universo. Y es que crear o simplemente comprender una teoría matemática, y luego observar cómo los átomos minúsculos o las estrellas más grandes y lejanas actúan de acuerdo con las leyes físicas involucradas en esas ecuaciones, es una de las más grandes maravillas y alegrías que acarrea el ser un físico.

La razón de por qué la naturaleza sigue leyes es un misterio. El por qué existen las leyes que hemos observado es también un misterio. Pero lo que sí está claro es que las leyes de la naturaleza son suficientes para permitirnos demostrar cómo empezó la vida sin necesidad de que exista una mano inmortal o un ojo que ejecute el diseño. Esas leyes dictan que, partiendo de la sopa cósmica primordial, las estrellas se condensarían y crearían carbono y otros elementos que los seres vivos requieren. También dictan que algunas de esas estrellas explotarían para que, a partir de los restos, se formaran nuevos sistemas solares. Y dictan que, de esa sopa química primordial, al menos en un planeta, el nuestro, procesos de ocurrencia natural llevaron a objetos con un bello diseño, desde geodas hasta tigres y gente.

El tema que nos separa a Deepak y a mí no es si el universo tiene un diseño, sino la cuestión de saber si algo lo diseñó, y si se diseñó con un propósito. Los creacionistas y los partidarios del "diseño inteligente" creen, como Deepak, que las complejidades de los seres vivos no pueden ser resultado de la ley natural. Esa forma de pensar tiene una larga tradición. El filósofo británico David Hume publicó en 1779 un libro llamado *Diálogos sobre la religión natural.* En esta obra, tres personajes ficticios debaten el asunto. Uno de ellos, Filón, expone el argumento de este modo: "Arroja varias piezas de acero al mismo sitio, sin orden ni concierto; jamás se reordenarán por sí mismas hasta constituir un reloj."

En 1802, el teólogo William Paley realizó una famosa disertación sobre el tema:

> Suponga que, al cruzar un brezal, mi pie tropieza con una piedra y se me pregunta cómo llegó a estar ahí esa piedra: podría responder que, hasta donde sé, la piedra ha estado ahí siempre. Lo sorprendente es que quizá no sería muy fácil demostrar lo absurdo de esta respuesta. Pero suponga que encontré un reloj en el suelo, y que se debe investigar cómo llegó hasta ahí ese objeto; obviamente no acudiré a la respuesta que antes di, es decir, que hasta donde yo sé, el reloj podría haber estado en ese lugar desde siempre [...] La inferencia, pensamos, es inevitable: el reloj debió tener un fabricante, y ese fabricante debe haber existido en algún momento y en algún lugar; el artífice o los artífices lo diseñaron con el propósito que hoy le reconocemos; ellos comprendieron su construcción y diseñaron su uso.

El punto de todos estos argumentos especulativos es que las cosas tan increíbles como un reloj o una abuela son en verdad complejas y, por lo tanto, no pudieron surgir excepto como producto de la excepcional experiencia de un ser. Se trata de argumentos atractivos y sinceros que se basan en la ciencia de la época, que no estaba lista todavía para explicar cómo surgió la vida. Pero, parafraseando a Arthur C. Clarke, si cualquier consecuencia suficientemente avanzada de una ley científica nos resulta incomprensible, será imposible distinguirla de la obra de un "poder superior".

Una y otra vez, a lo largo de la historia, la gente ha asignado un origen sobrenatural a cualquier aspecto de la naturaleza que no logra explicar. El personaje de Hume, Filón, tenía razón en cuanto a que si arrojamos pedazos de acero juntos, no llegarán a formar un reloj, pero esa analogía parece convincente sólo porque la gente, en la época de Hume, casi un siglo antes de que Darwin publicara su gran trabajo, no estaba al tanto del principio de selección natural, el cual deja en claro cómo la naturaleza, sin guía alguna, puede efectivamente diseñar objetos sorprendentemente complejos (como el ADN o, en última instancia, tan complejos como nosotros). Si un científico del futuro le hubiera mostrado al filósofo un aeroplano, una máquina de rayos X o un teléfono celular, ese filósofo se hubiera quedado mudo, y muy probablemente habría atribuido a esos aparatos un origen divino. En ese caso, tal vez algunos filósofos habrían argumentado lo siguiente: "Pon varias alas a un tubo de acero; jamás podrán hacer que el tubo de acero vuele." "Haz brillar una luz tan brillante como quieras sobre la cabeza de una persona: jamás podrás ver su interior." O: "Grita tan fuerte como quieras en esa cajita: nunca te harás escuchar a través del océano."

Hoy, la ciencia explica cómo construir esos aparatos, justo de la misma forma en que explica cómo los procesos naturales llevan al desarrollo de la vida inteligente.

Existe una diferencia entre las explicaciones que la ciencia hace de la vida y su explicación de esos aparatos. La ciencia detrás del aeroplano, de la máquina de rayos X y del teléfono celular no amenaza las creencias favoritas de nadie. Por lo tanto, no hay un reclamo público contra la ciencia detrás de ellos. Nadie clama que los científicos son de mente cerrada porque creen en la aeronáutica. Nadie propone que las radiografías de huesos rotos no provienen en verdad de los fotones. Nadie dice que el electromagnetismo es "sólo una teoría", o sugiere que los cursos de telecomunicaciones se ofrezcan también a las palomas mensajeras, por si acaso. Sin embargo, la evolución se preocupa por cómo llegamos aquí, lo que es más difícil de aceptar para algunas personas. Los William Paley de hoy usan voluntariamente el gran logro científico que permite que los mensajes de texto se codifiquen en un tipo especial de energía invisible, que es transmitida por el aire y reconstituida en sus aparatos de mano, pero cuestionan la integridad del método científico cuando se trata del milagro biológico de la vida. Les gusta usar inventos y productos creados por medio de la ciencia que no comprenden, pero se rehúsan a aceptar las "teorías" que explican los orígenes mismos de la vida.

Los biólogos nos dicen que el diseñador de la vida no fue un ser, sino el ambiente. La certeza implícita en el argumento de que las cosas complejas debieron diseñarse por una inteligencia mayor es que hubiera sido más simple completar la creación de la vida de esa forma y no por medio de la evolución. Ésa es una creencia comprensible, especialmente en el caso de aquellos que ignoran el papel de la selección natural en la evolución, y la ven como si se tratara de una casualidad genial. En realidad, debido al sorprendente poder de la selección natural, puede que lo opuesto sea verdad. Por eso la selección natural (técnicamente, una "selección artificial") se ha convertido en la base de un nuevo método revolucionario de diseño de moléculas llamado "evolución dirigida". En éste, los químicos y los ingenieros químicos diseñan ambientes que alientan el que ciertas moléculas evolucionen hasta convertirse en productos comercialmente útiles. La evolución dirigida ha probado ser exitosa al permitir la síntesis de muchas proteínas que nadie sabía cómo "diseñar", en el sentido tradicional del término. Así que, cuando admires los maravillosos atributos de la vida, quizá sea más natural decir, no sólo que pueden ser obra de un creador divino, sino más bien que "sólo fue tal vez obra de la evolución".

La selección natural explica cómo los organismos cambian de generación en generación hasta que, lo que comenzó como un organismo simple que causa dolores de estómago, pueda evolucionar para llegar a ser, tras miles de millones de años, el tipo de organismo complejo que padece dolores de estómago. Darwin escribió sobre los elefantes. Supón que Noé salvó únicamente un par de elefantes en su gran arca, en algún momento alrededor del año 3000 antes de Cristo, que fue la época del Diluvio. Aunque los elefantes tienen el periodo de gestación más lento, en sólo cinco siglos habrían producido quince millones de descendientes. Para el año 2000 antes de Cristo, existirían muchos miles de elefantes por cada persona viva. Hoy, estaríamos aplastados bajo una montaña de paquidermos. ¿Qué nos salvó? Las lesiones, la enfermedad, el hambre y la muerte. Eso nos aseguró que sólo una fracción de los elefantes sobreviviría para producir descendencia. No se trató de una poda imparcial. Por el contrario, al determinar cuáles deberían vivir y cuáles no, el medio ambiente actuó como diseñador inteligente. Los animales que no eran resistentes o grandes o altos o lo suficientemente listos para encontrar comida, evitar a los depredadores y sobrevivir a las enfermedades, tendían a morir antes de heredar sus ineficientes características. Aquellos que estaban adaptados al ambiente, sobrevivieron y tuvieron progenie en forma para competir en la siguiente y mejor dotada generación. En el capítulo 4, mencioné que cuando un proceso como la selección natural era incluido, en sólo cuarenta y tres generaciones la evolución crearía la frase de Shakespeare: "Pienso que es como una comadreja", lo que tomaría producir a un generador azaroso de letras más de lo que el sistema solar tiene de vida. Tal es el poder de la evolución.

La evolución predice que el diseño de los seres vivos proviene tanto de mutaciones al azar como de la selección que resulta de la competencia por sobrevivir. Como resultado, cuando se estudia a los organismos vivos en detalle, uno no puede sino sorprenderse por el hecho de que su "diseño" no es ni óptimo ni elegante. Digamos que, más que eso, es más bien "suficientemente bueno". Los seres vivos pueden ser una maravilla desde el punto de vista de la función, pero no ser bellos desde el punto de vista del diseño. Eso es muy distinto de lo que cabría esperar si el diseño proviniera de un "diseñador inteligente", o cuando menos un diseñador que poseyera inteligencia sobrehumana. La evolución crea diseños poco elegantes porque, conforme una especie evoluciona, la naturaleza no "tira la casa" para volver a comenzar de cero, sino que emprende la ruta más rápida y altera lo que ya estaba ahí. A veces nos queda la muela del juicio o el apéndice, o, como abordaré en el siguiente capítulo, un gen para una cola, es decir, rasgos que alguna vez tuvieron una función, pero que ya no son necesarios. Un diseñador con un propósito probablemente habría tomado otras decisiones, pero dado que los organismos vivos no necesitan exhibir un diseño perfecto, la evolución hace organismos que sólo son lo suficientemente buenos para sobrevivir.

La evolución explica el origen de la vida inteligente en un nivel, pero queda más por explicar. A pesar de que los biólogos han dado grandes pasos para entender el mecanismo de la evolución, llegando hasta la escala molecular, la biología es como la capa exterior de la cebolla de la explicación científica. Describe los organismos, sus órganos, células y, desde hace unas décadas, hasta su ADN, proteínas y otras moléculas que componen los seres vivos. Pero las descripciones y las leyes de la biología asumen como sus elementos escenciales objetos que, en sí mismos, pueden dividirse en componentes aún más elementales. A un nivel más profundo –el centro de la cebolla– está la física. La física se ocupa de las fuerzas y partículas elementales que, siendo trillones de trillones, actúan para crear las estructuras que interesan a los biólogos. Así que uno también debería preguntarse: ¿tiene sentido el desarrollo de la vida sin la ayuda de un diseñador, desde el punto de vista de la física? Ése es el nivel en que hallamos la respuesta al reto de Deepak; a partir de las ecuaciones fundamentales que gobiernan la materia y la energía, sin ninguna guía o propósito, ¿puede crearse espontáneamente la vida? Si creemos que no se requirió ningún diseñador, debemos proveer una respuesta que no sólo funcione al nivel en que los procesos biológicos tienen lugar, sino también en el nivel en que las leyes de la física operan.

Para abordar si, desde el punto de vista de la física, el obvio diseño en la naturaleza requirió un diseñador, debemos traducir el problema al lenguaje de la física. La Tierra temprana era una cruda mezcla de rocas y arena y aire y agua, con varios compuestos disueltos o suspendidos en ésta. Las cosas vivas, por otra parte, están hechas de moléculas y estructuras particularmente complejas. La clave del asunto para los físicos es: ¿puede surgir un orden tal sin guía? La herramienta que los físicos utilizan para analizar ese tipo de cuestiones es un concepto llamado entropía. En términos generales, la entropía es una medida del desorden en un sistema. Usualmente, a mayor desorden, más alta es la entropía. La entropía es el enemigo de la vida y de cualquier concepto de "diseño".

En el siglo XIX, los físicos notaron que, con el tiempo, las cosas tendían a volverse más desordenadas (esto es, la entropía se incrementa). En cierto modo, esto es un reflejo de la falta de propósito o guía en la ley física. Para comprender por qué la entropía, o desorden, se incrementa, consideremos un ejemplo simple (y clásico): una caja con moléculas en estado gaseoso que tiene una división en medio con un agujero en ésta. Supón que comenzamos con mil moléculas del lado izquierdo y ninguna en el lado derecho. Conforme las moléculas rebotan por ahí, algunas que están en el lado izquierdo pasarán por el agujero de la partición y terminarán del otro lado. Con el tiempo, más moléculas pasarán del lado izquierdo al derecho, pero algunas de las que están en el lado derecho pasarán ocasionalmente al izquierdo. Eso no sucederá muy seguido siempre y cuando el lado derecho esté subpoblado, pero eventualmente habrá muchas moléculas del lado derecho, así que el éxodo neto se reducirá. Pasado más tiempo, ambos lados contendrán aproximadamente el mismo número de moléculas, y el número de las que pasan de la derecha a la izquierda en una unidad de tiempo determinada será casi igual al número de moléculas que pasa de la izquierda a la derecha. Éste es un ejemplo de un estado de equilibrio, como se explica en el último capítulo.

Aunque el término "desorden" es vago y subjetivo, probablemente sea seguro decir que la configuración inicial, con todas las moléculas congregadas a la izquierda, parece más ordenada que la configuración final en que las moléculas se han diseminado por toda la caja. Pensamos que la primera disposición es ordenada porque tiene una regularidad, no hay moléculas en ninguna parte del lado derecho de la caja. El estado final de la caja no tiene restricciones en cuanto a su disposición, las moléculas están en todas partes, así que está desordenada. Nuestros cuerpos, cuando estamos vivos, son como la disposición original. Por ejemplo, nuestras células sanguíneas deben mantener un cierto equilibrio bioquímico interno, y no mezclarse con sus alrededores, y nuestra sangre debe permanecer en sus vías, y permanecer pura, sin mezclarse aleatoriamente con otros flujos corporales.

En el escenario de la caja, la configuración inicial, con todas las moléculas contenidas en el lado izquierdo, constituye un panorama con baja entropía, y la configuración final, con las moléculas por todas partes, constituye una situación de alta entropía. Con el paso del tiempo y sin ninguna conciencia o poder que influya en la distribución de las moléculas, el sistema se movió hacia una división casi igual del número de moléculas, lo que es más desordenado, a un estado de máxima entropía (siendo éste el significado técnico del término "equilibrio"). Es la tendencia de toda la naturaleza: a niveles aún mayores de entropía. Como expliqué antes, la vida resiste esa tendencia. Y cuando se termina, la tendencia hacia la entropía continúa.

La ley que explica por qué los seres vivos deben trabajar para continuar vivos –por ejemplo, para mantener su orden– se llama la segunda ley de la termodinámica. Ésta dicta que la entropía de un sistema cerrado nunca disminuye. Es la manera en que un científico dice lo que Hume hace decir a su personaje: "Arroja varias piezas de acero al mismo sitio, sin orden ni concierto; jamás se reordenarán por sí mismas hasta constituir un reloj." Pero la segunda ley también dice: "Deja un reloj a su suerte en la naturaleza, y con el tiempo tenderá a convertirse en varias piezas de acero, amorfas." La segunda ley es la razón por la que, si dejamos caer un huevo ya partido al suelo, jamás llegará al piso para convertirse en ese bonito objeto estructurado que llamamos huevo intacto, pero si dejamos caer un huevo intacto, se diseminará formando un desastre de apariencia azarosa. De manera semejante, si encontramos una caja conteniendo moléculas igualmente distribuidas, jamás veremos que las moléculas se junten todas en una de las mitades; pero si llegamos a encontrar una caja con todas sus moléculas en un lado, con el tiempo, eventualmente se distribuirán por sí mismas de manera uniforme en el interior de la caja. En función de esta ley, el reto que un físico debe enfrentar es: ¿cómo podemos comenzar con átomos distribuidos sin orden por todo el universo, y encontrarnos con que, pasado cierto tiempo, estos átomos se han ordenado en el estado que conocemos bajo la denominación de seres vivos? En otras palabras, si la tendencia natural del universo es el desorden, ¿entonces de dónde viene el orden de la vida?

La frase "sistema cerrado" es la clave en este caso. La entropía no puede revertirse sin interferencia externa, pero la entropía de un sistema puede disminuir si la entropía de otro se incrementa en una cantidad igual o mayor. Puede que la mano de Dios se extienda para mantener todas las moléculas en un lado de la caja, pero esa mano debe padecer su propio desorden incrementado. Evitamos que el desorden de nuestros cuerpos aumente al consumir orden bajo la forma de cosas como brócoli y pollo (hasta que se han descompuesto mantienen un orden bastante considerable) y expulsamos desorden como excremento y calor. Así también, nuestro planeta debe respetar el equilibrio de la entropía. Para que la vida en nuestra biósfera haya evolucionado a partir de materiales inorgánicos, la Tierra necesita exportar entropía, esto es, importar orden. ¿Cómo? ¿De dónde viene el orden?

Cada día, la Tierra recibe una buena cantidad de energía proveniente del Sol, y también irradia una cantidad semejante de vuelta al espacio; ese equilibrio de radiación evita que la temperatura del planeta aumente de continuo. Pero la calidad de la energía que la Tierra irradia no es igual a la calidad de la que recibe. La Tierra debe irradiar veinte veces más fotones –partículas de luz– que el Sol para irradiar la misma cantidad de energía.

Los físicos nos dicen que esto corresponde a veinte veces la entropía, de manera que, día tras día, la Tierra irradia veinte veces la entropía que recibe. Como calculó el físico del Caltech Sean Carroll, la entropía neta generada por la Tierra a lo largo del año es más que suficiente para dar cuenta de la disminución de entropía que la Tierra ha experimentado al generar la vida.

Entonces, el regalo de la vida no es el regalo de un dios, ni de una "conciencia universal". Es un regalo del Sol.

Deepak

Es una lástima que el término "diseño" se haya convertido en un lugar común para los fundamentalistas cristianos, un pivote para su fe en la historia de la creación que se narra en el libro del Génesis. De pronto, la palabra se tornó radioactiva en otros círculos. Los científicos se preocuparon de que la razón misma estuviera bajo ataque. Los escépticos y los ateos lanzaron sus perros a la pelea, siempre dispuestos a golpear la superstición. Así se volvió imposible separar las emociones de los asuntos que estaban en juego. Ofrecer un "diseño inteligente" como alternativa a la teoría de la evolución de Darwin nunca fue una opción válida. Lo que sí tenía era influencia política. Los funcionarios electos que querían cortejar a los votantes religiosos usaron este concepto para evitar las abrumadoras protestas de la comunidad científica.

Tomando esto en cuenta, es bienvenido el hecho de que un científico respetado como Leonard esté de acuerdo en que el universo, en efecto, muestra trazas de diseño. Pero su manera de llegar a ese punto es completamente materialista, con lo que quiero decir que se apoya en el azar y en los dictados de las leyes de la naturaleza. Existe un abismo entre "dictar" y "permitir": sin duda, las leyes de la naturaleza permiten que los seres humanos estén aquí y que inventen cosas como aviones y relojes, pero, ¿les fue dictado a los hermanos Wright el principio de Bernoulli, que les permitió dar al ala la forma correcta para elevarse? La configuración del universo temprano no puede dictar mis acciones miles de millones de años después.

Damos por hecho que existen maneras de dar la vuelta a las leyes de la física, usualmente utilizando una en contra de la otra. Cuando levanto mi brazo, desafío la gravedad invocando el electromagnetismo, la fuerza que controla los músculos. Puedo separar dos imanes, usando la misma ley en contra de sí misma. En su forma actual, el universo nos permite un gran rango de juego con las leyes de la naturaleza. Por supuesto que existen límites. No podría levantar mi brazo en Júpiter, porque mis músculos serían demasiado débiles como para contrarrestar el campo gravitacional más fuerte de ese planeta. Pero el materialismo no puede dar cuenta de cómo una persona elige *qué* ley obedecer, contrarrestar o con qué ley juega.

La latitud está incorporada a la naturaleza. Cuando el carbono, el hidrógeno, el oxígeno y el nitrógeno se encuentran, sus electrones libres dictan que se unirán; toda la vida se basa en esa unión y, según observamos, existen miles de millones de combinaciones posibles. La naturaleza dejó mucho espacio para las variantes; por lo tanto, el ejemplo simple de Leonard que hace que las moléculas vayan de un lado al otro de la caja, no sólo es reduccionista, sino que no aplica en este caso. Lo mismo sucede con el argumento entero basado en la entropía. Nadie niega que la entropía rige los intercambios de calor. Nadie niega que las formas vivientes son islas de entropía negativa. Pero el verdadero misterio es cómo llegaron a serlo. El cosmos entero se dirige a una muerte del calor, como explica Leonard. Pero la muerte del calor es sólo una versión muy extendida de las moléculas que deambulan por la caja. El movimiento al azar no explica cómo las islas de entropía negativa, como el Sol, la Tierra y la vida en la Tierra, pueden durar por miles de millones de años, siendo cada vez más autosustentables.

El reduccionismo siempre reprobará el examen de cómo las leyes naturales sin mente pueden crear algo tan intrincado como un reloj. Leonard trata de escapar a las fallas del reduccionismo con artimañas verbales. Dice que un reloj es algo complejo, y lo es. Pero es mucho más que eso. Es diseñado. En las faldas de los Alpes suizos, un esquiador deja en la nieve una marca en forma de una sola línea. Cien esquiadores bajando por la misma pendiente dejan muchos rastros que forman un entretejimiento parecido a una red. Las líneas son más complejas, pero están lejos de ser un diseño. Un reloj suizo no sólo implica muchos procesos superpuestos, tiene orden y significado. Fue diseñado para realizar una labor específica. Puede ser bello, pero sin duda es preciso. Y cuando cae en imprecisiones, su imprecisión puede ser corregida. Todos esos aspectos de un diseño deben provenir de alguna parte. La espiritualidad argumenta que son aspectos de la conciencia, el diseñador invisible que está tras las escenas del mundo visible.

No me molesta el hecho de que Leonard ubique mi argumento con el de esos creacionistas y creyentes del "diseño inteligente". Sin embargo, el hecho de que nos agrupe implica una afinidad, a la que yo debo oponerme. El creacionismo y el diseño inteligente están tan lejos de las tradiciones de sabiduría del mundo como el materialismo. Cuando toma partido en el continuo debate entre la fe religiosa y la racionalidad científica, la espiritualidad de hecho se acerca más a la ciencia, dado que la sabiduría es el florecimiento de la razón, no su enemigo.

Me pareció deplorable cuando un conservador de la Casa Blanca anunció que no tenía nada de malo enseñar a los niños en la escuela una alternativa a la evolución, y que los niños se beneficiarían con un debate abierto. El público parecía estar de acuerdo. Al final, las cortes federales tuvieron que afirmar la verdad obvia: el diseño inteligente es un concepto religioso, no uno científico, y por lo tanto no puede considerarse como una "alternativa" en las clases de ciencia en las escuelas. No hay nada que debatir.

En una época de fe, se usaba la abundancia de patrones en la naturaleza para defender la existencia de Dios. Leonard hace la analogía del relojero, que él asocia con una especie de mente científica primitiva, temprana. Eso no es del todo correcto. El llamado argumento del diseño era respetable desde el punto de vista intelectual en los siglos XVII y XVIII. Pero desapareció con todos los demás argumentos que trataron de sostener la noción de un propósito en el universo (conocida en filosofía como teleología). Los científicos de hoy ofrecen lo opuesto, el argumento contra el diseño, aunque permiten graciosamente que el diseño aparezca temporalmente en el azar giratorio que rige todas las cosas.

El bello diseño que encontramos en la naturaleza –tomado como opuesto a la mera complejidad y las islas de calor– no puede ser descartado así como así. La ciencia está obligada a explicar cómo apareció el diseño en un universo accidental. Por su parte, la espiritualidad está obligada a explicar lo opuesto, es decir, cómo apareció el azar en un universo con propósito. Pero si la creación está imbuida de conciencia, no hay guerra entre el azar y el propósito, entre lo aleatorio y el diseño. Se pueden tener ambas cosas simultáneamente.

Piensa en tu propia vida. Eres un ser consciente. A veces caminas sin sentido mirando a tu alrededor; a veces sabes a dónde vas. En ocasiones, garabateas y en otras dibujas. Deambular no niega los destinos en mayor medida que un garabato en una libreta de apuntes niega los estudios de la clase de artes. Lo mismo es cierto a escala cósmica. En un nivel más profundo, el azar puede beneficiar al propósito. En la esfera humana, dejar ir un problema, liberarlo a nuevas posibilidades, suele ser la mejor manera de llegar a una solución. La naturaleza parece estar de acuerdo. El universo combina materia y energía, aparentemente por azar, sólo para llegar a dar repentinos saltos de patrón y forma. Antes de ADN había una sopa primordial de aminoácidos. La sopa se agitó sin un "diseño" visible, pero de ella emergío un diseño increíblemente complejo. Esto es creatividad en acción, no una guerra.

El azar fácilmente puede vivir en el vecindario del propósito, el diseño y el significado. Todos existen simultáneamente en la naturaleza. Los glóbulos rojos rebotan al azar en mi torrente sanguíneo, pero no escribo estas palabras por azar o probabilidades. Al ser obligados a elegir –es lo que hace la ciencia cuando dice "elige el materialismo", y la religión cuando dice "elige a Dios"–, se nos pone un obstáculo en el camino a la verdad. No tiene sentido discutir siquiera hasta que todos estén dispuestos a considerar los asuntos más hondos con una mente abierta.

9

¿Qué nos hace humanos?

Deepak

Darwin se interpone haciendo las veces de un enorme obstáculo que la religión nunca pudo superar. Tanto éxito ha tenido la teoría de la evolución, que la mayoría de la gente no puede imaginar una alternativa razonable. Sin embargo, es posible aceptar todos los restos fósiles de nuestros ancestros, seguir la pista al *Homo sapiens* hasta llegar a los primeros primates, y aún así podemos dar una respuesta diferente a la pregunta del origen de la vida humana. La espiritualidad sostiene que los orígenes de la vida humana yacen en una realidad trascendente más allá de cualquier proceso físico. Primero somos mente, después materia. De acuerdo con Erwin Schrödinger: "Lo que observamos como si se tratara de cuerpos y fuerzas materiales, no son otra cosa que formas y variaciones de la estructura del espacio." Si lo afirmado por él es aplicable al universo, debe ser aplicable a nosotros. Lo que significa que el espacio no está vacío; en el fondo, es humano (y muchas otras cosas también). Jesús lo dice de manera mucho más poética en el Evangelio de Tomás: "Parte un pedazo de madera y estoy ahí. Levanta una piedra y ahí me encontrarás."

Entonces, ¿qué significa lo "humano"? Somos tan complejos y variados que es posible ver nuestra especie desde cualquier perspectiva que se quiera. A mí me parece fácil sentarme en una silla y estar de acuerdo con Hamlet cuando exclama:

> ¡Qué obra maestra es el hombre! ¡Qué noble su razón! ¡Cuán infinitas sus facultades! ¡Qué expresivo y admirable es en su forma y movimiento! ¡Y en acción parece un ángel! En su inteligencia, ¡cuán parecido a un dios!

De pronto, soy transportado al Renacimiento tardío, a un mundo lleno de confianza que aún se aferra al origen divino de los seres humanos. Pero cualquier otra persona puede tomar un libro de texto de antropología y ser transportado con igual rapidez a la Depresión de Afar, en el noreste de Etiopía, donde los paleontólogos han excavado los restos fósiles más antiguos de nuestros ancestros homínidos. La gente moderna tiende a creer en las cosas materiales –esqueletos, dientes fosilizados, una fractura en el cráneo que demuestra cómo lo atacó un animal– como si fueran tan convincentes como la evidencia científica. Al mismo tiempo, los huesos y los fósiles desacreditaron conceptos aceptados por mucho tiempo. Darwin no sólo destronó a la religión, sino que dio fin a siglos de antropocentrismo: creencia de que los seres humanos son las criaturas más privilegiadas de la creación. Lucy, el ejemplo más famoso de *Australopithecus afarensis*, está muy lejos de Hamlet: distan unos 3.2 millones de años entre sí. Cada paso atrás nos acerca al reino animal y nos aleja de la dispensa especial de Dios.

Pero estaríamos yendo al otro extremo al afirmar qué es ser humano únicamente, o incluso principalmente, a partir de restos enterrados. Se ha dicho que entender la mente humana a través de la evidencia física es como poner un estetoscopio afuera del Astrodome de Houston para aprender las reglas del beisbol. La espiritualidad no sostiene una polémica con los paleontólogos ni le molesta su emoción al encontrar homínidos aún más antiguos que Lucy (el último candidato, anunciado en 2009, es Ardi, apócope de *Ardipithecus ramidus*, esqueleto de un macho que tiene 4.4 millones de años de antigüedad, un millón de años más que Lucy, pero está muy lejos aún de ser considerado como un ancestro común a todos los homínidos, pues se cree que dicho ancestro habría existido hace unos diez millones de años). La espiritualidad sí está en contra de que cualquier estructura física pueda contar la historia completa, ya sea ancestral o de los días actuales. El reduccionismo puede seguir la estructura física de un cuerpo hasta llegar a su nivel molecular y atómico, pero en ningún momento de ese viaje es capaz de decirnos por qué somos creativos, por qué estamos llenos de deseos y sueños únicos y distintos, por qué somos capaces de memorizar o hacer muchas otras cosas centrales en nuestra historia. Así como necesitamos una teoría de todo para los físicos, requerimos una teoría de todo cuando se trata del ser humano.

Ante la pregunta de cómo surgió la vida humana, la espiritualidad tiene dos ventajas sobre la ciencia. La primera, que suena más simple, es en realidad la más profunda: la espiritualidad abraza lo impredecible. Para los sabios de los antiguos vedas, el universo entero era *Lila*, una expresión de la naturaleza lúdica y caprichosa de Dios. El elemento de la espontaneidad no puede desecharse de la historia humana. En el laboratorio, puedes hacer felices a los ratones alimentándolos, y cada vez que den un mordisco, un centro específico del cerebro se activará. Puedes ir un paso más allá y entrenar ratones para que esperen recibir comida cada vez que oigan una campana o timbre (una variación del famoso condicionamiento pavloviano de los perros). Cuando los ratones escuchen este sonido, se activarán los centros de placer en el cerebro, demostrando que pueden anticipar el placer, como hacemos nosotros cuando pensamos en las próximas vacaciones en las Bahamas o en el perfecto regalo navideño. Las estructuras cerebrales de ratones y de humanos son análogas, pero esta semejanza prueba muy poca cosa, porque al enseñarle un plato de comida, un ser humano puede decir algo como: "Estoy a dieta", "está muy cruda, prefiero mi carne bien cocida", "estoy muy ocupado para comer", y "¿qué hay de los niños hambrientos de África?" Los seres humanos contamos con infinitas respuestas para el mismo estímulo. Ningún modelo del cerebro humano puede predecir qué respuesta escogeremos, no sólo en relación con la comida sino con cualquier otra cosa. La impredecibilidad destruye todas las formas de determinismo, y eso es fatal para las explicaciones de la física, porque los sistemas físicos están regidos por procesos fijos. Un átomo de carbono no puede elegir si se une o no a un átomo de oxígeno. Cuando se encuentran, su interacción está determinada. Cuando dos seres humanos se encuentran, ¡podrían no sentir química alguna!

Si me preguntas cuándo entró la impredecibilidad al registro evolutivo (por ejemplo, ¿quién fue el primer humano en decir: "Puedes comerte mi costilla de mastodonte, pues ya no tengo hambre"?), obtendremos algunas respuestas científicas. Escuchamos hablar de genes egoístas y altruistas; ¿no necesitaríamos un tercer gen para elegir? Después de todo, podemos ser tanto egoístas como generosos. ¿En dónde está el gen que me enseña cómo seleccionar esta palabra entre treinta mil que conforman mi vocabulario, o la reacción química que dicta en dónde comeré mi almuerzo cuando enfrente una oferta de cientos o miles de restaurantes?

La segunda ventaja que la espiritualidad goza sobre la ciencia es que abraza la riqueza de la experiencia. Puedes reducir cualquier respuesta cerebral a una acción y a una reacción, a un estímulo y a una respuesta. Imagina un limón que está junto a un cuchillo. Con el ojo de tu mente, mira cómo una mano levanta el cuchillo, corta el limón a la mitad y luego ve cómo el jugo es exprimido. Casi todos salivaremos al hacer esto, y para un reduccionista esto significa que somos como los perros de Pavlov, que salivaban al escuchar una campana. Los perros no salivan ante limones *imaginarios*, mientras que nosotros hacemos eso y mucho más: creamos mundos enteros en nuestra imaginación. La riqueza de la experiencia interna abarca todo lo humano; también nos define. Prosperamos con el significado, y languidecemos atrofiados en su ausencia.

La neurociencia busca estas cualidades en el tejido cerebral. Su cosmovisión y sus métodos requieren de este tipo de aproximación. Esto da origen a una extraña ceguera. El reduccionismo no puede, en mi experiencia, ser convencido de dejar de creer en un mundo en que los procesos físicos pueden, eventualmente, explicar significado, propósito y todo lo demás. Harían bien en darse cuenta de un hecho simple: no puedes comenzar teniendo un cosmos sin significado y llegar al rico significado de la vida humana. La espiritualidad mueve el telescopio y mira primero a la experiencia. Luego, si preguntas dónde se originó la vida humana, tu respuesta es que, lo que realmente importa, no tiene ni principio ni final. La vida humana está integrada al dominio que está más allá del espacio-tiempo, como todo lo demás. El siguiente pasaje proviene del Evangelio de Tomás: "Si les dicen: «¿De dónde vienen?», díganles: «Vinimos de la luz, del lugar en que la luz llega a ser por propio acuerdo»." La belleza de este pasaje radica en que es igualmente cierto para la ciencia y para la espiritualidad.

Leonard

En 1522, los habitantes del distrito de Autun, Francia, se enojaron al descubrir que las ratas se habían comido su cosecha de cebada. Las ratas no eran dueñas de la cebada y no habían recibido autorización para comerla. Los aldeanos fueron a la corte y obtuvieron un exhorto en que se ordenaba a las ratas que se presentaran a juicio. Suena raro, pero el Éxodo dice: "Si un buey cornea a un hombre o a una mujer, y le causa la muerte, el buey será apedreado." ¿Por qué iban a estar las ratas por encima de la ley? En verdad, de acuerdo con los registros, por toda Europa, desde el siglo IX hasta el XIX, una gran variedad de animales que violaron las leyes humanas fueron llevados a juicio, como si de personas se tratara. Bueyes, cerdos y toros fueron encarcelados, torturados en busca de confesiones, incluso colgados por los mismos verdugos que ejecutaban a los humanos. En Autun, una corte oficial fue a una zona del campo en que se creía que residían los animales ofensores y leyeron, en voz muy alta, un comunicado solemne en que se demandaba que las ratas se presentaran en la corte. Cuando no se presentaron, un abogado nombrado por la corte para su defensa arguyó que se requería de más tiempo para que llegaran desde el campo a la corte. Cuando no se presentaron otra vez, su abogado arguyó que no podían esperar que se presentaran a riesgo de morir, pues los gatos hostiles impedían que obedecieran el exhorto. Estos juicios no eran en realidad una venganza en contra de animales malos. Los sistemas legales son más que castigo y disuasión. Se trata de mantener el orden social, y en estos casos, la necesidad de seguir las reglas de la sociedad triunfó sobre cualquier duda respecto a si las aves tienen alma, si las abejas son capaces de mala intención, o si los ratones pueden urdir un fraude.

Nuestra organización en redes sociales es una característica distintiva de nuestra especie. Ciertamente, el orden social no sólo se presenta entre los humanos, sino entre animales como hormigas, termitas y abejas. Uno de nuestros compañeros mamíferos también vive en sociedades altamente organizadas: la rata topo lampiña. Este roedor vive en una especie de panal subterráneo, que es mantenido por una fuerza de trabajo especial y una sola reina reproductora. Por sí sola, una rata topo lampiña no puede mantenerse caliente, obtener comida o evitar depredadores y, por lo tanto, no duraría mucho. Pero ni siquiera la muy sociable rata topo, al encontrarse con otros de su especie, se pregunta si la búsqueda de comida la ha estresado, ni cuestiona la situación de los depredadores locales, ni saca a colación el tema de los roedores que mueren de hambre en África. Por otra parte, un ser humano podría ayudar a un semejante anciano a cruzar la calle, preguntarse cómo se siente otra persona o no confiar en un médico que usa arete en la nariz. Y los humanos han desarrollado la cultura, que otras especies poseen, acaso, en forma rudimentaria. Las personas somos buenas para imitar, así que incluso cuando todavía vivíamos en el mundo silvestre, éramos capaces de aprender cosas nuevas, aprender acciones que iban más allá de lo instintivo, observándonos, ventaja que no disfruta la mayoría de las especies. Puede que a los osos les haya tomado miles de generaciones desarrollar el espeso pelaje, pero todo lo que nuestra especie necesitaba era que a un solo humano se le ocurriera la idea de despellejar a un oso para hacerse un abrigo de piel, lo que permitió a nuestra especie permanecer caliente de ahí en adelante. Hoy construimos con base en descubrimientos humanos realizados a lo largo de milenios, y compartimos nuestra información a nivel mundial.

Los lazos que unen a la sociedad humana son mucho más complejos que los de otros animales. Incluso entre nuestros más cercanos parientes mamíferos, destacan nuestras habilidades sociales. La familia taxonómica a que pertenecemos los seres humanos recibe el nombre de homínida, y nuestro género, una especie de "subfamilia" de parientes cercanos, se llama *Homo*. Nuestra especie, el *Homo sapiens*, es uno de más de doce integrantes del género *Homo*; entre los mejor conocidos, podemos citar a los neandertales, a los *Homo habilis* y a los *Homo erectus*, todos ellos extintos ya, por supuesto, posiblemente por la falta de esas habilidades sociales. Muchas de estas especies no humanas participaban en actividades semejantes a las nuestras, como usar herramientas, dominar el fuego, enterrar a los muertos y emprender rituales culturales como pintar su cuerpo. Pero ninguna de estas especies vivió en sociedades tan complejas como las nuestras.

¿Qué talentos únicos hemos desarrollado los humanos para permitirnos interactuar tan eficazmente con tantos otros, viviendo en ciudades que exceden el millón (o hasta los diez millones o más) de habitantes? Uno de estos talentos es el lenguaje. El lenguaje no sólo facilita las interacciones sociales intensas; también permite la transmisión del conocimiento en la sociedad y entre generación y generación. Los delfines y los monos pueden intercambiar señales, pero sólo los humanos tienen la capacidad de explicar matices complejos a sus hijos. Un código moral es también importante. Nuestros ancestros primates no tenían que preocuparse porque la sociedad enloqueciera en razón de un fraude en inversiones, pero, en general, a la gente que vive junta le ha ido mejor, siempre y cuando fueran renuentes a azotar el cráneo del otro con una roca. Podría parecer que nosotros, los humanos, estamos siempre en guerra, pero nuestra resistencia a matar es en realidad tan fuerte, que una encuesta realizada a las fuerzas armadas durante la Segunda Guerra Mundial, concluyó que 80 por ciento de los combatientes de campo no podían convencerse de disparar al enemigo, incluso cuando el enemigo atacaba.

Los seres humanos también realizan actividades altruistas de forma mucho más deliberada y penetrante que cualquier otra especie, y ciertas estructuras de nuestro cerebro ligadas al procesamiento de la recompensa entran en juego cuando participamos en actos de cooperación mutua. Hasta los niños de seis años evalúan a otros basados en su conducta social. Los infantes que participaron en un experimento observaron a un "trepador", fabricado con un disco de madera con ojos pegados en una de sus facetas. El trepador comenzó a ascender una colina, y trató varias veces de llegar hasta la cima sin lograrlo. Ocasionalmente, pasado algún tiempo, un "triángulo auxiliar" –un triángulo con ojos similares pegados– se acercó desde abajo y ayudó al trepador empujándolo hacia arriba. En otras ocasiones, un "cuadrado estorboso" se acercaba proveniente de la cima y empujaba al trepador colina abajo. Los experimentadores estaban investigando si los infantes, observadores casuales, desarrollarían cierta actitud en contra de los "cuadrados estorbosos". Y, a juzgar por la tendencia de los niños de allegarse a los triángulos y no a los cuadrados, eso fue lo que sucedió. Más aún, cuando el experimento se repitió con un triángulo auxiliar y un cubo ocioso o neutral, o con un cuadrado estorboso y un bloque neutral, los niños prefirieron jugar con los amigables triángulos y no con el bloque neutral, y prefirieron el bloque neutral a los malévolos cuadrados. Mucho antes de que podamos verbalizar la atracción o la repulsión, tenemos un sentido de moral social, nos sentimos atraídos por quienes son amables y rechazamos a los que no lo son.

Otra cualidad que distingue a los humanos de otras especies es nuestro deseo y capacidad de comprender lo que otros de nuestra especie piensan y sienten. Esa capacidad se llama "teoría de la mente" o "ToM",[4] para abreviar. La ToM nos permite crear sentido de la conducta pasada de otras personas y predecir su comportamiento de acuerdo con las circunstancias presentes o

[4] Por sus siglas en inglés (Theory of Mind) [N. del T.].

futuras. Sólo los humanos tienen una organización social y relaciones que demandan mucho a la teoría de la mente de un individuo, y aunque los científicos siguen debatiendo si los primates no humanos usan la ToM, en caso de que así sea, parece que lo harían a nivel rudimentario. En los humanos, la teoría de la mente se desarrolla durante el primer año, y así casi todos los niños desarrollan la habilidad de evaluar estados mentales de otras personas. Es lo que nos permite formar sistemas sociales grandes y complejos, desde comunidades agrícolas hasta grandes corporaciones. Cuando esta facultad se descompone, como en el caso del autismo, la gente puede tener dificultades para funcionar en la sociedad.

Todas estas cualidades, especialmente la ToM, requieren una cierta capacidad de poder cerebral, así que las ventajas en términos de supervivencia que brinda la interacción social, podrían ser un factor todavía más importante en la evolución del cerebro humano que las habilidades para la toma de decisiones que el cerebro hace posibles.

Las capacidades que hemos estado discutiendo están en el corazón de lo que nos hace humanos, y cada vez logramos una mayor sofisticación en nuestra capacidad de analizar las áreas del cerebro que son responsables por ellas. Pero Deepak busca algo menos tangible como la fuente de nuestra humanidad, algo que vaya más allá de lo físico.

Deepak argumenta que la espiritualidad tiene la ventaja de incluir lo impredecible y la espontaneidad como elementos clave de la "historia humana". Dice que al buscar la base física de la esencia de la humanidad, fracasaremos, porque somos impredecibles y "la impredecibilidad destruye todas las formas de determinismo", por lo que es "fatal para las explicaciones de la física". Eso no es verdad. La teoría cuántica, por ejemplo, es famosa por los límites que asigna a la predecibilidad, y los físicos no tienen problema con ello. Incluso sin acudir a las esotéricas leyes de la teoría cuántica, podemos hallar muchos ejemplos de impredecibilidad que no violan las leyes del mundo material. Uno de esos ejemplos es el planeta enano Plutón, que ha mostrado tener una trayectoria caótica, lo que significa que su rumbo, en el largo plazo, no puede predecirse, pero esto no significa que Plutón no esté obedeciendo las leyes de Newton. O considera la ruta de una simple roca que desciende por una colina. Ningún físico cree predecir la ruta, aunque nadie creería que la ruta seguida por la roca está más allá de la explicación física. Cuando un huracán toma su ruta impredecible, parece tener vida propia, pero esto no es verdad.

El verdadero asunto trascendente en el argumento de Deepak es el libre albedrío, y aunque esta cuestión tiene implicaciones importantes para nuestro concepto de nosotros mismos desde el punto de vista pragmático, en realidad tiene una importancia cuestionable. Eso se debe a que, ya sea que en principio la gente tenga o no libre albedrío, en la práctica parece que lo tenemos porque nuestra conducta es muy difícil de predecir. No hay contradicción al afirmar que nuestras decisiones están determinadas por las leyes de la física, y aun así resulta que no podemos predecir la conducta con confiabilidad. Los seres humanos, al igual que Plutón, el planeta enano, bien podemos ser tan complejos que nuestras acciones y decisiones seguirán siendo, hasta cierto punto, impredecibles por siempre. Pero decir que no podemos predecir los actos de una persona es una afirmación sobre nuestros poderes de predicción, no una declaración sobre si tenemos o no libre albedrío.

Deepak escribe que un átomo de carbono no puede elegir si se une a otro átomo de carbono, pero lo que nos hace especiales a los humanos es que *podemos* escoger, que tenemos libre albedrío. El libre albedrío es un tema que suele llevar a la tensión. La psicología moderna y la neurociencia lo han abordado empleando técnicas variadas que van desde la estimulación eléctrica directa del cerebro, a las neuroimágenes de última generación y la neurofisiología animal. Y, por supuesto, la ciencia está poniendo a prueba nuestro conocimiento intuitivo y tradicional de la elección humana: todos los experimentos parecen indicar que nuestras elecciones son mucho más automáticas y restringidas de lo que nos gustaría pensar. Tomamos como ejemplo tu gusto en relación con la belleza facial. Eso parece ser muy personal, estando definido por tus sensibilidades individuales, pero quizá también influye en ese hecho la cultura en que vives. Sin embargo, numerosos estudios demuestran que hombres y mujeres, sin importar la cultura e independientemente de la raza, por lo regular están de acuerdo respecto a qué rostros son más atractivos, y estas preferencias se muestran desde muy temprano en la vida. ¿Cuál es la clave? Los rostros que poseen características más cercanas al promedio se consideran los más atractivos. Así que si deseas fabricar una estrella de cine, la receta es simple: pon diez rostros al azar, ya sean masculinos o femeninos y luego haz que un programa de computadora especializado combine las facciones hasta dar con las más comunes. No es romántico, pero funciona: los rostros que resultan de estas manipulaciones son los que nos parecen hermosos. Parece que también nuestro sentido de la moralidad es menos abierto de lo que pensamos. Los estudios demuestran que, cuando nos enfrentamos a una situación en que pueden suscitarse cuestiones morales, la gente suele alcanzar primero un veredicto moral, con gran rapidez e inconscientemente; una fracción de segundo más tarde se comienzan a estructurar razones –basadas en lo práctico o en los valores religiosos– para justificar la sensación que percibimos.

Hasta ahora, la evidencia indica que el arreglo físico de todos los átomos y las moléculas, y las leyes de la naturaleza que los gobiernan, determinan nuestras futuras acciones de la misma forma en que determinan las acciones del Sol, o el crecimiento de un capullo de rosa. No obstante, la ciencia no ha *probado* que no hay conciencia inmaterial que tome nuestras decisiones, y tampoco está claro si algún día probará la ausencia de un fenómeno, como el "alma", que no tiene manifestación física. Lo único que la ciencia dice es que, en caso de existir, pensamos que sus efectos en el mundo material se habrían notado, y que, hasta ahora, no hay evidencia fidedigna de su existencia.

Puede ser difícil aceptar que la naturaleza gobierna nuestras acciones, y no alguna versión de un ser inmaterial que trasciende las leyes naturales. También es muy difícil vernos a nosotros mismos con precisión y objetividad. Nuestros juicios se llevan a cabo en el marco conceptual de nuestras creencias y expectativas, que en sí mismas suelen estar influidas por nuestros deseos. El experto en ilusiones, Al Seckel, me ofreció una demostración impresionante de cómo las expectativas pueden dar forma a las creencias. Comenzó con una cita de una canción de Led Zeppelin: "Si hay bullicio en tu jardín, no te alarmes ahora, es sólo la limpieza de primavera para la reina de mayo". Las siguientes líneas siguen diciendo que, aunque existen muchas maneras de pasar tu vida, siempre puedes cambiar la dirección. Después de reproducir la canción, Seckel la volvió a reproducir, pero esta vez de atrás hacia adelante, un efecto que es muy fácil de realizar si se cuenta con *software* de edición de sonido. Parece absurdo esperar que la voz de un cantante haga sentido lingüístico si se reproduce la pieza normalmente o en reversa. Escuché la canción al revés varias veces y, tal como lo esperaba, los sonidos no tenían ningún sentido. Sin embargo, Seckel insistía en que la canción tenía sentido cuando se tocaba al revés, y que Led Zeppelin pretendía que así se hiciera. Para ayudarme a escuchar el mensaje que, me dijo, estaba codificado en esa versión, me ofreció un texto en que figuraba la letra de la canción tocada al revés, de modo que pudiera leer conforme escuchaba la pieza al revés. He aquí lo que se decía:

> Oh, he aquí a mi dulce Satán. Aquél cuyo camino me pondría triste, cuyo poder es Satán. Él dará a los que estén con él 666; había un pequeño cobertizo en que él nos hacía sufrir, triste Satán.

Esperaba que, al escuchar la canción al revés una vez más, ésta seguiría sonando como mero ruido, pero esta vez, cuando seguí el texto, era sorprendente lo mucho que coincidían las palabras. Ahora estaba convencido de que Seckel tenía razón, y la estaba pasando difícil para entender cómo había podido escuchar la pieza al revés sin captar las palabras desde las primeras ocasiones. Estaba sorprendido. Luego Seckel me dijo que Led Zeppelin en realidad no había integrado un mensaje satánico. Dijo que éste era inventado. Uno podía disponer otras palabras que coincidían con el ruido, dijo, y yo habría creído que la canción las decía, siempre y cuando él me hubiera proporcionado las letras escritas, como lo había hecho antes.

Cuando percibimos el mundo sin prejuicios, como lo había hecho yo la primera vez, nuestra mente juzga el mundo de modo muy distinto a como lo hace en el contexto de una creencia o expectativa, como sucedió cuando Seckel me dio el texto. Eso también es cierto en nuestra manera de percibirnos a nosotros mismos. Nuestro "yo" es el elemento más elemental de nuestro mundo, y nunca podemos abordar el tema de "yo", sin mostrar sesgos o prejuicios. ¿Es correcta nuestra intuición sobre el lugar especial que nuestra especie ocupa en el universo (y sobre el libre albedrío que nos hace tan especiales), o sucede lo mismo que con la letra de la canción? ¿Se trata de una ilusión de nuestra subjetividad, como nuestra comprensión de la letra de la canción cuando se reproduce en reversa?

¿Cómo podríamos juzgarnos y juzgar a la humanidad desde afuera, como si no formáramos parte de ella? Unos extraterrestres avanzados probablemente nos agruparían con las ardillas y los ratones –es decir, como si fuéramos seres inferiores que son meros autómatas–, siendo que tal vez ellos mismos se sintieran diferentes, teniendo la idea de que son la única especie inteligente y que son la única especie que tiene libre albedrío. No obstante, según lo que la ciencia nos dice hoy día, estarían equivocados. Todos estamos gobernados por las mismas leyes físicas, las leyes físicas del mundo material. Admito que siento raro pensar en mí como una máquina biológica gobernada por las mismas leyes que gobiernan a Plutón. Sin embargo, entender mi esencia no disminuye mi apreciación del regalo de estar vivo; incluso hace que lo aprecie aún más. Eso no es un principio científico. Es mi forma de sentir.

10

¿Cómo funcionan los genes?

Leonard

El 25 de abril de 1953, dos jóvenes investigadores de la Universidad de Cambridge, James Watson y Francis Crick, en Inglaterra, publicaron un estudio en la revista *Nature*. En éste argumentaban que la estructura del ADN consistía en dos espirales intercaladas, cuya disposición semejaba una doble hélice, una especie de escalera de mano torcida. En su modelo propuesto, cada peldaño de la escalera consistía en una molécula llamada base de una cadena, la cual formaba pareja con una base complementaria de otra cadena. Como resultado, si se separaban las cadenas, cada una de ellas actuaría como plantilla a partir de la cual podía crearse una nueva parte complementaria. De esta forma, una molécula de ADN podía convertirse en dos. El artículo de Watson y Crick era breve y contenía sólo una oración que daba cuenta de las implicaciones potenciales: "No se nos escapa el hecho de que el pareo específico que hemos propuesto sugiere un posible mecanismo de copiado para el material genético."

La publicación de Watson y Crick se produjo casi exactamente dos años antes de la muerte de Einstein. A diferencia de la relatividad general de Einstein, su trabajo no implicaba un gran salto conceptual ni un avance que se hubiera retrasado enormemente de no haber sido ellos los primeros en notarlo. Sin embargo, la publicación de ese texto sí marcó el inicio de una nueva era en biología, lo que permitió a los científicos estudiar los detalles de la herencia a nivel molecular. Nadie sabía a dónde podría conducir la investigación, aunque Watson y Crick publicaron un artículo especulativo sobre el significado de su trabajo, un mes después. En junio, el *New York Times* publicó un artículo con un encabezado tímido en que se leía: "Encuentran la clave para la química de la herencia", con una declaración precautoria del afamado químico del Caltech, Linus Pauling, en que decía: "No creo que el problema de la comprensión de la genética molecular haya sido al fin resuelto." Pauling, quien el año siguiente ganaría el primero de sus dos Premios Nobel, tenía razón.

¿Qué tan complejo es el mecanismo de la herencia? Hoy, unos sesenta años más tarde, se ha realizado un progreso enorme, pero miles de científicos siguen trabajando con los detalles.

La idea de la evolución se remonta, al menos, hasta los antiguos griegos, pero la que muchos consideran la primera teoría coherente sobre el tema –mencionando el concepto de rasgos hereditarios– fue propuesta alrededor de 1800, décadas antes de Darwin, por el científico francés Jean-Baptist Lamarck. De acuerdo con la evolución darwiniana, nuevos rasgos, como el largo cuello de la jirafa, se presentan por medio de mutaciones, por lo que es posible que los rasgos de un niño no coincidan con los de ninguno de los padres. Si, en consonancia con el medio ambiente, el nuevo rasgo resulta ser proveedor de una ventaja, el niño crecerá sano, se reproducirá y pasará la mutación a las generaciones subsecuentes. No obstante, Lamarck creía que los rasgos animales no se limitan a los efectos de la herencia. Propuso que los rasgos pueden cambiar durante la vida de un organismo para permitir que se adapte mejor a su ambiente, y que los rasgos recién adquiridos pueden pasar a la siguiente generación. Desde este punto de vista, por ejemplo, si una jirafa fuera movida de pronto a un medio ambiente con árboles más altos, su cuello crecería, en cuyo caso los descendientes podrían nacer con cuellos más largos. Hoy llamamos a ese proceso herencia suave. No se trata de la manera en que la evolución suele operar normalmente, aunque los científicos han descubierto recientemente que esos procesos tienen lugar, dando origen a un campo de la ciencia llamado epigenética, tema que retomaré más tarde.

Tanto la teoría darwiniana como la lamarckiana inducen a formular una pregunta: ¿cómo se pasan los rasgos de padre a hijo? En 1865, un monje checo llamado Gregor Mendel presentó un estudio demostrando que ciertos rasgos de los chícharos, como la forma y el color, son transmitidos en discretos paquetes que ahora llamamos genes, pero su trabajo no fue suficientemente apreciado hasta el cambio de siglo. Entretanto, la molécula que hoy llamamos ADN fue descubierta en 1869 por Friedrich Miescher, médico suizo que estudiaba los glóbulos blancos obtenidos de los vendajes quirúrgicos contaminados con pus. Miescher no sabía para qué podía servir la sustancia, pero sí que había mucha, de hecho, hay suficiente ADN en casi toda célula humana para formar una hebra de 1.8 metros de largo, aproximadamente.

La conexión entre los genes y el ADN no fue realizada hasta 1944. Antes de eso, si había algo en que confiaban los científicos, era en que el ADN *no* era la molécula de la herencia. La razón para ello consistía en que el ADN parecía demasiado simple, se sabía que estaba formado por cuatro distintos componentes, llamados nucleótidos. (Cada nucleótido consiste en una base, como mencioné –una de cuatro tipos distintos– más otras dos moléculas pequeñas, una de azúcar y otra de fosfato, que ahora sabemos forman la espina del ADN.) En 1944, después de muchos años de complejos experimentos, un tímido investigador de sesenta y siete años llamado Oswald Avery y sus colegas, demostraron que si el ADN era extraído de bacterias muertas e inyectado en una cepa viva, causaba cambios permanentes en el ADN y en los rasgos de la cepa viva, los cuales eran heredados por las generaciones subsecuentes. El trabajo de Avery dio lugar a una búsqueda por descubrir la estructura de esa molécula misteriosa, lo que culminó en el descubrimiento de la forma de doble hélice de Watson y Crick, en 1953.

En términos generales, si nos referimos a significados modernos, un gen es la región en el ADN de un organismo que contiene las instrucciones para fabricar una proteína en particular. Los biólogos dicen que el gen "codifica" la proteína. El código, o receta, está escrito usando únicamente cuatro letras –A, C, G y T, que conforman las cuatro bases de que está compuesto el ADN–, pero el recetario es muy largo, pues contiene más de tres mil millones de pares de bases. Cuando la receta se sigue correctamente para crear una proteína, se dice que el gen se ha "expresado". Las proteínas se "cocinan" usando como ingredientes únicamente veintidós aminoácidos. Las proteínas constituyen gran parte de la estructura física de un organismo, están involucradas en prácticamente cualquier función y controlan todos los procesos químicos dentro de la célula. Cada uno de nuestros cuerpos contiene más de cien mil proteínas diferentes, incluyendo nuestras hormonas, enzimas, anticuerpos y moléculas de transporte, como la hemoglobina.

Los rasgos que heredamos son determinados por las proteínas que produce nuestro cuerpo, que en su momento dependen de las recetas contenidas en nuestros genes. El recetario que contiene todas esas recetas es una obra de varios volúmenes que se llama genoma; esos distintos volúmenes son los cromosomas. Todos tenemos características diferentes, algunas debidas al medio ambiente y a nuestras experiencias, y otras que provienen de nuestra herencia. Dado que cada uno de nosotros tiene una herencia distinta, mi genoma es diferente del tuyo. Entonces, ¿cómo es que podemos hablar del "genoma humano"?

Nuestras diferencias personales nos parecen gran cosa. Algunos de nosotros preferimos palear nieve a escuchar ópera, en tanto que otros no pueden imaginar un mundo sin *La traviata*. Algunos proponen matrimonio en un tranquilo día de campo, mientras otros lo hacen junto a la mesa en que departe un equipo ebrio de rugby, en un restaurante de carnes. Sin embargo, al nivel de los genes, lo que nos hace semejantes es mucho, mucho mayor que lo que nos hace distintos: los genomas de dos seres humanos típicamente difieren en, aproximadamente, una letra de cada mil.

Somos virtualmente idénticos, como copias del mismo libro que se distinguen sólo en los detalles.

La metáfora anterior sirve en este momento: nuestras diferencias genéticas se producen por medio de mutaciones –cambios al azar en las letras genéticas– que tuvieron lugar a lo largo de milenios. Estas mutaciones dan cuenta de esa parte de la variabilidad humana que no se debe a diferencias en la experiencia o el ambiente, como nuestros diversos tipos sanguíneos, el color del cabello, de la piel, los rasgos faciales y, tal vez, hasta constituyen la razón de que algunos de nosotros podamos repetir una melodía, mientras otros asustan a las ratas cuando tratan de hacerlo.

Dicho lo anterior, se piensa que los seres humanos tenemos cerca de veintitrés mil genes, menos de los que tiene una salamandra o una uva, lo que hará sentir incómodos a quienes suelen decir mientras más grande, mejor. Esto ilustra los peligros del pensamiento sobresimplificado. Aún así, conviene indicar que, a pesar de que he dado una explicación general sobre la relación de los genes y los rasgos, mi exposición también está sobresimplificada. Por ejemplo, cada célula no tiene una, sino dos copias del libro de recetas, puesto que recibimos un genoma intacto de cada uno de nuestros padres. Cuando las recetas entran en conflicto, a veces una prevalece sobre la otra, pero, en ocasiones, digamos que tiene lugar una especie de compromiso o se crea una proteína completamente distinta. También, muchos genes contribuyen con recetas para más de una proteína, casi la mitad de nuestros genes están dispuestos para producir múltiples proteínas, y por esa razón tenemos más de cien mil proteínas pero únicamente veintitrés mil genes.

El efecto de un gen también depende en gran medida de lo que se llama "regulación génica", procesos que determinan si la receta dictada por el gen en verdad se llevará a cabo o, como solemos decir, si se expresará. A nivel molecular, la regulación génica ocurre cuando ciertos químicos interactúan con partes de la molécula de ADN para desactivar un gen. Como resultado, por ejemplo, unos gemelos idénticos –que por definición tienen el mismo ADN– pueden ser sorprendentemente distintos. En los roedores llamados agouti, un ejemplar puede ser delgado y café, en tanto el otro obeso y amarillo. Estos roedores obesos y amarillos son resultado de los efectos del medio ambiente. Este tipo de roedores se presenta ocasionalmente en condiciones naturales, pero cuando las hembras agouti preñadas son expuestas a un químico llamado bisfenol A, presente en muchas botellas plásticas de bebidas refrescantes, nacen roedores significativamente más obesos y amarillos. Se encontró que, a consecuencia de la exposición a esta sustancia, el ADN de las crías tiene menos "metilación", proceso que desactiva los genes. Esto hace que se produzca más de la cantidad usual de cierta proteína, lo que en el caso de algunos roedores tiene dos efectos dispares: uno en la piel (que impide a las células la fabricación de pigmento negro) y otro en el cerebro (afectando la conducta alimenticia). Aunque las jirafas no obtienen cuellos más largos conforme los estiran para alcanzar las hojas de los árboles, como Lamarck creía, la expresión de los genes –y, por lo tanto, la conformación de un individuo– puede, por medio de la regulación génica, ser profundamente afectada por el ambiente, y no se requieren de toxinas químicas para lograrlo. Los conejos del Himalaya, por ejemplo, portan un gen necesario para la elaboración de pigmento, pero el gen permanece inactivo en temperaturas bajo los 35 grados centígrados, lo que está bajo la temperatura corporal de los conejos, a excepción de sus extremidades, que son más frías. Como resultado, los conejos del Himalaya son blancos, con orejas, narices y patas negras.

Los cambios en los rasgos que, como en el caso anterior, se deben a mecanismos distintos a un cambio en el ADN subyacente, se llaman cambios epigenéticos. Debido a que la regulación génica y epigenética cambian, pueden existir muchas características dentro de un organismo (de cualquier especie) que no estaban presentes desde el nacimiento, sino más bien son reflejo de la interacción entre el genoma y la información en el ambiente del organismo, desde su concepción hasta el transcurso de la vida. En pocos casos, se ha observado que estos cambios epigenéticos continúan durante muchas generaciones. Estas ocurrencias corresponden a la visión lamarckiana de la evolución, en que los rasgos que cambian durante la vida de un individuo pueden ser pasados a los descendientes de dicho individuo.

Otra complicación a esta sencilla explicación consiste en que sólo uno o dos por ciento del genoma corresponde a los genes descritos líneas arriba, las recetas de las proteínas. El resto fue mal clasificado como "ADN basura" por los científicos antes de que comprendieran su propósito, pero desde ese tiempo se ha descubierto que la mayoría de este ADN "intergénico" o "no codificado" –términos que los científicos de hoy prefieren– en realidad cumple una función importante. Cerca de la mitad de este ADN estabiliza la estructura del cromosoma, hebra de ADN contenida en una proteína. Otras secuencias definen dónde terminan o comienzan los genes, algo así como las mayúsculas iniciales y los puntos, que juegan roles semejantes en el lenguaje. Las secuencias conocidas como pseudogenes son copias de genes normales con un defecto que evita su expresión como proteínas. Solía pensarse que eran vestigios –quizá la verdadera "basura" en nuestro genoma–, pero en 2010 tuvo lugar un descubrimiento importante según el cual estos "vestigios" juegan un papel epigenético trascendente, al evitar que sus hermanos genes normales sean desactivados.

Si todo esto parece complicado, está bien, porque los seres vivos *son* complejos. En la programación para computadoras, un *kludge* es una suerte de atajo pragmático y poco elegante, pero eficiente, con el que se altera un programa para lograr un objetivo adicional, o quizá para corregir un error. Un programa con muchos *kludges* puede ser complejo y difícil de descifrar para alguien no especializado. Pero los *kludges* son la manera en que opera la evolución. Por ejemplo, nuestros ancestros necesitaban una cola, y todavía tenemos el gen necesario para hacer una; en lugar de amputarla cuando dicha necesidad desapareció, la selección natural optó por desactivar el gen.

A pesar de que las ideas generales de la ciencia suelen describirse sucintamente, existe una maravillosa complejidad en los sistemas biológicos que no se refiere en dichas descripciones. Uno puede describir el hipocampo como una estructura diminuta situada en las honduras del cerebro, y que juega un papel importante en la emoción y en la memoria a largo plazo. La verdad es que la descripción anterior es bastante precisa, pero el libro de texto promedio sobre el hipocampo tiene muchos centímetros de grosor. Otro trabajo reciente, un artículo académico en que se hacía un repaso de las interneuronas –un tipo de célula nerviosa en otra parte del cerebro llamada hipotálamo–, tenía varios cientos de páginas y citaba setecientos experimentos intrincados. Pocos de nosotros tendríamos la paciencia o la habilidad para digerir tales publicaciones, pero afortunadamente para el cuerpo del conocimiento humano, algunos entre nosotros, conformados bajo quién sabe qué interacción entre su genoma y el ambiente, consideran que esos cientos de páginas son una lectura atractiva.

Como humanos que somos, solemos tener la esperanza de encontrar vínculos simples, como una fácil correspondencia entre un solo gen y un rasgo o enfermedad, y a veces los científicos tienen suerte y los encuentran, como en el caso de la fibrosis quística y la anemia falciforme. La metafísica de Deepak siempre tiene la libertad de ofrecer respuestas sencillas pero vagas y sin sustento, como: "No puedes comenzar teniendo un cosmos sin significado y llegar al rico significado de la vida humana", o "la vida humana está integrada al dominio que está más allá del espacio-tiempo"; pero la ciencia debe dar respuestas *verdaderas*, respuestas provenientes de un experimento, y la verdad rara vez es simple.

La riqueza de la vida proviene de esta complejidad. Se trata del gran regalo de vivir, amar y funcionar como un ser, del esfuerzo cooperativo de miles de billones de células, intrincada y elaboradamente organizadas. Incluso en medio de toda esta complejidad de la vida, es posible encontrar la unidad. Antes dije que sólo 0.1 por ciento de nuestros genes hacen que un ser humano sea distinto a otro. La diferencia genética entre una persona y un chimpancé es quince veces eso, compartimos 98.5 por ciento de nuestros genes con nuestros primos los primates. Y compartimos más de 90 por ciento con los ratones, y 60 por ciento con la humilde mosca de la fruta. Parece haber integridad inherente a la vida en la Tierra, que es resultado de esta base común: la molécula de ADN.

Todos estamos aquí –desde la uva hasta los seres humanos, pasando por la mosca de la fruta– llevando hacia delante nuestro ADN. Toda criatura de la Tierra es una expresión única de éste. Pero por únicos que seamos, todos los organismos compartimos el mismo mandato evolutivo: debemos promulgar nuestra propia versión de esa extraordinaria molécula que, en 1869, disfrazada de un ser llamado Friedrich Miescher, hizo el descubrimiento de su propia existencia.

Deepak

Desde una perspectiva espiritual, mi papel no consiste en argumentar contra la gran exposición de Leonard sobre cómo los genes han evolucionado hasta tener la rica complejidad que exhiben hoy. La ciencia es nuestro mejor vehículo para describir acontecimientos físicos que rodean las importantes preguntas que nos planteamos. Sin embargo, hablando desde el punto de vista de la espiritualidad, los genes existen para proveer más que un recetario para la vida. Ahora veamos lo que "más" significa. Nos llevaremos muchas sorpresas.

Yo doy gran importancia al pequeño número de genes humanos, pero se requiere de una breve exposición para demostrar por qué. Conforme el proyecto del genoma humano se acercaba a su término, en 2003, comenzaron a cruzarse apuestas en forma. ¿Resultaría que poseemos 80 000 genes o 120 000? Se asumía que, siendo la especie más avanzada del planeta, nuestra complejidad requeriría muchos más genes que cualquier otra especie. Vaya sorpresa la que se tuvo cuando el número resulto de entre 20 000 y 25 000 genes, casi el mismo número que tiene un pollo o un ser primigenio, como el gusano nematodo. El maíz tenía más genes, lo que era desconcertante. Experimentamos una versión menor de la conmoción que sufrieron en la era victoriana cuando Darwin reveló que el *Homo sapiens*, al igual que todos los mamíferos, descendía de los peces.

En ambos casos, la conmoción probó ser más que productiva. Como Leonard describe tan bien, la herencia es mucho más flexible de lo que cualquiera hubiera supuesto hace cincuenta o hasta veinte años. En ese momento, estábamos llegando al punto en que cualquiera podía decir "mis genes me hicieron hacerlo", pues esta frase se transformaba en una explicación universal: mis genes me hicieron comer de más, mis genes causaron mi depresión, redujeron mi impulso sexual, me hicieron suicida o me hicieron creer en Dios. El código de la vida estaba siendo interpretado como un código jurídico. Como sea, las células no son estructuras fijas, son fluidas, cambiantes y dinámicas. Responden a pensamientos y sentimientos; se adaptan al medio ambiente con toda la impredecibilidad de un ser humano. Para cualquiera que aprecia las ricas posibilidades de la vida, son muy buenas noticias.

Cuando a los niños en edad escolar se les enseña sobre la doble hélice, el ejemplo utilizado una y otra vez es que existe un gen para los ojos azules, otro para el cabello rubio y otro para las pecas. Esto da la impresión de que un gen es igual a una característica, pero eso es una excepción, no la regla. Antes mencioné lo frustrante que era para los genetistas descubrir que lo que creían era un simple vínculo para determinar la altura de un niño resultó ser un proceso dinámico y complejo que no sólo involucra veinte genes distintos, sino que también entran en juego factores externos del medio ambiente. El Alzhéimer o el cáncer parecen involucrar incluso más genes.

Como resultado de esta oscuridad, los genetistas, deseosos de cumplir la promesa de que el ADN mejoraría la vida humana, redoblan sus esfuerzos. Dado que es también un objetivo espiritual, ¿cómo podemos unirnos a ambas fuerzas? Una forma de hacerlo es dejar atrás rápidamente el determinismo químico. Al público se le dice que podría existir un "gen de la criminalidad", por ejemplo, lo que explicaría la conducta antisocial. Se ha especulado sobre si un gen así podría ser ofrecido como defensa en una corte, y no se estaría lejos de proponer que los genes antisociales pudieran ser removidos por medio de algún procedimiento médico, digamos, por el bien del criminal y de la sociedad como un todo. Sin embargo, conforme la genética está siendo forzada a abandonar la noción simplista de encontrar un sólo gen para cada mal, se está generando una apertura para la espiritualidad, lo que significa que entran en juego el libre albedrío, la conciencia, la creatividad y la transformación personal, lo opuesto al determinismo químico. Deberíamos celebrar ser liberados de nuestros grilletes genéticos, mientras que, simultáneamente, nos procuramos mayor penetración en el tema de cómo los genes se relacionan con la conciencia.

El ADN es tratado por los biólogos como cualquier otra secuencia química, pero su conducta rompe las reglas aplicables a los meros objetos. Se divide a la mitad espontáneamente, convirtiéndose en dos versiones idénticas de sí mismo. Codifica la vida, pero también la muerte, puesto que existe un gen para el cáncer que debe activarse para producir su malignidad. ¿Por qué mantendría la evolución un gen así, siendo que su propósito es sostener la vida? Y a un nivel todavía más básico, ¿cómo fabrican los genes químicos inanimados como el hidrógeno, el carbono y el oxígeno?

El materialismo se da a la tarea de seguir la pista a estos temas hasta llegar de vuelta al genoma. En lugar de huir ante los hechos, la perspectiva espiritual exige hechos expandidos. Sin ellos, no podemos esperar resolver, por ejemplo, el tema de cómo se relaciona el ADN con el tiempo. Los genes ejecutan sus acciones con precisión en el tiempo, adelantándose a los hechos por años o en ocasiones por décadas. Los dientes de leche, la pubertad, la menstruación, el patrón de calvicie masculina, el comienzo de la menopausia: todo esto aparece en su momento. Lo mismo puede aplicar si se habla de cáncer, que en buena medida es una enfermedad asociada con la edad. ¿Cómo lleva la cuenta del tiempo un elemento químico? Pregunté a un biólogo especializado en células y me habló de los telómeros, material genético que bloquea el extremo de los genes, los termina, como si de una larga cola se tratara. (Previamente habíamos tocado el tema al discutir la naturaleza del tiempo.) Los telómeros dan fin a una palabra genética, de la misma forma en que un punto marca el final de una oración. Pero los telómeros se degradan con el tiempo, y el envejecimiento puede tener relación con el hecho de que se hagan más cortos cada vez, llevando a una degradación celular y a un riesgo más alto de producir mutaciones dañinas.

Pero si el telómero en verdad es como un reloj, ¿de dónde obtiene su sentido del tiempo? Las rocas se desgastan por efecto del viento y la lluvia, pero eso no las convierte en relojes. Además, ¿cómo pueden conducir los telómeros a los efectos dañinos de la edad, siendo que también conducen a los efectos benéficos, como la pérdida de los dientes de leche o el paso a la pubertad? Más misterio todavía: el ADN coordina muchos relojes distintos simultáneamente, dado que los tiempos de los procesos mencionados son muy diferentes entre sí. La menopausia obedece a un reloj que toma décadas en desdoblarse, mientras que la producción constante de enzimas en una célula toma unas cuántas centésimas de segundo, y los corpúsculos de la sangre siguen un ciclo de meses, y demás.

El lector puede darse cuenta de hacia dónde va todo esto. Los genes no se comportan como las cosas ordinarias, porque sirven a la conciencia. El tiempo requiere de una mente, pero dejar a la mente fuera de la ecuación acaba fatalmente con cualquier teoría génica. Para un materialista, la idea de una mente fuera del cuerpo es insensata, pero sencillamente hay demasiadas cosas que una reacción química sin mente no puede explicar. Cuando menos, debemos aceptar que un tema espiritual de hondura está en juego: el libre albedrío contra el determinismo. Al principio, el determinismo era sólo físico, pero últimamente se le ha invocado para regular la conducta humana también; ya sea que estés actuando criminalmente, deprimido o estupefacto ante Dios, el argumento es el mismo: si los genes causan X, y tú no puedes cambiar los genes con los que naces, entonces X llegó para quedarse.

La experiencia cotidiana desmiente esta lógica; ninguno de nosotros se siente controlado por los núcleos de nuestras células. Leonard permite que el medio ambiente influya en nuestros genes. Yo diría que éste es un factor decisivo. Los gemelos idénticos configuran un buen caso de prueba. Nacen con los mismos genes, pero conforme la vida avanza, toman decisiones distintas y experimentan vivencias también distintas. Puede que un gemelo escape uniéndose a un circo y el otro se recluya en un monasterio. Uno puede convertirse en alcohólico mientras el otro se hace vegetariano. A los setenta años, la expresión de sus genes será completamente distinta a la igualdad completa que dichos genes exhibían al nacimiento. En otras palabras, los cromosomas no se han alterado, pero los genes que se activaron, con los productos que ocasionan en los tejidos, han variado ampliamente. La ruta de escape del determinismo químico siempre estuvo ahí, esperando a ser utilizada.

Los genes no tienen efecto hasta que son activados; permanecen en silencio, parece ser. Cuando hablan, una vida entera de experiencias da forma a las palabras expresadas, a pesar de que el punto de partida consiste en el mismo alfabeto. Los genes no cuentan nuestra historia; nos dan las letras para contar nuestra propia historia, y esa expresión genética puede ser positiva o negativa. Si el gemelo A vive habitualmente durmiendo poco, con mucho estrés, una mala dieta y sin hacer ejercicio, ese estilo de vida probablemente lo llevará a un resultado drástico comparado con el del gemelo B, quien ha elegido el estilo de vida opuesto. Los estudios sobre elecciones positivas de estilos de vida del doctor Dean Ornish y su equipo de investigación han demostrado que más de cuatrocientos genes cambian su expresión de manera positiva si alguien practica las bien conocidas medidas de prevención, como dieta, ejercicio, manejo del estrés y buen sueño.

En una palabra, las cosas han cambiado. Antes, los genes asumían la responsabilidad por las cosas que no nos gustaban de nosotros mismos y ahora son los sirvientes de las elecciones que hacemos. La "herencia suave" tiene lugar a cada segundo, conforme tus células se adaptan a las instrucciones que les das. Durante décadas, hemos sabido que las personas deprimidas corren mayor riesgo de padecer enfermedades, al igual sucede con las personas solitarias, los viudos recientes y los ejecutivos despedidos de sus empleos. El cuerpo no puede responder a dichos traumas sin que los genes se involucren, pero antes, cuando se consideraba que los genes estaban fijos, que eran permanentes y no cambiaban, nadie pensó demasiado en la relación entre medio ambiente y ADN. (En este caso, "ambiente" es un término amplio que cubre cualquier influencia externa en una célula.) Ahora bien, los médicos rutinariamente advierten a las mujeres embarazadas que al fumar y beber causan riesgo a sus fetos, por ejemplo, dado que sabemos que los químicos tóxicos en el torrente sanguíneo degradan el ambiente de un nonato.

El siguiente paso consistía en demostrar que la conducta dañina puede tener el mismo efecto. Por un largo tiempo se asumió que los embriones se desarrollaban automáticamente a partir de las instrucciones contenidas en el ADN heredado de sus padres. Siempre y cuando el feto recibiera los nutrimentos correctos en el vientre materno, decía la teoría, el producto se desarrollaría etapa por etapa hasta que naciera un bebé. Pero como dice el profesor Pathik Wadhwa, especialista en obstetricia y ciencia conductual de la Universidad de California, en Irvine: "Esta idea ha sido más o menos puesta de cabeza [...] En cada etapa de desarrollo, el [feto] usa señales de su ambiente para decidir la mejor manera de construirse a sí mismo dentro de los parámetros de sus genes."

De repente, nos encontramos con que podemos agregar un nuevo capítulo a la autopoiesis o autocreación. El embrión nonato es parte de un ciclo complejo de retroalimentación, que toma en cuenta el presente para crear un futuro para sí mismo. El ADN hace lo mismo. Toma señales de los pensamientos, humores, dieta y niveles de estrés de una persona (simplificando las miles de señales químicas que llegan a una célula en un momento dado) y, con base en esas señales, se expresa. Una madre estresada pasa al feto una mayor cantidad de hormonas del estrés. Se corre el riesgo de un parto prematuro y de muchas otras cosas. El profesor Wadhwa continúa: "El feto se construye a sí mismo permanentemente para enfrentar este ambiente de alta tensión, y una vez que nace, puede correr el riesgo de padecer un montón de patologías relacionadas con el estrés."

¿En dónde nos deja todo esto? Nuestro conocimiento de la medicina y la biología ha sido cimbrado en lo más profundo. Los genes no se controlan a sí mismos. Son controlados por el sistema entero mente-cuerpo; en otras palabras, no somos peones, sino maestros de nuestros genes, que responden a todo lo que pensamos o hacemos. Las señales de la epigenética, la envoltura de las proteínas que rodean nuestro ADN, son capaces de causar unas treinta mil expresiones distintas de un solo gen. El programa de la vida es dinámico, en cambio constante y, hasta ahora, está bajo nuestra influencia en función de las buenas o malas decisiones que tomamos.

Cada vez más investigadores se percatan de que los genes se parecen más a los reóstatos que a los botones de encendido/apagado. Las zonas de "ADN basura" son muy importantes, como menciona Leonard, pues deciden qué genes activar, cuánta actividad expresa un gen, cuándo ocurre dicha actividad, y cómo se relaciona con los otros miles de genes. Sin embargo, hasta donde sabemos, estos genes no se controlan a sí mismos. Nadie puede contar el final de la historia de los genes hasta que ésta incluya la forma en que metabolizamos la experiencia. La epigenética nos muestra que hasta las cosas invisibles como el estrés, se convierten en procesos corporales; todo lo que sientes es sentido también por cada célula de tu cuerpo. Nada de esto resulta sorpresivo para quienes trabajan con la espiritualidad. La base misma de la cosmovisión espiritual es que *todo* está interconectado; un proceso se diversifica en miles de procesos específicos sin perder su integridad.

Me siento hondamente conmovido cuando releo algunas líneas del gran poeta bengalí, Rabindranath Tagore, en que se dirige a su creador: "El tiempo es infinito en tus manos, mi Señor.

Nadie existe que pueda contar tus minutos. Pasan los días y las noches. Tú sabes esperar. Tus siglos se siguen uno a otro perfeccionando una flor silvestre." No leo estas palabras desde el punto de vista religioso, basándome en la existencia de un Dios, de una fe en particular. Lo que me mueve es la paciencia y el intrincado laborar de la inteligencia cósmica, que se mueve en nosotros para crearnos, conforme la vida se desenvuelve a partir de sí misma.

11

¿Se equivocó Darwin?

Deepak

La espiritualidad debe agradecer sentidamente a Darwin, aunque él se sorprendería al escuchar esto. Cuando la gente de todo el mundo se levanta y manifiesta tener aspiraciones similares –"quiero ser una mejor persona, quiero crecer, quiero aprovechar mi potencial"–, están tomando una ventaja personal a partir del gran descubrimiento de Darwin: la evolución. Darwin jamás pretendió que la gente pensara en su evolución personal, mucho menos en su evolución espiritual. Darwin, un estudiante de teología desilusionado que tenía una amarga desconfianza en el Dios victoriano –padre de la humanidad benigno, piadoso y amoroso–, dio el golpe definitivo contra ese Dios. La teoría de la evolución liberó a la ciencia de la religión, derribó el mito de la perfección en la naturaleza y brindó un mecanismo para explicar cómo llegó a existir cada especie.

Las grandes ideas van mucho más allá del control de su descubridor. El golpe de Darwin contra la perfección fue también un golpe contra el pecado, contra la "mancha humana" que puede expiarse pero que siempre retornará. La evolución abrió una vía de escape a la trampa del pecado al ofrecer esperanza de progreso en todos los aspectos de la vida, aunque tomó mucho tiempo que una implicación tan humana llegara a expresar todas sus consecuencias. En principio, la gente se aferró a otro aspecto de la teoría darwiniana: la violenta lucha por la supervivencia que permitía únicamente la existencia de los mejor dotados. Los machos alfa del mundo de la industria podían abusar de sus trabajadores con el pretexto de que la naturaleza pretendía que los fuertes dominaran a los débiles, y los tiranos podían justificarse de la misma manera.

Sin embargo, hoy es de interés para la espiritualidad promover la evolución sobre el materialismo. El error de Darwin consistió en ver la evolución como un mecanismo en que la mente no intervenía. La espiritualidad puede corregir el error de una manera sensata para hacer mejor la vida por medio de una conciencia superior. *Despierta y evoluciona.*

Es fascinante seguir los pasos del joven naturalista de los ojos brillantes cuando se hizo a la mar hacia Sudamérica, en 1826, a bordo del HMS *Beagle*, un viaje que duraría cinco años. Desenterró los cráneos fosilizados de mamíferos gigantes extintos y se preguntó cómo podían relacionarse con los mamíferos de la actualidad. Ponderó por qué las iguanas del mar de las islas Galápagos, entre todas las iguanas del mundo, se lanzaron al mar en busca de comida. Montó en el lomo de tortugas de las Galápagos de 270 kilos (es fácil echarlas a andar con la ayuda de un fuete, pero es mucho más difícil evitar resbalarse), y especuló respecto a por qué la concha de las tortugas era ligeramente distinta a las de las tortugas de las islas vecinas, las cuales mostraban una forma apenas distinta o un color especial, o una extensión parecida a un casco que cubría la cabeza del animal.

Estas rarezas y observaciones se reunieron en la cabeza de Darwin y, una vez que regresó a Inglaterra, su pensamiento entró en un estado de frenesí. Después de tener sesiones de escritura muy extensas en que las ideas parecían salir de él por sí solas, eventualmente llegó a la que ha sido considerada como la más brillante jamás concebida: el árbol de la evolución que vincula a todas las cosas vivas. En el sistema de Darwin, la adaptación es la fuerza que alienta a la evolución. Las gacelas se han adaptado para ser más veloces que los leones. Los peces payaso se han adaptado para ocultarse con seguridad entre los tentáculos venenosos de las anémonas marinas. Los humanos han adaptado el uso de los pulgares oponibles para elaborar mejores herramientas (y armas). Las especies cambian. Un solo árbol evolutivo hace crecer miles y miles de ramas; unas mueren, y otras se desarrollan bien y florecen.

La evolución es invocada por los ateos ansiosos de convertir en polvo todo lo que implica la palabra "dios". Pero los ateos están librando batallas del ayer. La evolución de hoy está llevando a la gente más cerca de Dios. Darwin ideó un mecanismo físico perfecto sólo para las formas de vida que nos precedieron. Mientras los gorilas de la montaña sigan luchando por alimento y por las hembras, unos tendrán más éxito que otros. Los machos dominantes pueden transmitir sus genes, en tanto los machos sumisos se sientan por ahí a envidiarlos. Los árboles más altos se estirarán en pos de la luz solar, mientras los menos altos se refugiarán en su sombra. Pero el *Homo sapiens* ha evolucionado más allá de la mera supervivencia del más apto. Producimos comida para los demás. Cuidamos a los débiles, dando a sus genes una buena posibilidad de ser transmitidos, al igual que los genes de los fuertes. El mecanismo universal de Darwin dejó de aplicarse a nosotros en el momento en que nuestra especie aprendió a aislar los genes, incluso los recesivos, de las fuerzas de la naturaleza. Las gacelas y los peces payaso no pegan papelitos en el espejo del baño para recordar: "Nota a mí mismo: recuerda evolucionar hoy." Para ellos, la evolución es automática. Eso ya no se aplica a nosotros.

La espiritualidad puede ser vista como una forma más elevada de evolución, una forma que se describe mejor como "metabiológica", que está más allá de la biología. Hemos estado en este camino durante al menos 200 000 años. Nuestros ancestros, como el Neandertal y el *Homo erectus*, allanaban ya el camino desde hace 1.8 millones de años. Cuando producían hachas de piedra, nuestros ancestros pensaban lo que estaban haciendo. Una vez que te despiertas con el deseo de hacer algo que no sea comer y reproducirte, comienzas a elegir X en lugar de Y. La toma de decisiones conscientes convierte el futuro en una serie de opciones. Los neandertales avanzaron lo suficiente como para colocar a sus muertos en tumbas localizadas en cuevas, y existe evidencia que sugiere que los muertos eran decorados con ornamentos. La belleza, según parece, también se había convertido en una opción, lo mismo la reverencia y tal vez un sentido de lo sagrado.

Sin embargo, los darwinistas modernos actúan como si los humanos siguieran en un estado primigenio de la naturaleza. No se trata de sugerir que lo primigenio sea simple. La supervivencia es compleja –un tapiz intrincado–, incluso entre las criaturas más básicas. Los pingüinos han sido nadadores y no voladores durante unos 36 millones de años. Lanzarse al agua para obtener alimento constituyó un éxito espectacular en términos evolutivos, aunque el pingüino original tenía plumas cafés o grises (esto se descubrió al examinar células de pigmento fosilizado). ¿Por qué cambiaron hasta convertirse en el traje blanquinegro con que hoy nos hacen sonreír? El darwinismo únicamente provee una respuesta: ventaja competitiva. El pingüino original medía metro y medio de altura y pesaba el doble de lo que pesa hoy un pingüino emperador. ¿Por qué se redujeron los pingüinos? También eso debe haber contribuido a su supervivencia. El darwinismo está obligado a explicar cualquier cambio de la misma manera, porque no puede superar su visión centrada en la lucha por el alimento y la reproducción.

Pero las especies no sólo compiten para sobrevivir, también cooperan en una relación conocida como mutualismo. El extraño gusano de tubo que vive cerca de los desaguaderos hidrotermales localizados en el fondo del mar, sobrevive sin tripas, gracias a unas bacterias que le proveen la función digestiva a cambio del sulfuro de hidrógeno o el metano que el gusano provee a las bacterias. El ya mencionado pez payaso ha desarrollado una mucosa adaptativa para protegerlo del veneno contenido en los tentáculos de la anémona. Usando esos tentáculos como barrera de seguridad contra depredadores, el territorial pez payaso retorna el favor al proteger a la anémona de los peces que se alimentan de anémonas. Decir que únicamente la competencia promueve la evolución es erróneo a todas luces.

Lo mismo pasa con el llamado gen egoísta. La teoría génica ha dado con una respuesta a por qué, en ocasiones, la evolución favorece la muerte sobre la vida. Sobrevivir no es siempre la única intención de una criatura. Las abejas están equipadas con un aguijón para proteger la colmena, pero cuando lo usan, se desprende hiriendo fatalmente a la abeja. No puedes explicar esta especie de autosacrificio diciendo que contribuye a la supervivencia; la abeja está muerta. Así que los evolucionistas tuvieron que dar un paso atrás. Es el gen de la abeja el que está luchando por sobrevivir, no el insecto individual. Específicamente, los genes de la abeja reina deben sobrevivir, lo que significa que las abejas de menor rango pueden sacrificar su propia vida con tal de que se beneficie la colmena como un todo. El mismo argumento funciona en el caso de las arañas hembra que arrancan la cabeza de los machos durante el apareamiento, o por extensión, a los miles de huevos de pez que flotan en el mar dando alimento a otros peces sin tener jamás la oportunidad de eclosionar. Si sobreviven cien crías y muere un millón, la carga genética sigue adelante.

Como explicación creíble, el gen egoísta linda en lo absurdo. No nos conduce al lugar en que realmente se lleva a cabo el cambio evolutivo: la célula inteligente. El ADN no puede controlar la respuesta de un gen al medio ambiente, por ejemplo, porque el ADN es sordo, tonto y ciego. Permanece pasivamente en el núcleo de una célula; se replica como ácido ribonucleico para producir las enzimas y proteínas del crecimiento celular. En ningún momento de esta cadena de procesos químicos existe una forma en que el gen eche un vistazo al mundo y decida si será egoísta o no. La única forma válida de explicar el autosacrificio es insertando en éste un elemento que los materialistas aborrecen: la conciencia.

La abeja puede servir a la colmena cuando existe un propósito decisivo, mantener vivo el todo sin importar la muerte de algunas de sus partes. El cuerpo humano preserva claramente la integridad del todo sobre las partes. Los glóbulos blancos, por ejemplo, mueren después de consumir las bacterias invasoras. Cada célula del cuerpo tiene programado un rango de vida que va de las pocas semanas en el caso de la piel y las células estomacales, hasta el tiempo que viva el cuerpo mismo en el caso de algunas células cerebrales. El principio que reza que el todo es más importante que sus partes, se extiende a todo nuestro planeta. El propósito de la ecología es mantenerse a sí misma, no a una planta o animal específicos. No obstante, dentro de este esquema, cientos de miles de especies pueden desarrollarse al mismo tiempo, incluso en el caso de las especies que son enemigos mortales.

Un mecanismo sin mente siempre será insuficiente para explicar cómo evoluciona y sigue adelante la vida. Existen demasiados opuestos que coexisten, como competencia y cooperación, egoísmo y altruismo. Por medio de la naturaleza se realizan decisiones conscientes. No son solamente los críticos del darwinismo quienes encontraron fallas en la teoría. Hoy, unas once reinterpretaciones y revisiones compiten por la primacía entre los evolucionistas mismos (al más puro estilo darwiniano). Cada revisión trata de llenar un hueco o corregir un error. Por ejemplo, los darwinistas progresivos intentan explicar cómo se desarrolla una variedad infinita a partir de un material genético limitado. Los seres humanos tienen solamente veintitrés mil genes, 65 por ciento de los cuales son tan básicos que los compartimos con un plátano. Estos darwinistas progresivos miran con más atención las etapas de crecimiento –de ahí su apodo de "evo devos"–[5] y han descubierto que extensiones de secuencias aparentemente azarosas en nuestro ADN ayudan a que los genes se activen o desactiven, actuando como "dedos moleculares", que controlan un conjunto de interruptores de modo que los embriones en el vientre materno puedan desarrollarse por caminos y líneas enteramente únicas.

Otro grupo, el de los colectivistas, reconoce que la evolución requirió tanta cooperación como competencia. Ellos se concen-

---

[5] Locución coloquial que se refiere a la "devoción por la evolución".

tran en tratar de determinar cómo se dio el enorme salto de los organismos unicelulares a los eucariontes, o a los organismos multicelulares. Su teoría es que esto es el resultado de la cooperación con las plantas, que habían desarrollado la fotosíntesis. Los darwinianos estrictos tenían razón para resistir este postulado, porque la cooperación desafía la noción del gen egoísta, y sólo tras una lucha de veintidós años de duración, la cooperación fue aceptada como la base de la vida.

Otras disciplinas toman piezas del rompecabezas para tratar de armarlo. Los teóricos de la complejidad estudian cómo un sistema puede hacerse tan intrincado que espontáneamente da lugar a mayor complejidad. Sin esa capacidad, un huevo fertilizado no podría desarrollarse hasta tener unos cincuenta mil billones de células, nuestra mejor estimación del conteo celular en un ser humano adulto. Los llamados direccionalistas se ocupan de explicar cómo es que la complejidad y la cooperación nunca se detienen: dos tipos de organismos unicelulares cooperando dos mil millones de años han producido un planeta en que toda criatura viva afecta a las demás. Existen otros siete grupos especializados que se ocupan de inyectar bioingeniería, diseño, Dios y metafísica al esquema, para ver si alguno funciona. Todas las partes de este trabajo de enmienda se proponen explicar con exactitud el funcionamiento del mecanismo de la evolución.

¿Qué pasaría si uno ve todo el escenario simultáneamente? Debido a que miles de millones de partes están involucradas, el todo es prácticamente imposible de vislumbrar, pero uno puede percatarse de que toda la vida evoluciona, aquí y ahora. Es tiempo de adoptar una aproximación holística a la evolución, y no hay un caso que sirva mejor para ese propósito que nuestra propia especie. Los homínidos tempranos, como Lucy, los que deambulaban por los pastizales africanos hace cuatro millones de años, evolucionaron hasta convertirse en humanoides como el *Homo erectus* hace 1.8 millones de años. El *Homo erectus* era increíblemente parecido a nosotros. Medía bastante más de metro y medio (mientras que

Lucy medía menos de 1.20 m). Había perdido los colmillos de los primates como los chimpancés; sus caderas se habían ensanchado; caminaba erguido todo el tiempo en lugar de gatear o trepar a los árboles; había perdido casi todo el pelo corporal; y las glándulas sudoríparas habían remplazado el sistema de enfriamiento que consiste en respirar agitadamente por la boca. (Un cuerpo que es capaz de enfriarse puede perseguir a las presas por grandes distancias, lo que el hombre primitivo tuvo que hacer, pues no podía luchar cuerpo a cuerpo con animales grandes; los bosquimanos de hoy día que habitan en el desierto de Kalahari siguen cazando antílopes por horas, hasta que el animal se desploma por fatiga y es abatido sin dificultad.) Los cerebros más grandes se desarrollaron fuera del vientre materno, después de que el niño había nacido (esto era indispensable porque un cerebro humano plenamente formado no puede pasar la vía normal). Es difícil creer que cada una de estas adaptaciones integradas al conjunto genético sean un suceso aleatorio. La llegada del *Homo erectus* parece tener sentido y ser holística.

¿Mas dónde se origina el propósito? Parece que la inteligencia dirige la estructura. Algunos antropólogos especulan que el *Homo erectus* dio un gran salto en un sentido distinto a los rasgos físicos. Como primitivo constructor de herramientas aprendió a juzgar qué piedras dan buenas navajas y cuáles no. Eso implica capacidad de raciocinio. Para alejar a los depredadores por las noches, el *Homo erectus* debió dominar el fuego mucho antes de los 750 000 años que hoy se aceptan. Estudios sobre la forma del cerebro indican que los primeros humanos podrían haber tenido los mismos centros del lenguaje que tenemos nosotros: ¿hablaban? Mientras una especulación surge de la otra, parece probable que hayan aparecido rasgos múltiples casi al mismo tiempo, y no rasgos simples al azar. Cada cambio funcionó como catalizador para otros. Caminar erecto permitió la carrera de larga distancia, lo que posibilitó conseguir más comida, lo que concedió el crecimiento del cerebro (el órgano con más apetito calórico del cuerpo humano), lo que permitió un nivel de razonamiento mayor, indispensable para descubrir el fuego y cuidar de los indefensos bebés mientras sus cerebros maduran.

Más allá del darwinismo, existe una mejor manera de ver la vida en nuestro planeta: ciclos de retroalimentación inteligente. La vida crea una nueva característica, la domina y se mira a sí misma mientras mejora en esa actividad. Un ciclo semejante de retroalimentación no carece de mente, tiene un propósito e implica deseo e intención. Por ejemplo, toda persona tiene un sentido del equilibrio, algo innato, algo que se nos da sin que siquiera tengamos que pensar en ello. Puedes mejorarlo, como hacen las personas cuando aprenden a esquiar, andar en patineta o caminar sobre una cuerda. Al fijarte atentamente en lo que sucede cuando un principiante aprende a esquiar, todo parece indicar que hay muchas caídas y barullo. Pero esta conducta caótica no es lo que parece. Cada error contribuye a un ciclo de retroalimentación en el cerebro, el cual aprende, paso a paso, a dominar una nueva habilidad. La conducta que simula ser aleatoria, en realidad sirve a un propósito: está ahí a pesar de que no podamos verlo al observar acontecimientos supuestamente azarosos.

Si lo intentas en serio, entrenarás tu sentido del equilibrio aún más. En suma, estás causando que éste evolucione. El cuerpo entero se une a la empresa. Tus músculos largos se ajustan cuando te inclinas a uno u otro lado. Tus tobillos se adaptan a la rígida bota para esquiar; tu respiración cambia cuando te concentras intensamente. Tus ojos dan a tu cerebro información sobre cómo luce el descenso mientras lo recorres. Ninguna de estas actividades está aislada; todo es propiciado por tu intención. Y aunque esquiar es una nueva capacidad, desde el nacimiento tienes el potencial para hacerlo.

Lo mismo que opera en el caso de la retroalimentación inteligente en una pista para esquiar, puede aplicar en cualquier caso de la naturaleza. El darwinismo está atorado si insiste en que cada rasgo fue resultado de mejorar y encontrar comida y pareja. Las criaturas ganan una identidad, que se descubre a sí misma por medio de ciclos de retroalimentación inteligente. Los caballos aprenden a ser mejores caballos, las serpientes aprenden a ser mejores serpientes. Cada ser tiene un grupo de cualidades especiales que combinan bellamente. Cometemos el error de humanizar dicha inteligencia. La evolución no necesita emplear un cerebro complejo. Los ciclos de retroalimentación son universales. Los animales unicelulares los usan también, pues hasta las criaturas más primitivas deben orquestar alimentación, respiración, división celular y movimiento.

La espiritualidad restaura el propósito y la dirección al lugar que les corresponde en el corazón de la evolución. Como humanos, sabemos a dónde queremos ir (al menos eso esperamos), y nuestras intenciones han llevado a un mundo en que las bombas atómicas coexisten con las conferencias de paz, los autos con los peatones y las compañías madereras con los protectores del medio ambiente. Nos hemos enredado en una madeja de deseos, algunos de los cuales tienden a mejorar la vida en tanto otros tienden a la autodestrucción. Si queremos evolucionar dejando atrás nuestros peores impulsos, debemos hacerlo por medio de un propósito más elevado que beneficie a todos. La religión trató de proveer ese propósito por medio de Dios; pero como vemos en las guerras por motivos religiosos, en la violencia sectaria y en el caso del terrorismo, Dios también puede servir a la destrucción. Es por esto que la espiritualidad, la fuente de la religión, es nuestra última esperanza, pues brinda la posibilidad de una evolución de la conciencia.

El darwinismo (como algo opuesto a Darwin mismo) es un gran obstáculo para nuestra salvación, lo que resulta por demás irónico, pero es innegable. La teoría evolucionista se usa para apoyar las siguientes ideas falsas:

- La vida es completamente física.
- La evolución procede por mutaciones accidentales.

- La mente y un propósito superior son ilusiones.
- La supervivencia es el objetivo último de todos los seres vivos.
- La competencia es la fuerza motora de la naturaleza.

No podemos culpar a Darwin por ninguna de estas nociones; su objetivo fue solamente demostrar cómo una especie da origen a otra. Él no inventó la frase de "la supervivencia del más apto", y mucho menos la triste concepción victoriana de "una naturaleza roja de dientes y garras". Pero las semillas fueron plantadas por medio de la aversión de Darwin a Dios y su enfoque en los mecanismos. Sus seguidores y descendientes cultivaron esas semillas hasta conformar una teoría en que prevalecen el azar y la ausencia de una mente. En tanto esta red de ideas determine tu cosmovisión, no hay razón para creer que la conciencia puede evolucionar. Remueve esas falsas suposiciones, y quedará claro que la conciencia ha estado evolucionando desde el principio mismo y jamás se detendrá.

Leonard

Deepak alega apasionadamente sobre la necesidad que tiene la humanidad de evolucionar para superar sus peores impulsos, y argumenta que puede hacerlo por medio de un propósito más elevado que beneficie a todos. Tiene razón al decir que la religión ha fallado a menudo en proveer eso, brindando en su lugar motivos para el conflicto y la destrucción. Y también creo que tiene razón al decir que podemos elevarnos sobre los más bajos mecanismos de supervivencia-de-los-más-aptos, porque las conductas sociales y altruistas que nos distinguen de otros mamíferos también son producto de la evolución, y por lo tanto son parte de nuestra propia naturaleza, como discutiré en breve. Son esas conductas las que nos permiten salvarnos de muchos de los peligros que ahora enfrentamos. La perspectiva espiritual de Deepak también puede servir para tal efecto, especialmente si alienta a que expresemos nuestro altruismo innato, o si nutre un altruismo basado en la cultura. Sin embargo, debemos tener cuidado de no permitir ideas sobre lo que debemos hacer para mejorar la vida humana y para influir en lo que creemos que *es* la vida humana.

Deepak nos dice que la espiritualidad debe un profundo agradecimiento a Charles Darwin, pero el panorama que ofrece de las ideas de Darwin en nuestros días, da la impresión de que se trata de una teoría colmada de confusión y caos. "Como explicación creíble, el gen egoísta linda en lo absurdo", escribe, y luego dice: "No son solamente los críticos del darwinismo quienes encontraron fallas en la teoría. Hoy, unas once reinterpretaciones y revisiones compiten por la primacía entre los evolucionistas mismos (al más puro estilo darwiniano). Cada revisión trata de llenar un hueco o corregir un error."

¿Se equivocó Darwin? ¿En verdad los científicos se suben unos encima de otros tapando agujeros en la proa de un barco que se hunde, o es que tratan de trepar para alcanzar un bote salvavidas?

La respuesta es un rotundo no. Con la excepción de un puñado de creacionistas motivados por sus creencias religiosas, ningún científico duda de la idea básica de la evolución darwiniana, o de que la selección natural es el mecanismo detrás de ésta. Por esta razón, los científicos en activo no se llaman a sí mismos "evolucionistas" o "darwinistas". Estos términos son comunes entre los creacionistas (de los que Deepak, con todo derecho, quiere distanciarse), porque utilizarlos da la impresión equivocada de que, entre biólogos, hay algunos que creen en la evolución y otros que no creen. Decir que un biólogo es "evolucionista" o "darwinista" es como decir que un físico es "pro redondez de la Tierra" o "colonista". La idea original de una "Tierra redonda", que se remonta hasta los antiguos griegos, sostenía que la Tierra era perfectamente esférica. La teoría de la Tierra plana resurgió de tiempo en tiempo hasta que Cristóbal Colón realizó su famoso viaje, el cual brindó evidencias dramáticas en favor de la teoría de la Tierra redonda. Incluso así, con el paso de los años no faltaron quienes hicieron "revisiones" –personas como Isaac Newton– y se dieron cuenta de que la Tierra no es en realidad una esfera. Ellos "reinterpretaron" la teoría de la Tierra redonda, pronosticando y midiendo la forma ligeramente aplastada y estudiando sus detalles, causas e implicaciones. ¿El hecho de que necesitemos de las revisiones y las reinterpretaciones significa que debemos retornar a la teoría de la Tierra plana? Por supuesto que no. Pero aclarar las lagunas o los errores de la teoría no desacreditó la idea de que la Tierra es redonda, y los físicos de hoy ni siquiera prestarían atención a quien se preocupara por caerse de la Tierra. De manera similar, existen debates sobre las relativas contribuciones a la selección natural por parte de los genes, los individuos o los grupos de individuos, y es cierto que comprender los patrones detallados de la evolución en especies diferentes es complicado, pero la idea básica de la selección natural, y el papel fundamental del azar en el proceso, no están en duda.

¿Qué decir de los biólogos que estudian distintos aspectos de la evolución? Deepak habla de ellos como si fueran bandos, y destaca que las ideas científicas sobre la evolución están compitiendo entre sí, "al más puro estilo darwiniano". El comentario suena tremendista, como si hubiera una guerra en marcha que, en última instancia, pudiera retirar a Darwin su lugar de honor en el panteón científico. Sin embargo, éste es el tipo de discusiones que suelen rodear cualquier teoría. De hecho, ilustra una importante diferencia entre la ciencia y la metafísica. En la metafísica, uno puede darse el lujo de abrazar cualquier idea atractiva. En la ciencia, las nuevas ideas pueden incorporarse a teorías –como sucedió en el ejemplo de la redondez de la Tierra–, pero las únicas ideas nuevas que sobreviven son las que demuestran su validez por medio de la evidencia científica. Una cosa es decir que el gen egoísta no se sostiene como explicación creíble, y otra cosa muy distinta es probarlo.

¿Qué se requiere para "probar" algo en la ciencia? Por supuesto que uno quiere poner a prueba las predicciones obvias de una teoría, pero eso es únicamente el comienzo. De hecho, más importante que reunir evidencias de que una teoría es correcta –y más emocionante para un científico– es buscar situaciones en que las predicciones de una teoría pudieran estar equivocadas. Los científicos son como abogados del diablo o como tu molesto hermanito: cuestionan todo con la intención de hallar una situación excepcional que demuestre que vas en la dirección equivocada. Ésa no es una falla en el carácter fundamental de la ciencia, al contrario: es la manera en que la ciencia avanza. Así que, cuando los científicos dicen que han encontrado evidencias en apoyo a una teoría, por lo general quieren decir que han estado buscando la manera de poner a prueba la teoría y ésta pasó el reto. Esto sucede incluso en el caso de teorías bien establecidas, como la de la evolución, pero no debe interpretarse como señal de que la teoría está en problemas.

Tomemos como ejemplo la ley de la gravitación universal de Newton, que describe con precisión, bajo las condiciones de la vida cotidiana, la fuerza de atracción gravitacional entre objetos. Los físicos experimentales siguen poniendo a prueba esa ley, aunque en los más de trescientos años transcurridos desde que Newton la propuso, nadie ha encontrado una desviación, excepto en circunstancias extraordinarias, como las que se describen en el capítulo 2. Así que, ¿por qué siguen los científicos tratando de tapar agujeros? Porque en los siglos transcurridos desde Newton, sólo han sido capaces de verificar que su ley de la gravitación universal describe correctamente la atracción de objetos a distancias que van de una fracción de milímetro a un año luz; pero los nuevos métodos experimentales ahora permiten a los científicos poner a prueba la teoría en distancias todavía más cortas, y sería un descubrimiento de emocionantes implicaciones encontrar que la ley no se sostiene en cualquier distancia. Ésa es ciencia válida, pero no un indicador de que los físicos están abandonando la teoría.

¿Qué pasa si una teoría fracasa en su prueba experimental? Esto significa que la teoría debe alterarse, pero no necesariamente significa que sus principios básicos están equivocados. La teoría de la Tierra redonda es un ejemplo simple, la Tierra no es perfectamente "redonda", pero aunque los detalles de la teoría cambiaron conforme sabíamos más de la forma de la Tierra, la idea principal de que la Tierra no era plana sobrevivió. La genética, como ya hemos visto, también ha evolucionado a partir de modelos tempranos simples, que surgieron cuando la estructura del ADN se reveló por vez primera, llegando hasta la muy compleja realidad que los científicos han descubierto en las décadas transcurridas. Aunque a menudo una teoría puede resumirse rápidamente, eso no obsta para que bajo ese encabezado exista una complejidad considerable, tanto en el concepto como en sus aplicaciones a situaciones en el mundo real. Buena parte del trabajo de un científico tiene que ver con comprender los detalles de esa complejidad, y con ajustar o elaborar la teoría conforme vamos aprendiendo más, como ha sucedido en el caso de las teorías que hemos mencionado.

Al criticar a Darwin, Deepak se concentró en una faceta de la teoría de la evolución que es relevante para su meta humanitaria. Me refiero a eso que Deepak parece creer que la teoría de Darwin no explica: la cooperación entre individuos, lo que da la impresión de contradecir la idea de una selección por medio de la competencia. Estoy de acuerdo en que éste es un reto importante para la evolución, una de esas lagunas críticas que deben ser eliminadas. Darwin mismo escribió que se trata "por mucho, de la dificultad especial más seria que he encontrado en mi teoría". Darwin creía que la respuesta estaba en el hecho de que la comunidad se beneficiaba, y que en este caso la selección operaba a nivel de grupo más que de individuos. Como veremos, hay mucho más que decir sobre el tema, pero *hay* una respuesta, y el trabajo de eliminar esa laguna no fue distinto al que se realiza para llenar los huecos que todas las teorías presentan, desde la relativa a la redondez de la Tierra a las teorías sobre electromagnetismo y la cuántica, responsables de buena parte de la tecnología moderna.

Deepak escribió que la evolución darwiniana debe estar equivocada porque, de estar en lo correcto, "competencia y cooperación, egoísmo y altruismo" no pueden coexistir. Es cierto que los encabezados de la teoría de la evolución –selección natural por medio de la competencia y la supervivencia del más apto– parecen descartar la cooperación; pero como suele suceder en la ciencia, resulta que si lees la historia completa, se obtiene una panorámica mucho más justa que, en este caso, resulta sorprendente y maravillosa, del tipo que agradará incluso a Deepak.

Se dice que Einstein señaló que todo debe ser hecho tan simple como sea posible, pero no más simple que eso, y al abordar este tema, trataré de cuidarme de no pasar esa delgada línea. ¿Pueden coexistir competencia y cooperación, egoísmo y altruismo? Richard Dawkins, quien acuñó el término "gen egoísta" hace 35 años, en su libro del mismo nombre, dice que ahora ha reflexionado respecto del término, porque se presta a confusión. En efecto, hay un problema en el título de ese libro que muchísimos citan sin haber leído siquiera; en palabras de Dawkins, "la gran nota a pie de página que constituye la obra en sí". Según él, un buen título alternativo hubiera sido *El gen cooperativo*. Resulta extraño que un gen pueda considerarse simultáneamente cooperativo y egoísta. Veamos por qué dice eso.

Consideremos el ejemplo de las abejas que utiliza Deepak. Las abejas pertenecen a un orden de insectos llamados himenópteros, que también incluye a las hormigas y las avispas, organismos sociales que ya he descrito. Esos insectos son famosos por su aparente altruismo y conducta cooperativa. En estos insectos, la sociedad es como un organismo. La mayoría de los individuos son obreros estériles. Algunas hormigas atienden el nido, otras luchan y otras consiguen comida. Entre las abejas, los intrusos son reconocidos y atacados. Los individuos juegan el papel de las células de nuestro sistema inmunológico; en su conjunto, el metabolismo de las abejas individuales regula la temperatura en el panal, casi con la misma efectividad con que el cuerpo humano regula su propia temperatura, a pesar de que las abejas no son de "sangre caliente". En cada colonia de himenópteros también existe una minoría de individuos (típicamente uno de cada sexo) que se reproducen –las reinas y los zánganos–, y es por medio de estos insectos que se transmiten las líneas genéticas. En las sociedades avanzadas, las reinas y los zánganos no hacen nada excepto reproducirse, mientras que proveer comida, defensa y labores de crianza, son tareas de las obreras. Cada himenóptero hembra tiene los genes para convertirse en cualquier tipo de obrera, incluso en reina, pero como vimos en mi último capítulo, el tipo de genes que se activan puede depender del medio ambiente. En este caso, el ambiente –en especial, la comida provista– determina si una hembra se convierte en un tipo particular de obrera o en reina.

De acuerdo con este tipo de estructura social, la conducta kamikaze de las obreras que mueren después de picar, hace perfecto sentido desde el punto de vista evolutivo, porque no disminuye la probabilidad de supervivencia de sus genes –las obreras nunca tienen descendencia–, en tanto que sí colabora a la supervivencia de la colmena y, por lo tanto, de las abejas que pueden reproducirse. Como escribe Dawkins: "La muerte de una sola obrera estéril no es más seria para sus genes que la caída de una hoja en el otoño para los genes del árbol."

Sin embargo, resta una pregunta importante: ¿por qué se marchitó la capacidad reproductiva de las obreras, cual si se tratara de un apéndice que no se usa? ¿En verdad es más eficiente el mecanismo de transmitir sus genes al ayudar a que la reina, su madre, se reproduzca, que hacerlo por medio de tener descendencia directa? La respuesta es sorprendente. En la mayoría de los animales (excepto en el caso de los gemelos idénticos), una hembra está más cercanamente relacionada –me refiero a que es más similar genéticamente hablando– con sus descendientes que con sus hermanas. No obstante, cuando los científicos examinaron el proceso reproductivo de los himenópteros, descubrieron algo por demás raro. Como resultado de ciertas peculiaridades en la reproducción de las abejas, una hembra está genéticamente más relacionada con sus hermanas que con su descendencia, independientemente del sexo de ésta. Por lo tanto, la evolución favorece un sacrificio genético por el bien de la colmena, lo que redunda en la creación de hermanas abejas, por encima del sistema de producir descendencia directamente. Así, la fertilidad de las obreras se torna genéticamente irrelevante y desaparece. ¡Parece que las abejas kamikaze son altruistas, pero su comportamiento favorece sus intereses genéticos!

Existen muchos otros detalles en esta historia, como suele suceder. Cada himenóptero hembra está muy relacionada con sus hermanas, y no lo están con los machos. Si el sistema que he descrito funciona, uno esperaría que hubiera muchas más crías hembras que machos. Es casi posible predecir la proporción óptima de hembras y machos, y estas predicciones se acercan mucho a lo que observamos en la realidad. Otro detalle consiste en que, en algunas especies de insectos sociales en que la reina se aparea con múltiples machos, el resultado son hermanas que no son hermanas por completo, es decir, que no están tan estrechamente relacionadas, y sin embargo estas sociedades exhiben la misma conducta altruista. Ese misterio fue explicado finalmente en 2008 por un sorprendente estudio. Un sofisticado análisis de ADN demostró que, hace millones de años, cuando la actual estructura social de los insectos evolucionó, las reinas en todos los linajes eran monógamas, y las abejas hermanas *estaban estrechamente relacionadas.* La cooperación entre los insectos sociales, un reto al que la evolución debía dar respuesta, resultó no ser evidencia de una falla en la teoría, sino que terminó por ofrecer pruebas convincentes de que es correcta.

Las asociaciones de mutuo beneficio suelen ocurrir en el caso de otros animales aparte de los insectos sociales. Pero el altruismo tiene límites. Considera el caso de un animal que daría comida si tuviera suficiente para hacerlo, y otro animal que está cerca de morir de hambre. Las probabilidades de que el animal altruista evitara morir de hambre disminuirían sólo un poco, en tanto que las probabilidades de que el otro sobreviva se incrementan en gran medida. Pero a menos que el organismo que recibe compartiera los genes del donante, el donante reduciría ligeramente las probabilidades de pasar sus genes a la siguiente generación, en tanto que sus genes no obtendrían ningún beneficio a cambio. Un animal así tendría cada vez menos comida que su contraparte egoísta, que tomaba la comida que el primero le ofrecía pero no daba. Como resultado, de acuerdo con la selección natural, sería de esperarse que los animales con genes que contuvieran esta tendencia altruista murieran, pero si el altruista es selectivo en relación con los animales con que comparte, las cosas cambian, y ese tipo de altruismo lo presenciamos en varias especies.

Una forma de ser selectivo es tener la capacidad sofisticada de reconocer y recordar quién regresa el favor, y dejar de compartir con los individuos que no lo hacen. Los animales de este tipo ayudan a los demás en caso de necesidad, pero a cambio reciben ayuda cuando la necesitan. Eso se llama altruismo recíproco. Todos tenemos cierta tendencia a practicarlo; los economistas conductistas han estudiado esta tendencia en gran detalle, diseñando juegos en los que los voluntarios cooperan y compiten por recompensas monetarias.

Un estilo más egoísta de selectividad biológica es compartir sólo con los parientes, un tipo de altruismo llamado selección por parentesco. Cuando un organismo comparte con los parientes, en especial los parientes cercanos, existe una buena probabilidad de que los receptores de esa generosidad compartan sus genes. Como resultado, aunque un organismo podría reducir ligeramente sus posibilidades de sobrevivir si comparte, al aumentar las probabilidades del pariente, aumentan las probabilidades de que sus propios genes sobrevivan. La selectividad por parentesco tiene consecuencias comprobables. Por ejemplo, se predice que el altruismo en el mundo animal es mucho más probable con parientes que con animales no relacionados, y mientras más cercana sea la relación, más alto será el grado de altruismo. Estas predicciones han sido confirmadas de forma empírica en especies que van desde las aves hasta los monos macacos japoneses.

Darwin no estaba equivocado pero, como dice Deepak, sólo nos lleva hasta un punto determinado. Cuando salen a la calle hoy en día –incluso a una calle desierta–, la mayoría de las personas mirará a ambos lados, sin pensar en ello. Tenemos genes para las habilidades de detección del peligro, pero nada en nuestros genes nos hace mirar a ambos lados antes de cruzar una calle. No necesitamos desarrollar un mecanismo genético para eso, porque cada generación puede resolver con facilidad este tipo de problema por sí, y el conocimiento puede ser pasado a las generaciones posteriores por medio de la cultura.

La evolución de la cultura es quizá más importante que la evolución genética para la humanidad de nuestros días. Los humanos han vivido en incontables civilizaciones, pero los cientos de generaciones que han tenido lugar desde los antiguos griegos no han sido suficientes para que la evolución natural genética haya tenido mucho impacto en nosotros. No quiero decir que no hayamos cambiado, hemos cambiado; pero lo que más nos distingue de las civilizaciones de los últimos pocos miles de años no es el efecto del cambio en los genes, sino el efecto de los cambios culturales. Stephen Jay Gould observó que en otras especies de mamíferos la tasa de "asesinatos" es mucho más alta que en las ciudades humanas. Así y por otras vías nuestras culturas pueden permitirnos elevarnos por sobre nuestra dotación genética. Eso es clave para nuestra supervivencia porque, debido al rápido progreso tecnológico, el ambiente en que funcionamos ha cambiado de manera drástica con el paso de los siglos. La tecnología de hoy nos trae grandes beneficios, pero en nuestros días, tanto los grupos como los individuos tienen un gran potencial para hacer daño importante, ya sea por medio de la mala intención (terrorismo) o simplemente por medio de la desatención a los efectos dañinos de la tecnología (contaminación y calentamiento global). Entonces, nuestra esperanza por un futuro mejor dependerá del desarrollo de valores que alienten el cuidado mutuo, promoviendo el conocimiento, aprendiendo, y preservando los recursos naturales, minimizando el daño a nuestro medio ambiente. Sólo este tipo de evolución, de naturaleza más cultural que biológica, puede salvarnos.

Cuarta parte

La mente y el cerebro

12

¿Cuál es la conexión entre la mente y el cerebro?

Leonard

Cuando se trata de sensaciones, emociones y de la pregunta última, la de la conciencia, la ciencia aún no puede explicar la relación entre patrones neurales y mente. Podemos caracterizar muchas emociones según las reacciones fisiológicas que las acompañan –sonrojarse, o un cambio en la conductividad eléctrica de la piel, por ejemplo–, y también hemos hecho progresos en comprender lo que sucede en nuestro cerebro, tanto desde el punto de vista anatómico como químico, mientras se experimentan estas emociones. Así que entendemos mucho sobre el funcionamiento del cerebro. De lo que entendemos muy poco es de la experiencia subjetiva de esas emociones, la "calidad sentida" de la experiencia, como la llama el filósofo David Chalmers.

En 1915, un científico llamado Alfred Sturtevant observó cuidadosamente la que conocemos como conducta de cantina estereotípica, un par de machos luchando por una hembra, agrediéndose y terminando en una gresca caótica. Lo que hace a su estudio digno de mención es que los vértices de su triángulo amoroso no eran humanos, sino moscas de fruta. Hasta las criaturas más simples como los nematodos (muchas de sus especies son microscópicas) también exhiben conductas especiales relacionadas con el apareamiento. Los nematodos procrean como locos (toma un puñado de tierra y tienes buenas probabilidades de tomar miles de estos prolíficos gusanos). Así que olvídate de abarcar las complejidades de la mente humana; ¿cómo se "siente" el sexo de un nematodo? Podría parecer tonto preguntar por los sentimientos de una especie tan simple que puede sobrevivir congelada en nitrógeno líquido. No obstante, en el caso de una especie de nematodo, la *C. elegans*, tenemos el mapa completo de su construcción –un mapa de todas sus 959 células, incluyendo la red de 302 nodos neurales (la puedes encontrar en línea)– y había esperanzas de que este mapa nos ayudara a comprender cómo surgían las sensaciones a partir de esta red de neuronas. No funcionó, ni siquiera en el caso de esta criatura tan simple.

¿Cuál es la naturaleza de la experiencia interna y cómo puede ser resultado de procesos neurales? ¿Cómo crea los procesos neurales la mente? Chalmers llamó a eso "el problema difícil". Es tan difícil que filósofos, poetas, teólogos, científicos y físicos han estado luchando con esta cuestión de la conexión entre el mundo material y el inmaterial durante milenios.

Platón, por ejemplo, veía a la gente como un compuesto de alma inmortal en un cuerpo mortal. La cristiandad abrazó la idea, lo mismo que muchas otras religiones, incluso algunos científicos tempranos lo hicieron. El gran físico matemático y filósofo del siglo XVII, René Descartes, como muchos antes que él, distinguió entre la sustancia física y la sustancia mental. Desde su punto de vista, el cerebro era una estructura física, pero la mente –pensamientos y conciencia— constituía algo completamente distinto que no operaba de acuerdo con las leyes de la física. Hoy, esa idea recibe el nombre de "dualismo mente-cuerpo".

Para Descartes, al igual que para Deepak, las consideraciones filosóficas fueron su guía. En parte, Descartes trataba de refutar a la gente "no religiosa" que sólo ponía su fe en las matemáticas y que no aceptaría la idea de la inmortalidad del alma a menos que pudiera ser matemática y científicamente demostrada. Pero Descartes también se enfrentaba al problema de cómo explicar los fenómenos físicos de una manera consistente con su visión del mundo. En esto él se diferenciaba de la tradición aristotélica, creencia filosófica que reinaba en esa época. La visión aristotélica sostiene, al igual que Deepak, que hay un propósito en el universo. En la versión del propósito de Aristóteles, todos los objetos en la naturaleza, tanto animados como inanimados, se comportan como lo hacen por un fin o una meta, a veces llamada "causa final". Por ejemplo, se diría que una piedra arrojada al aire regresaría a la Tierra porque busca alcanzar el centro de la Tierra. A diferencia de la mayoría de los científicos y académicos de esta época, Descartes se oponía a esta idea y a su aparente implicación de que las piedras tienen conocimiento de una meta y de cómo llegar a ella. En lugar de eso, Descartes emprendió una aproximación materialista, sosteniendo que los objetos no humanos siguen leyes físicas. Su teoría del dualismo mente-cuerpo era en parte un intento para disuadir que la gente asignara propiedades mentales a los objetos inanimados y a los animales no humanos, pretendiendo distinguir el mundo humano –que él consideraba como guiado, en última instancia, por una mente y un propósito– del mundo inanimado y no humano.

Descartes estaba al tanto de ciertas dificultades que plagan el dualismo mente-cuerpo desde el punto de vista científico. Por ejemplo, ¿a través de qué mecanismo físico la mente controla el cerebro? Anatomista reconocido, Descartes llegó eventualmente a la conclusión de que la interfase entre mente y cerebro era una estructura física llamada glándula pineal, situada entre los dos hemisferios cerebrales. Como es una de las muy pocas estructuras cerebrales que no existen en ambos hemisferios, el derecho y el izquierdo, Descartes pensó que era el lugar en que mente y cerebro se comunicaban, y la llamó "el asiento principal del alma".

La teoría anatómicamente basada de Descartes no se acepta hoy, ni siquiera por quienes creen en el dualismo mente-cuerpo. El "problema difícil" –la cuestión relativa al origen de la experiencia– sigue sin resolverse. Sin embargo, los científicos no se avergüenzan por no haber llegado todavía a obtener una respuesta. Puede que ésta llegue el siglo siguiente o el siguiente milenio, pero si las cosas son demasiado complejas para que las comprenda el entendimiento humano, pues nunca llegaremos a la respuesta. En cualquier caso, incluso con base en nuestro limitado conocimiento de hoy, es difícil mantener la distinción entre mente inmaterial y cerebro físico, puesto que, si una realidad que obedece a las leyes físicas tuviera que interactuar con una realidad en que estas leyes no aplican, ¿la interacción no causaría notables excepciones a las leyes de la naturaleza en el mundo físico? Hoy podemos medir rutinariamente los fenómenos físicos, incluyendo los que ocurren en el cerebro humano, con un enorme grado de precisión, pero no hemos visto evidencias de dichas excepciones. Si existen, ¿por qué no las vemos? Por otra parte, abundan evidencias de que los pensamientos, incluso los sentimientos subjetivos *son* manifestaciones del estado físico de las neuronas interconectadas.

Por ejemplo, en el curso del tratamiento a pacientes epilépticos, los neurocirujanos a veces implantan electrodos diminutos en sus cerebros y estimulan el tejido con breves descargas de corriente eléctrica. Lo que observaron va mucho más allá de las respuestas mecánicas que los estudiantes de preparatoria vieron al aplicar electricidad para hacer que la pata de una rana se contrajera. Dependiendo del lugar en que coloquen el electrodo, los científicos pueden hacer que los pacientes escuchen sonidos plenamente identificables, como un timbre o el canto de los pájaros (siendo que esos sonidos no se escuchan en las inmediaciones); o que, de pronto, recuerden algún suceso de la infancia; o sientan urgencias, como la de mover un brazo o una pierna. Estos sentimientos y experiencias que, me parece estaremos de acuerdo, se crean en la "mente", pueden rastrearse directamente hasta el estímulo físico del cerebro, evidencia persuasiva de que el cerebro controla las experiencias de la mente, y no a la inversa.

Una evidencia aún más dramática proviene de pacientes con una epilepsia tan severa que, para brindarles alivio, los cirujanos les retiran un fragmento llamado cuerpo calloso. Estas personas son llamados pacientes de "cerebros divididos", porque al quitar el cuerpo calloso, el cerebro se divide en dos mitades casi idénticas que no están conectadas. Sin el puente de cuerpo calloso que une ambos hemisferios, éstos no pueden, en su mayor parte, comunicar, coordinar o integrar información. ¿Qué sucede con la *mente* del paciente cuando su *cerebro* es dividido en dos? Si la mente existe en un plano inmaterial, la cirugía no debería afectarla. Pero si la mente descansa sólo en el cerebro físico, dividir el cerebro también dividiría la mente.

El neurocientífico Christof Koch escribió sobre un caso así: a un paciente con cerebro dividido le preguntaron cuántos ataques o episodios había experimentado recientemente. Su mano derecha se levantó extendiendo dos dedos. Luego su mano izquierda, controlada por el hemisferio del lado opuesto, se acercó a la otra y obligó a bajar los dedos de su mano derecha. Tras una pausa, su mano derecha volvió a subir indicando tres, pero su mano izquierda volvió a la carga e indicó sólo uno. Parecía que el paciente tenía dos mentes, y estaban teniendo una disputa. Eventualmente, el paciente se quejó de manera verbal de que su mano rebelde, la izquierda, solía "hacer cosas por sí sola". Resulta entonces que es una de las pocas funciones que sólo residen en un lado del cerebro, usualmente el izquierdo, que controla a la mano derecha. Pero aunque su hemisferio derecho no podía hablar, sí podía *escuchar* el comentario. Aparentemente no le gustó lo que escuchó, porque en ese momento comenzó una pelea entre ambas manos. Si la mente no fuera reducible al cerebro, no existe razón por la que dividirlo en dos también hiciera que una conciencia se convirtiera en lo que Koch llamó "dos mentes conscientes en un cráneo".

Deepak escribe: "Digamos que le sigues la pista a una célula del cerebro y llegas hasta los átomos que la conforman, llegando después hasta el nivel de las partículas subatómicas [...] Nadie puede referirse a un proceso físico específico y decir: «¡Ajá! ¡De ahí viene el pensamiento!»." Aunque es verdad que aún tenemos mucho que aprender sobre la conexión entre neuronas y pensamientos, no saber de dónde viene el pensamiento no prueba que su fuente esté en un dominio inmaterial. Los científicos no niegan lo que parece especial sobre la experiencia humana, pero tratan de evitar explicaciones que sean contrarias a la evidencia. Se calcula que, hoy en día, existen unos cincuenta mil científicos alrededor del mundo que estudian el cerebro, y ninguno de ellos, ni de sus predecesores, han encontrado jamás evidencia científica creíble y replicable de que las experiencias mentales de la gente son resultado de alguna otra cosa que no sea un proceso físico que obedece a las mismas leyes que cualquier otro ensamble de moléculas.

Que el origen de la mente está en la sustancia física del cerebro, ha sido demostrado en repetidas ocasiones en la biología, pero también debe hacerse en relación con la física. Por supuesto, es obvio que si alguna entidad inmaterial de otra realidad tirara una lámpara de la mesa, las leyes de la física habrían sido violadas. No necesitas estudiar mecánica newtoniana para saber que la ley natural no permite que las cosas salten por ahí sin una causa física. Pero la mente inmaterial, como la concibe Deepak, no va por ahí tirando lámparas de la mesa. Deepak la ve como una mente que mueve y agita con sutileza. Y aún así, una de sus actividades principales no es nada sutil en modo alguno: la mente inmaterial, de acuerdo con Deepak, procesa conocimiento. Desde su punto de vista, es esta mente no física la que es esencia de quienes somos; sabe lo que nosotros sabemos, siente lo que sentimos y realiza nuestros juicios y decisiones. Pero según las leyes de la física, la existencia de sabiduría, pensamientos, sentimientos o cualquier otro tipo de información en una mente inmaterial, es decir, en una realidad que no tiene sustancia física, es una imposibilidad.

El tipo de problema en que uno puede meterse si se permite la existencia de información inmaterial es ilustrado por un famoso experimento sobre el pensamiento, concebido por el físico James Clerk Maxwell, en 1867. Imagina, como lo hicimos en el capítulo 8, una caja de gas con una partición en medio. En esta ocasión, en lugar de un agujero en la división, imagina una pequeña puerta en ella, una puerta tan pequeña que puede ser abierta o cerrada sin gastar una cantidad apreciable de energía. Cuando la puerta es cerrada, las moléculas a ambos lados están en movimiento constante, rebotando en la partición y también en las paredes de la caja, pero siempre permanecen en el mismo lado. A continuación, imagina a una criatura, también con tamaño y masa insignificante, parada en la puerta, observando las moléculas y dejándolas pasar de un lado a otro a voluntad. Maxwell imaginó a esta criatura dotada de libre albedrío e inteligencia, pero con una sustancia insignificante. En otras palabras, reside en una realidad inmaterial, justo como Deepak cree que lo hace nuestra conciencia. William Thomson, un contemporáneo de Maxwell, lo apodaba el "Demonio de Maxwell".

Supón que este demonio decide que sólo las moléculas de rápido movimiento y alta energía pasarán de la izquierda a la derecha, y que sólo las lentas y de baja energía transiten de la parte derecha a la izquierda. Dado que la temperatura de un gas es una medida de la velocidad de sus moléculas, con el tiempo el del lado derecho se calentará, en tanto que el del lado izquierdo se mantendrá frío. En el capítulo 8, expliqué por qué las moléculas de gas en una caja nunca se colocarán al cien por ciento en un lado de la caja de manera espontánea; podemos decir lo mismo en cuanto a que nunca se dividirán al cien por ciento en frías y calientes. Si un escenario tal fuera posible, sería revolucionario. Por ejemplo, podrías usar el diferencial de temperatura para conducir una máquina, lo que significa que serías capaz de dar energía sin consumir combustible. Pero eso violaría la segunda ley de la termodinámica, que dicta que la entropía –o desorden–, en un sistema cerrado, nunca decrece. Sin embargo, la entropía de los gases en la caja de Maxwell *está* decreciendo, puesto que el demonio dispone las moléculas de manera bastante ordenada.

Esta violación a la segunda ley, que deja a los físicos preguntándose a dónde pudo ir la entropía faltante, ocurre porque al demonio se le ha atribuido una mente inmaterial. Si, por otra parte, la mente del demonio tiene una base material, entonces el "sistema cerrado" que describí incluiría no sólo la caja de gas, sino también la mente del demonio. Veamos cómo cambia eso la ecuación de la entropía. Para que el demonio pueda hacer su trabajo, tiene que notar y recordar información sobre la velocidad de las moléculas. Conforme esa información se acumula en la mente del demonio (o en un cuaderno, o en la memoria de una computadora, si es que el susodicho demonio es un robot), la entropía de la mente se incrementa. Para entender por qué, compara un cuarto vacío con un cuarto que contiene muebles. No importa cómo acomodes las mesas, las sillas y el restante mobiliario, la habitación nunca estará más ordenada que cuando no había nada en ella. Las mesas y las sillas son como fragmentos de información que atascan la mente del demonio: conforme añades información, incrementas la entropía. El resultado final es: el descenso en entropía de las moléculas de gas en la caja es compensado por el incremento en la entropía causado por la acumulación de información en la mente física del demonio. Con eso, comprendemos a dónde fue la entropía faltante, y descubrimos que la segunda ley no ha sido violada. (Para aquellos lectores agudos que se preguntan por qué no sólo uno puede borrar periódicamente la memoria del demonio, ¡resulta que lo único que se logra con eso es transferir la entropía a otro lugar por medio del proceso de borrado!)

La física define no sólo la sabiduría del tipo de la que posee el demonio como información, sino todas nuestras ideas, memorias, pensamientos y sentimientos, lo que significa, de acuerdo con las leyes de la física, que deben existir en algún lugar del universo físico, ya sea integrada a los patrones neurales en nuestros cerebros, codificada en un circuito de computadora, o impresa como letras en una página. Incluso nuestras experiencias de belleza, esperanza, amor y dolor se presentan en un cerebro que obedece las leyes ordinarias de la física. Desafortunadamente, aceptar que una mente que almacena información no puede existir en algún mundo inmaterial no significa que comprendamos el funcionamiento de la conciencia. Los retos que enfrentamos al tratar de comprender cómo un sistema neural que obedece a las leyes ordinarias de la física puede originar una experiencia subjetiva, hacen que este asunto sea uno de los grandes proyectos científicos de nuestro tiempo. Aunque probablemente Deepak dirá que el intento de localizar la mente en el mundo material es un sueño reduccionista y sin sentido, muchos científicos están trabajando justo en ese proyecto, por complejo e imposible que parezca. Y están haciendo progresos reales.

Kock escribió que cuando comenzó a investigar la cuestión de la conciencia, a fines de la década de 1980, prácticamente se consideraba como signo de declive cognitivo, un mal consejo como camino a seguir para un profesor joven, y que no le caería muy en gracia a los alumnos. Pero él y algunos otros trabajaron en el tema, y hoy han cambiado las actitudes antes mencionadas. Existe toda una nueva ciencia de la conciencia. Se trata de ciencia legítima, y nos ha ayudado a comprender qué estructuras del cerebro producen emociones, sensaciones y pensamientos, y cómo están químicamente reguladas y eléctricamente conectadas. Aún no estamos cerca de descubrir la base de la mente, o la conciencia, como un fenómeno emergente basado en las interacciones entre neuronas. No obstante, cada día surge más evidencia que apoya la idea de que las experiencias mentales como amor, esperanza y dolor, son producto de nuestro propio cerebro. Los investigadores en el laboratorio Koch, por ejemplo, han desarrollado una manera en que los sujetos pueden activar células nerviosas individuales en las profundidades de su propio cerebro –células como las que mencioné en el capítulo 1–, permitiéndole controlar el contenido de una imagen en la pantalla de una computadora externa con el simple hecho de pensar en la imagen que desean ver. Experimentos como éste, y el trabajo que se está llevando a cabo en muchos otros lugares alrededor del globo, nos alientan a pensar que estamos en el camino correcto, aunque nos encontramos mucho más cerca del principio del camino que de su final.

Deepak

Hace algunos años, ciertos colegios para negros en Estados Unidos querían recolectar fondos muy necesarios y se les ocurrió una campaña brillante. Su eslogan era: "Es terrible desperdiciar una mente." Más terrible aún sería desechar por completo la mente. Leonard hace eso cuando dice que el amor es comprensible básicamente como un proceso cerebral. Ésta sería una afirmación extraña en cualquier caso, aunque parece un poco más razonable cuando el fraseo exacto vuelve a unirse: "Belleza, esperanza, amor y dolor se presentan en un cerebro que obedece las leyes ordinarias de la física." El amor y la belleza son experiencias esenciales en nuestra vida espiritual. Necesitamos llegar al fondo del asunto respecto a su origen. Hay una respuesta, pero, para aceptarla, debes ver la diferencia entre el amor y los productos de un juego de química.

Leonard pide auxilio a cincuenta mil investigadores del cerebro, y presenta su posición bastante bien. En el campo de la neurociencia se considera que la mente es un subproducto del cerebro, prácticamente igual a como el sudor es un subproducto de la quema de calorías, o las mejillas sonrojadas un subproducto de la excitación sexual. Pero es difícil diseccionar los pensamientos para convertirlos en datos. El amor y la belleza tampoco son reducibles a datos. Como escribió el eminente físico británico, Russell Stannard: "No hay forma de cuantificar conceptos como esperanza, temor y dolor." Para seguir el mandato de Jesucristo en el sentido de buscar el reino de los cielos en nuestro interior, o el ideal griego de conocerse a sí mismo, el camino a seguir sólo se encuentra en la mente. Por eso la espiritualidad pone la mente en primer lugar, el sitio que le pertenece.

¿Cómo se las arregló el cerebro para destronar a la mente? Hace veinte o treinta años, aún se entendía muy poco del cerebro humano. Un neurólogo señalaba que sabíamos tan poco de la memoria que, para el caso, lo mismo daba que el cráneo estuviera lleno de aserrín. El advenimiento de nuevas tecnologías alentó la investigación sobre el cerebro, y hoy un escaneo de resonancia magnética no sólo revela los centros de la memoria en el cerebro, sino que puede mostrar su activación en tiempo real, o su desactivación cuando el paciente sufre del mal de Alzhéimer. Puede que la esperanza, el dolor y el temor no sean cuantificables, pero al menos podemos filmar imágenes de estas emociones como actividad cerebral.

Como sea, la lógica que coloca al cerebro antes de la mente es sorprendentemente débil. Permítanme hacer una analogía: estoy seguro de que no pueden tocar "Twinkle, Twinkle, Little Star" en un piano ¡sin un piano! Es obvio, tan obvio como el hecho de que no puedes tener un pensamiento sin un cerebro. Pero si alguien te dijera que el piano *compuso* "Twinkle, Twinkle, Little Star", la afirmación no tendría sentido. El piano es sólo una máquina, no crea música nueva. Este hecho no tiene vuelta de hoja, ni siquiera examinando las moléculas de cada tecla de marfil en un microscopio electrónico para explicar de dónde viene Mozart; pero los investigadores del cerebro hacen justo eso cuando prueban la estructura molecular de las neuronas para buscar el origen de los pensamientos y los sentimientos. Antes de que un piano pueda producir música, una mente debe escribir las notas. Antes de que un cerebro pueda registrar un pensamiento, una mente debe pensarlo.

Durante siglos, el misterio de cómo la mente se relaciona con el cuerpo ha constituido una cuestión filosófica, no una de índole práctica. En lo que se refiere a la vida ordinaria, el debate cerebro-mente no es precisamente una cuestión urgente. Decimos: "Tengo algo en mente", no "tengo algo en el cerebro". La persona promedio pasa por la vida sin cuestionar jamás que se necesita de una mente para ser humano. Pero este tema tiene implicaciones increíblemente prácticas. No puedes ser indiferente a la cuestión mente contra cerebro si la mente sirve como portal a una realidad más honda; si llegar a esa realidad puede transformar tu vida, la cuestión mente contra cerebro se convierte en la más urgente de todas.

No nos faltan viajeros del mundo interior. La neurociencia ya ha demostrado que los escaneos cerebrales de los monjes budistas avanzados son muy distintos a los de la gente normal. (Antes mencioné el descubrimiento de que los cerebros de los monjes operan al doble de la frecuencia de los cerebros normales, en la región de las ondas gamma.) El descubrimiento más grande fue que la actividad general en el córtex prefrontal era muy intensa –de hecho, la más intensa que se había observado–, un cambio que se produjo después de años de meditar la compasión. Sucede que el córtex prefrontal es el centro de la compasión del cerebro, entre otras funciones de importancia mayor. En este caso, sería inexacto decir que el cerebro se cambió a sí mismo. Primero, los monjes tuvieron la intención de ser compasivos; meditaron sobre el tema durante años y sus cerebros siguieron el ejemplo.

Esto es lo contrario a lo que la ciencia esperaba. Un punto de vista muy extendido entre los médicos occidentales es el de que los visionarios como santa Teresa de Ávila y santa Bernardina, figuras que tuvieron experiencias místicas, pudieron en realidad sufrir de lesiones cerebrales, epilepsia, o cualquier otro mal que las engañó y las hizo pensar que estaban experimentando a Dios. (Entre los ateos inveterados, existen tres maneras de explicar una visión mística: el truco, el engaño y la enfermedad cerebral. La última es en realidad la explicación más compasiva.) Los escépticos pueden argumentar todo lo que quieran sobre cómo un cerebro desequilibrado lleva a pacientes psiquiátricos a creer en ilusiones. Algunos esquizofrénicos con delirio de grandeza creen que pueden hacer que una locomotora se detenga con sólo ponerse frente a ésta y desear que pare. Los curanderos creen que pueden curar el cáncer pidiendo la ayuda de Dios. Los cínicos dicen que esas creencias son pensamiento mágico. Todo mundo sabe que no puedes mover objetos con la mente. Sin embargo, eso es justo lo que haces cuando cierras una mano en puño o cuando arrojas una pelota: tu mente no sólo mueve miles de moléculas en el cerebro, sino que tu intención se disemina por todo el sistema nervioso, llegando a los músculos y a los huesos; en cada etapa de este camino, la mente ha dominado a la materia. En cuanto a la supuesta equivalencia de la santidad con la enfermedad mental, considero que la mera idea es un insulto, una tontería evidente.

Lo que importa es un fuerte deseo de estar cerca de Dios. Como vimos en el caso de los monjes tibetanos, la intención se traduce en nuevas funciones cerebrales. ¿Por qué es tan increíble? Nadie puede explicar por qué tenemos pensamientos, así que no es más misterioso experimentar a Dios que experimentar el jugo de naranja o la Serie Mundial. No podemos virar en una dirección espiritual a menos que el cerebro cambie también. Y es nuestro deseo el que altera el panorama material del cerebro, no a la inversa.

En muchas maneras, la neurología es un distractor cuando se trata de decidir qué es una experiencia válida, dado que el córtex visual se enciende cuando ves un caballo o sueñas con uno. Una imagen es una imagen es una imagen, parafraseando a Gertrude Stein. La espiritualidad adopta una perspectiva más amplia. El cosmos no tuvo que esperar miles de millones de años antes de que el cerebro humano evolucionara. El cosmos se comportaba con sentido mucho antes que eso. He aquí lo que afirma el físico Freeman Dyson: "Parece que la mente, manifiesta por la capacidad de hacer elecciones, es hasta cierto punto inherente a todo electrón."

¿Qué fue primero, el cerebro o la mente? La ciencia está acostumbrada a solucionar problemas difíciles, pero éste, como afirma Leonard, es considerado *el* problema difícil. Quiero advertir que enfrentar mente y cerebro es una propuesta en la que no hay ganador posible. El problema difícil puede solucionarse sin que ninguna de las partes pierda. En primer lugar, ¿por qué debemos pretender que la mente crea a la materia o viceversa? Tal necesidad desaparece cuando pensamos que no existe un momento en los últimos 13.7 mil millones de años en que la materia, de pronto, aprendió a pensar y a sentir. Cuando dejamos de buscar fútilmente ese motivo ficticio, aparece una mejor respuesta: la mente siempre ha estado ahí, si no eternamente, entonces al menos tanto tiempo como la gravedad y las leyes de la naturaleza.

En esta visión alternativa, la mente cósmica nos rodea tan completamente que, sin importar lo que hagamos, no se esfumará. Existe en nuestro corazón, en nuestro hígado y en las células de nuestras vísceras tanto como en nuestro cerebro, proveyendo inteligencia, poder de organización, creatividad y todo lo demás. Incluso si se pierde la cabeza a causa de una psicosis, de las drogas o de un accidente catastrófico, el aspecto de la inteligencia que mantiene andando el cuerpo estará intacto (como atestiguamos en el caso de pacientes en estado de coma). Esto resuelve por demás el dilema de qué fue primero, si la mente o el cerebro. "Ser primero" no es válido o relevante en el vacío cuántico, porque está fuera del espacio y del tiempo. Si la gravedad y las matemáticas comenzaron ahí, es un pequeño paso dar a la mente el mismo estatus. Después de todo, no hay manera de experimentar las matemáticas, la gravedad o cualquier otra cosa sin una mente.

Me percato de que este pequeño paso lleva a la ciencia justo por donde no desea ir, directo al mundo de las cosas que no pueden cuantificarse. Pero la ciencia ya se encuentra ahí. (Una anécdota personal: una vez discutí la conciencia con un prominente físico profundamente versado en el problema difícil. Cuando pregunté si le gustaría discutir el tema públicamente, él pareció encogerse. "No entiendes. La conciencia es el esqueleto en el armario. No la discutimos, pero si lo hiciera, mi reputación profesional quedaría arruinada.") Rumi, el amado místico sufí, comprendió que la mente está en todas partes cuando dijo: "El universo entero existe dentro de ti. Pregúntate todo a ti mismo." Al ubicar a la mente en el universo, se resuelve un acertijo muy incómodo que está como envuelto en el problema difícil: cuando veo un atardecer en mi mente, con el brillante tono naranja diseminado en un cielo azul zafiro, ¿en dónde está ese amanecer? No está en mi cerebro, porque el cerebro no tiene luz o fotos dentro. En el cerebro no hay nada, excepto tejido suave y delicado, algunos "depósitos de agua y oscuridad infernal". No obstante, el atardecer que veo tiene que estar en algún sitio, y la mejor respuesta es decir que se encuentra en el espacio mental.

En el espacio mental, la mente y la materia se mueven como una y la misma cosa. Si yo deseo recordar el rostro de mi madre, puedo conjurarlo de manera instantánea. No importa cuántos miles de neuronas deban trabajar en conjunto, o qué centros del cerebro deben encenderse para hacer que la memoria se convierta en una imagen visible. La mente y la materia son inseparables. Como instrumento de la conciencia, el cerebro humano necesita tiempo para evolucionar. Una vez que ha evolucionado lo suficiente, un pensamiento y una neurona se conectan tan perfectamente como el pianista y el piano, sólo que, en este caso, el cerebro toca la música de la vida.

Leonard utilizó al demonio de Maxell para defender las leyes básicas de la física. No tengo problemas con eso, siempre y cuando las "leyes básicas" incluyan el mundo cuántico del que surgen todas las posibilidades. Permítanme ofrecerles al demonio de Deepak para defender la mente. Este demonio está en la parte más alta del edificio Empire State y desde ahí mira el tránsito. Los autos que van por la Quinta Avenida dan a veces vuelta a la izquierda y otras a la derecha. El demonio sabe que todos los autos obedecen las leyes de la física, al igual que los átomos contenidos en los cuerpos de los conductores. Sabe que puede hacerse una predicción estadística para saber qué auto vira a la derecha o a la izquierda. ¿Significa esto que las leyes de probabilidad nos dicen lo que está haciendo cada conductor? Por supuesto que no, porque el demonio de Deepak se percata de que cada auto representa una mente tomando una decisión. ¿Voy a Macy's o a las Naciones Unidas? Una está a la derecha y la otra a la izquierda. Sin que la mente decida primero, los autos no viran.

De manera que el difícil problema puede ser solucionado, pero se requiere de una visión más amplia para lograrlo. El reduccionismo no basta. Cuando se les pregunta qué significa el mundo cuántico en términos de vida cotidiana, los físicos suelen encogerse de hombros y siguen su rutina diaria. Esta actitud se ha resumido bajo el lema: "Cállate y calcula." La física está orgullosa de su deseo de mantenerse alejada de la metafísica. Sin embargo, nos guste o no, debemos dar un lugar central a la esencia de la existencia. Nuestras mentes no pueden descansar hasta que averigüemos qué es la mente. La espiritualidad siempre ha dado la bienvenida a esa búsqueda; ha llegado la hora de que la ciencia lo haga también.

13

¿El cerebro determina la conducta?

Deepak

No es fácil que la persona promedio se deje convencer de que el libre albedrío no existe. Si vas a un restaurante chino y se te da a escoger un plato de la columna A o de la columna B, no sientes que alguien o algo está eligiendo en tu lugar. El universo funciona de acuerdo con las leyes de la física, pero aún así somos libres de tomar nuestras propias decisiones. Puede que después tengamos dudas sobre la pertinencia de nuestro juicio, es cierto. Al caer en malos hábitos nos percatamos de que algunas opciones se nos pegan y no es fácil cambiarlas. Las adicciones van un paso más allá. Nos hacen sentir que somos esclavos de nuestros antojos y que no tenemos otra opción más que obedecer.

La espiritualidad tiene que ver con ampliar tu horizonte de elecciones. La ciencia puede ayudar o estorbar en este proyecto. Ayuda dándonos control sobre los interruptores mecánicos, sin importar si están en el cerebro o en los genes. Estorba al proyecto cuando insiste en que nuestro cerebro o nuestros genes nos controlan. Ningún asunto es más importante, porque en última instancia sólo hay un maestro que puedes ser tú o los mecanismos de tu cuerpo. La mayoría de nosotros no hemos enfrentado este tema en serio. Escogemos parte del tiempo y el resto funcionamos en automático. De ahí la resistencia de dar a conocer el contenido nutrimental de una Big Mac en el menú. La nutrición implica pensar, la comida rápida no tiene mente. A veces somos claridosos, a veces estamos confundidos, a veces nos sentimos a cargo de las cosas, y otras nos sentimos víctimas de nuestra condición. Pero la vida no tiene por qué ser tan polarizada.

En este momento, la corriente principal de la ciencia es altamente determinista. Como apunta Leonard en un ensayo anterior: "Nuestras elecciones son mucho más automáticas y restringidas de lo que nos gustaría pensar." Me parece que esa afirmación es triste y poco realista. En un escaneo cerebral, la misma zona del córtex prefrontal, asociada con el sentimiento protector de la maternidad, se enciende cuando el sujeto mira fotos de un bebé o de un cachorro. Un determinista diría que está teniendo lugar una reacción idéntica. Pero cuando entras en una habitación donde está presente un bebé, no le das una golosina para perros ni le sacas el aire a un setter irlandés. Pasamos por alto nuestros cerebros todo el tiempo.

Esto es increíblemente importante, porque es demasiado fácil ceder tu poder y caer en la inconciencia. Cuando te sientas con una bolsa de papas fritas en las manos y te comes todo el contenido sin pensar siquiera en lo que estás haciendo, te has vuelto inconsciente. Cuando dejas que otra persona te domine o abuse porque no quieres hacer olas, también te has vuelto inconsciente. Reclamar el poder de elegir se reduce a reclamar conciencia. El primer paso en este proceso es que debes estar despierto, atento, flexible y libre de viejos hábitos.

La neurociencia no ayuda en este sentido cuando reduce el pensamiento y el sentimiento a la categoría de meras reacciones químicas en el cerebro. Ciertos patrones que, supuestamente, dictan la conducta, pueden ser detectados por medio de la resonancia magnética o de una tomografía axial computarizada. En nuestros días, prácticamente todos hemos visto programas de televisión en que un cerebro normal se enciende comparado con un cerebro distorsionado, siendo la distorsión cualquier cosa como un tumor, depresión, insomnio, criminalidad o esquizofrenia. Esos hallazgos no pueden dejarse de lado, por supuesto. La mente no tiene opción y ha de estar ligada al cerebro; cuando el cerebro está físicamente fuera de equilibrio, tendrán lugar cambios mentales. Pero eso está muy lejos de la idea de que el cerebro controla la mente.

Tu conducta es influida constantemente desde muchos ángulos, tanto internos como externos. De hecho, una prueba de que el cerebro no controla la mente es que el cerebro se activa del mismo modo cuando recuerdas un problema –como un accidente automovilístico o ser despedido del trabajo– que cuando en efecto estás en ese problema. Pero no tenemos dificultad para saber que un recuerdo no es lo mismo que un suceso real. Algunos deterministas afirman que el pensamiento debe estar enraizado en los químicos cerebrales, porque ambos están exactamente correlacionados. Un flujo de adrenalina aparece cuando una persona está excitada o atemorizada. Los signos físicos del temor, sin duda, son activados por la adrenalina, pero eso no es lo mismo que decir que la adrenalina, o cualquier otro químico, causan el temor.

Abordemos este tema con mayor profundidad. Existe un estudio de 2010, realizado por la Escuela de Medicina de Monte Sinaí, sobre el vínculo entre una hormona llamada oxitocina y cómo los niños ya crecidos se sienten respecto a sus madres. La oxitocina, conocida popularmente como "la hormona del amor" porque aparece en altos niveles cuando la gente se enamora, se encuentra en todo el cuerpo; en el cerebro, se asocia con cosas positivas como la confianza, el placer sexual y un nivel bajo de ansiedad. Cuando las madres dan a luz, los niveles de oxitocina se elevan en el cerebro, lo que deriva en un poderoso sentido protector. Las madres que rechazan a sus niños o sienten depresión posparto parecen carecer de esta oleada de oxitocina.

Parecería que los químicos deterministas tienen un argumento poderoso en este caso, al decir que la oxitocina provoca que la gente se sienta mejor de varias maneras, y su buen humor lleva a más pensamientos positivos. Por ejemplo, una dosis de oxitocina hará que la gente se sienta y actúe con mayor generosidad cuando está en situación de elegir entre ser generoso o no serlo. ¿De modo que un bajo nivel de oxitocina produce a un señor

Scrooge, mientras que un nivel alto produce a un filántropo como Warren Buffett? Eso sería a todas luces determinista. El nuevo estudio arroja serias dudas en este sentido. Cuando se administró oxitocina a los adultos que han tenido relaciones felices con sus madres, recordaron sentimientos aún más positivos. Pero aquí está el detalle. Cuando los sujetos reportaron que habían tenido una mala relación con sus madres, una dosis de oxitocina aumentó esos sentimientos negativos. La "hormona del amor" tiene su lado oscuro. Para ser más precisos, no existe una correlación uno a uno entre esta hormona y los sentimientos amorosos, y mucho menos una causa determinada.

Ya he mencionado la metáfora más cruel utilizada por los defensores de la inteligencia artificial: que el cerebro humano es una máquina hecha de carne. Muchos investigadores del cerebro no toman esto como un metáfora, sino como un hecho literal, ante el cual existe una respuesta simple y devastadora: una máquina no puede decidir no ser una máquina, pero nosotros podemos hacerlo todo el tiempo. Nuestro sistema nervioso puede hacer que el cuerpo funcione en piloto automático –es por eso que los pacientes en coma no están muertos–, pero si no se está en coma, el mismo sistema nervioso puede ceder los controles a la mente. Decir que es la máquina misma la que decide cuándo estar en control y cuándo no, constituye un desafío al sentido común; es como si el motor de un auto decidiera que es su turno para conducir.

La existencia del libre albedrío, con la preeminencia de la mente sobre la materia, fue apoyada en alguna ocasión por la neurociencia. En la década de 1930, un canadiense pionero de la neurocirugía, Wilder Penfield, descubrió que si se estimula el área del cerebro que controla los músculos largos (el córtex motor), esos músculos se mueven involuntariamente. En una prueba, Penfield insertó un delicado alambre en una zona específica del córtex motor que controla el brazo, y cuando envió una pequeña descarga a través de este alambre, el brazo del paciente se movió.

Preguntaba a sus pacientes qué acababa de ocurrir. Sus respuestas eran: "Mi brazo se acaba de mover." (La cirugía de cerebro suele llevarse a cabo con el paciente despierto y consciente, porque el tejido interno del cerebro no siente dolor.)

Hasta ahora, los resultados de Penfield suenan bastante deterministas. Él demostró que había un vínculo causal entre el cerebro y el cuerpo, y parecería que se está a sólo un paso de decir que el cerebro debe estar controlando el cuerpo. Sin embargo, Penfield creía en la existencia de la mente. Dijo a sus pacientes que levantaran los brazos (sin enviar ninguna carga eléctrica por medio del alambre), lo que hicieron con facilidad. Luego preguntó: "¿Qué pasó ahora?" La respuesta fue: "Levanté mi brazo." En otras palabras, los pacientes conocían la diferencia entre el hecho de que el brazo se levantara y el acto de levantarlo. Uno es automático y el otro es voluntario. Entonces, resulta por demás irónico que los investigadores del cerebro defiendan ahora la noción del determinismo al realizar una vez más este experimento para probar que el cerebro nos controla, cuando de hecho prueba lo opuesto. (Penfield siguió adelante con su distinguida carrera, insistiendo en que el cerebro sirve a la mente.)

Cuando la gente comienza la práctica de las disciplinas espirituales como yoga, meditación, autorreflexión y devoción, descubren que es posible lograr el dominio incluso sobre los procesos involuntarios. En unos cuantos minutos, por ejemplo, puedo enseñarte a bajar tu ritmo metabólico y tu presión sanguínea por medio de un simple ejercicio de atención concentrada. Cuando se llega a la maestría, la meditación puede disminuir el ritmo cardiaco y de respiración hasta casi cero, proeza que realizan yoguis y swamis del lejano oriente. Puedo enseñarte a hacer que las palmas de tus manos se calienten, o a lograr que se produzca una zona roja de calor en la parte anterior de éstas. Los monjes tibetanos usan sus mentes para calentar sus cuerpos lo suficiente para pasar la noche entera sentados en gélidas cuevas de los Himalaya, usando únicamente un manto de seda. La cosmovisión que defiendo quiere que la gente avance en dirección a esta maestría.

¿Cómo te verías siendo un maestro? Formulemos la pregunta sin entrometer tonos religiosos o imágenes exóticas de yoguis y monjes. Maestría significa que serías capaz de seguir la autodeterminación, esto es, tendrías la libertad de escribir el propio guión de tu vida. Podrían existir tantos guiones como personas existen, pero todos tendrían algo en común: los deseos de una persona incrementarían su bienestar. Ahora, pocos de nosotros podemos hacer coincidir confiadamente nuestros deseos con nuestro bienestar. Estamos severamente limitados por la repetición y el hábito. Es aquí donde el libre albedrío da con pared, duro y seguido. Pero, ¿por qué?

Tú y yo somos paradojas espirituales. Se nos ha regalado el sistema nervioso más flexible del universo, lo atamos con miles de pequeñas cuerdas, como le sucedió a Gulliver cuando fue atado en la playa por los liliputenses. Estamos atados a nuestra manera de hacer las cosas, a nuestros gustos y disgustos, por no mencionar a nuestros recuerdos, el condicionamiento del pasado y los botones emocionales que otras personas pueden pulsar. Un psicólogo cognitivo calculó una vez que 90 por ciento de los pensamientos que una persona tiene son los mismos que pensó el día anterior. Pagamos un precio muy alto al dejar que el sistema nervioso funcione en piloto automático.

Es tentador culpar al cerebro de nuestra falta de maestría. Casados con el determinismo, la ciencia neurológica solía hacer afirmaciones que eventualmente probaron ser falsas. Una de esas afirmaciones era que el cerebro estaba "conectado" inexorablemente para dar una respuesta determinada ante un estímulo. Un buen ejemplo es el temor. Cuando nuestros ancestros eran amenazados por animales salvajes, asumían actitud de pelear o huir, y la razón anatómica para ello es que nuestro cerebro reptiliano, heredado de nuestros ancestros, es tan primitivo como el de peces y reptiles. Ubicado encima del cerebro reptiliano, exactamente como sucedería en una excavación arqueológica en que las ciudades están construidas sobre las ruinas de ciudades antiguas, está el cerebro superior o córtex. El cerebro superior es el lugar de asiento del temor. Podemos detectar una amenaza y decirnos: "Cálmate, eso no era un disparo; era el escape de un auto", o "estoy asustado pero no puedo dejar que mis hijos lo noten".

Existen miles de formas en que puedes afrontar el temor por medio de la razón y de las emociones superiores, como la devoción a la familia o un sentido del deber. Pero el temor viene primero. El impulso de pelear o huir tiene un sendero privilegiado en el cerebro, y es por eso que te asustas cuando el escape de un auto detona y piensas en ello después. Pensar te permite valorar si el ruido es inofensivo. No necesitas pelear o huir. En sí misma, esta secuencia de dos partes parece benéfica. Es bueno reaccionar rápidamente ante el peligro, incluso si resulta que el peligro es ilusorio. El problema es que si la reacción se repite lo suficiente, forma senderos fijos en el cerebro, senderos neurológicos que funcionan de manera automática, disminuyendo el libre albedrío. Todos sabemos lo que es perder el control sobre nuestra ira, hábitos alimenticios, peso, ansiedad, depresión y antojos de todo tipo. Hay una máxima del Talmud que dice: "Ningún hombre es dueño de sus instintos." Pero la civilización nos enseña a hacer de nuestros instintos, aliados, no enemigos.

En términos espirituales, perder el control equivale a estar dormido. Los materialistas más extremos creen que el cerebro está a cargo de todo el espectáculo de cualquier modo: estar despiertos es un cuento de hadas que nos contamos a nosotros mismos. Creen que somos marionetas que se rehúsan a ver los hilos que las controlan; y dado que el cerebro tira de hilos invisibles compuestos de químicos y señales eléctricas, somos engañados y creemos que nuestros sentimientos de amor, valentía y amabilidad, así como nuestras aspiraciones, tienen un significado o un sentido.

¿Pero qué hay del hecho obvio de que algunas personas se las arreglan para romper con viejos hábitos, para superar el condicionamiento pasado, para trabajar con los temores y recuperarse de las adicciones? Obedecer a un hábito y dejarlo son cosas opuestas. No puede ser cierto que el cerebro dicte la rígida conducta A y la conducta opuesta a A. Inevitablemente, la ciencia neurológica tiene que suavizar esta insistencia en las conexiones permanentes, llevando a la teoría de la conexión suave, que permite al cerebro cambiar conforme una persona desea cambio. El término técnico para esto es "neuroplasticidad", que se refiere a la manera en que los senderos neuronales pueden alterarse a voluntad.

De pronto, el prospecto de la maestría se nos abre enormemente. Un ejemplo espectacular tiene que ver con la ceguera. Contrario a la creencia popular, la gente no se hunde en la oscuridad absoluta. Generalmente, queda una suerte de mirada de algún tipo. Un hombre que fue cegado al ser rociado con ácido industrial, vislumbraba y desarrollaba intrincados diseños de cajas con docenas de intersecciones. A otro, le dio por arreglar techos y alarmaba a los vecinos al hacer su trabajo en condiciones muy peligrosas por la noche. A veces, otra facultad compensaba la vista perdida. Una vez leí sobre un biólogo marino cuya especialidad era recolectar caracoles marinos altamente venenosos en el Océano Índico; encontraba a las criaturas con los dedos de los pies, identificándolos por medio del tacto y nunca se envenenó. Eventualmente, estos ejemplos inspiradores de neuroplasticidad llevaron a una nueva tecnología, conocida como BrainPort, que da al cerebro una manera controlada de remplazar un sentido con otro.

El BrainPort es un aparato parecido a una gorra llena de electrodos. Comenzó siendo una silla con cables en que estaba instalada una cámara. Había una especie de almohadilla en la espalda de la persona invidente para llevar un patrón de señales eléctricas. La persona sentada en la silla recibía una imagen de lo que la cámara veía. La imagen era enviada a su espalda por medio del sentido del tacto. El cerebro transformaba la imagen "sentida" en una imagen "vista". Este descubrimiento que tuvo lugar hace cuarenta años demostró que un sentido puede sustituir a otro.

Después, el neurocientífico Paul Bach-y-Rita, habiendo logrado este descubrimiento sorprendente, encontró la manera de restaurar el equilibrio en las personas que habían recibido daño en esa región. Perder el sentido del equilibrio es muy desorientador, como caminar por siempre en un barco que se bambolea en el mar. Bach-y-Rita colocaron un cojinete pequeño en su lengua para enviar una mínima señal eléctrica a la derecha, la izquierda, el frente o la parte trasera de la lengua, dependiendo del sentido en que la persona desbalanceada se inclinaba. Los sujetos del experimento pronto aprendieron a llevar la señal a la mitad de la lengua, lo que significaba que estaban derechos. Después de un rato, el cerebro adoptó la tarea por sí mismo. Una persona que antes no podía mantenerse de pie, ahora podía desconectarse del BrainPort y caminar, o incluso andar en bicicleta por sí mismo.

El cerebro es guiado por la determinación, como aprendió muy pronto la familia Bach-y-Rita. En 1959, el padre de Paul, Pedro, sufrió una embolia que le paralizó un lado del cuerpo y afectó su habla. Un segundo hijo, George, era psiquiatra, y al desafiar la creencia en boga de que dicho daño era irreversible (no se suponía que el cerebro fuera capaz de curarse a sí mismo), George ayudó a que su padre recuperara una vida normal. Años más tarde, cuando Pedro murió, su cerebro fue examinado y se encontró que el tallo cerebral, la porción dañada por la embolia, de hecho, se había reparado sola.

Podemos agradecer a un aspecto de la ciencia por estos descubrimientos, incluso si otro aspecto se aferra al determinismo. La bifurcación en el camino no puede ser más clara. Si tú y yo elegimos la maestría, nuestro aliado espiritual encuentra un aliado físico. El cerebro humano, como el universo mismo, hace lo que esperas que haga de acuerdo con tus creencias más hondas.

¿Por qué no creer que tu cerebro puede llegar a la maestría? Si un sentido puede ser sustituido por otro, si el cerebro puede sanarse a sí mismo, y si los senderos neurales se desarrollan porque una persona decide que pueden hacerlo, existe mucha más libertad de la que jamás imaginamos disponible para nosotros.

Leonard

En su libro titulado *La incoherencia de los filósofos*, el filósofo sufí del siglo XI, Abu Hamid al-Ghazali, escribió que cuando el fuego se aplica al algodón, el algodón no se quema por el fuego, sino que es quemado directamente por Dios. De acuerdo con su punto de vista, nuestra expectativa de que el fuego provoque la quema del algodón aumenta porque cada vez que hemos acercado el algodón al fuego, Dios ha deseado que el algodón se queme; pero el fuego mismo no puede dictar la quema porque eso ataría de manos a Dios, y Dios tiene la libertad para hacer lo que desea. En lo general, al-Ghazali argumentaba que las leyes de la naturaleza son una suerte de ilusión en la que hemos llegado a creer, porque Dios es racional y, por lo regular, consistente (excepto en el caso de los milagros). La relación entre la causa y el efecto sólo *parece* seguir leyes inalterables, siendo que en realidad las verdaderas causas de los sucesos están fuera de nuestra realidad física.

Deepak y muchos otros muestran una actitud muy semejante cuando se trata de la conexión entre cerebro físico y conciencia humana. Podemos estudiar el cerebro y comprender sus leyes, pero desde su punto de vista, el sustrato físico de nuestro córtex es controlado en última instancia por la mano invisible de la conciencia, que es la verdadera fuente de nuestros pensamientos, sentimientos y acciones. Deepak cree que el cerebro es el títere de una mente inmaterial, que, por ser inmaterial, no está gobernada por las leyes de la física.

Deepak compara las neuronas de nuestro cerebro con un piano, y nuestra mente consciente con la música que el piano hace sonar. Desde esta perspectiva, la conciencia se expresa por medio de nuestro cerebro físico de la misma forma en que las notas musicales cobran vida gracias a un piano físico. Deepak dice: "No pueden tocar «Twinkle, Twinkle, Little Star» en un piano sin un piano [...] Pero si alguien te dijera que el piano *compuso* «Twinkle, Twinkle, Little Star», la afirmación no tendría sentido." Eso es verdad. Pero si alguien te dijera que "Twinkle, Twinkle, Little Star" fue compuesta en una realidad inmaterial de conciencia universal, eso también sonaría ilógico, y *eso*, si sigues la analogía de Deepak, es la alternativa que ofrece.

No permitamos que nos distraigan las analogías. Dado que ambas cosmovisiones –la que dice que la conciencia proviene de una realidad externa, y la que afirma que se genera dentro del cerebro mismo– constituyen un reto, la forma de progresar al dilucidar la relación entre mente y cerebro es *examinar* el cerebro y ver qué tanto de lo que hacemos y sentimos puede serle atribuido. Deepak escribe que no se puede comprender nada sobre la relación entre un piano y cómo se toca la música "examinando las moléculas de cada tecla de marfil en un microscopio electrónico", pues él cree que esto se parece a lo que los investigadores están tratando de hacer cuando acuden al cerebro para encontrar una base física para la mente. Sin embargo, cuando uno analiza el cerebro *sí* descubre que existe mucha evidencia de que el cerebro es la fuente de la conciencia.

Deepak y yo hemos estado haciendo todo el trabajo hasta ahora, lo que es justo, pues somos los autores. Pero he aquí un pequeño ejercicio para ti. Echa un vistazo a los bloques representados en la siguiente página. Uno de los lados negros parece largo y estrecho, mientras el otro luce más corto y ancho. No lo son; si los mides, descubrirás que son idénticos. Eres engañado porque las perspectivas de los dibujos fueron diseñadas para aprovechar la ventaja de una ligera falla en la forma en que tu cerebro percibe las formas. Ahora, por favor, mira los bloques una y otra vez, y, ya que sabes que son idénticos, trata de verlos así. Descubrirás que no puedes. Estas ilusiones y la incapacidad de superarlas son evidencia de que no existe una mente externa separada del cerebro físico y capaz de mandarlo. No podemos trascender el funcionamiento del cerebro físico.

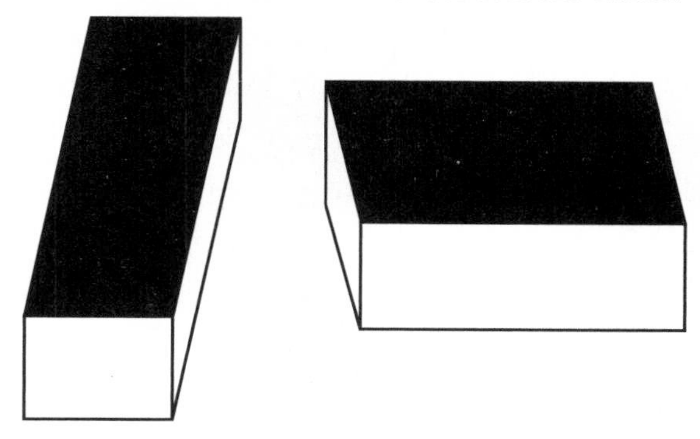

He aquí otro ejemplo. Mira los rostros que se encuentran debajo. ¿Qué impresión te dan? ¿Se trata de un hombre y una mujer de atractivo semejante, siendo la mujer la que aparece a la derecha? Todos somos caprichosos cuando se trata de hacer juicios sobre el atractivo, pero el primer requisito para una vida amorosa exitosa es ser capaz de reconocer el sexo de tu preferencia cuando lo ves. Y si piensas que los rostros de abajo pertenecen a gente de distintos sexos, estás equivocado. Se trata del mismo rostro, con una diferencia única en el grado de contraste de la foto. Tanto en las personas del lejano oriente como en la población caucásica –las poblaciones estudiadas–, los rostros femeninos muestran mayor contraste, y aunque probablemente eso te resulte novedoso, no lo es para tu cerebro. El cerebro interpreta automáticamente la imagen con menos contraste como un hombre. Incluso si sabes que los rostros son idénticos, es difícil o imposible pasar por alto el juicio automático de tu cerebro.

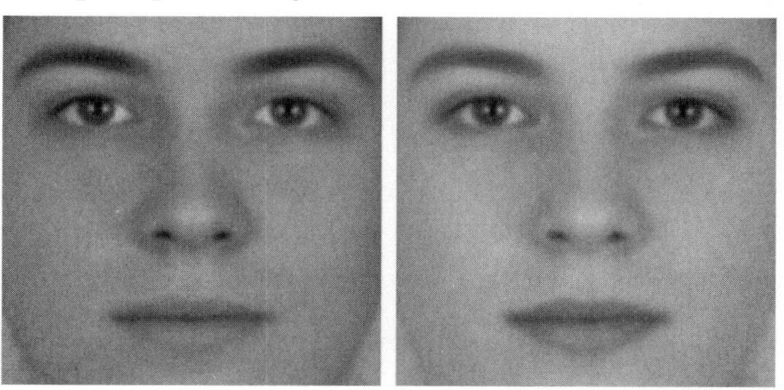

También existen muchos ejemplos impresionantes de la relación determinista entre el cerebro y la mente en los animales no humanos. Mencioné el cortejo de las moscas de la fruta en el último capítulo. Constituye casi toda su vida social y es, en palabras de un investigador, "la actividad que mejor realizan". El cortejo usual en el macho consiste en acercarse a la hembra, tocarla con sus patas delanteras, vibrar sus alas, lamerla, y luego curvar su abdomen y esperar. Si ella está interesada se aproximará; y si no lo está, moverá sus alas frente a él. ¿Cómo interpretar el pavoneo de la mosca de la fruta? Se ha rastreado hasta llegar a un gen que produce una proteína particular, que es creada en ciertas neuronas ubicadas en el cerebro de la mosca. Esas neuronas parecen dirigir cada paso de la secuencia coordinada de cortejo. Por ejemplo, cuando un biólogo modificó genéticamente a las hembras para que éstas produjeran la versión masculina de esa proteína, las hembras persiguieron agresivamente a otra hembras, y realizaron la danza del cortejo masculino.

También los mamíferos pueden ser manipulados química o genéticamente, de modo que parecen quedar reducidos a la categoría de robots. Por ejemplo, aunque las ovejas hembra pueden ser muy agresivas con los corderos extraños, se muestran cariñosas con sus propios bebés. Resulta que su admirable conducta maternal es directamente rastreable hasta adjudicarla a la oxitocina que se libera en el cerebro de la madre cuando pare. Durante el periodo en que la oxitocina es elevada (que dura hasta unas dos horas después del parto), una oveja mamará y se relacionará con cualquier oveja que se aproxime, memorizará su olor y luego procederá a criarla hasta la vida adulta sin que importe el hecho de que sea o no su hija. Sin embargo, pasada esa ventana de oportunidad, una oveja perseguirá y alejará a cualquier cordero con el que no se haya relacionado, incluso a su propio hijo si el bebé permaneció alejado hasta el descenso de los niveles de oxitocina. Más aún, la conducta vinculante del cordero puede volver a presentarse en cualquier momento si se aplica una inyección de oxitocina.

Otros animales en que se ha estudiado extensamente el rol de la oxitocina son los campañoles, un grupo de cerca de 150 especies que se parecen a los ratones. Un tipo de campañol, el de la pradera, es un compañero leal que forma vínculos de por vida y rara vez toma una nueva pareja, incluso si su pareja original desaparece. Sin embargo, otras dos especies de campañoles, el *Microtus montanus* y el *Microtus penssylvanicus*, son solitarios y promiscuos. Como sucede en el caso de las ovejas, la conducta de estos animales puede rastrearse hasta la oxitocina y un compuesto relacionado de nombre vasopresina. Al aumentar el nivel de estos químicos en el cerebro de algún ejemplar de las dos especies mencionadas, tendremos como resultado un marido y un padre modelo, en tanto que si se reducen estos compuestos en los individuos monógamos mencionados, hasta ellos terminan siendo solitarios empedernidos como sus primos. Es interesante señalar que los científicos han encontrado un gen que gobierna los receptores de vasopresina en el cerebro humano, y se ha descubierto que se pueden provocar entre los humanos diferencias análogas a las observadas entre los *Microtus*. Los hombres que se parecían a los *Microtus* solitarios, en cuanto a niveles de vasopresina, tenían dos veces más probabilidades de experimentar problemas maritales, y la mitad de probabilidades de estar casados.

Deepak pregunta: "¿De modo que un bajo nivel de oxitocina produce a un señor Scrooge, mientras un nivel alto produce a un filántropo como Warren Buffett? Eso sería a todas luces determinista." Obviamente, nuestra experimentación es limitada cuando se trata de seres humanos, pero cuando los niveles de oxitocina se manipulan en los animales, la respuesta ha sido: sí; manipulaciones como esas resultan en los correspondientes cambios de conducta.

La relación entre la oxitocina y la conducta de las personas es, por supuesto, mucho más complicada que en el caso de los animales señalados. Como menciona Deepak, en los humanos la oxitocina también parece tener una relación con ciertos sentimientos negativos. Eso no quiere decir que los cerebros no determinen la conducta. Significa solamente que son complicados y que las hormonas juegan muchos roles. No obstante, en el caso de las madres humanas, como sucede con las ovejas, la oxitocina se libera durante el parto y promueve los vínculos.

El hecho de que el cerebro dirige la conducta y las emociones es tristemente evidente en el caso de personas que han sufrido daño cerebral. En ningún caso es más espantoso el efecto sobre la conducta de un cerebro alterado, que cuando éste afecta el juicio moral de una persona. "El juicio moral es, para muchos, la operación esencial de la mente más allá del cuerpo; es como la firma terrenal del alma", escribió el neurocientífico Joshua Greene. Pero Greene y otros científicos han hecho muchos progresos en comprender cómo el cerebro físico crea juicio moral, de la misma forma que codifica recuerdos o interpreta información visual. Un área del cerebro vital para esa función recibe el nombre de corteza prefrontal ventromedial, o CPVM, localizada unos centímetros detrás de la frente. Los pacientes con problemas severos de la CPVM no cambian sus capacidades intelectuales, pero muestran menos empatía y un rechazo menor cuando se trata de lastimar a otros. En un estudio a un grupo con lesiones en la CPVM y a otro de control, se les presentaron elecciones morales hipotéticas relacionadas con el asesinato de una persona inocente en virtud del bien común. Los del grupo que tenían lesiones en la CPVM tuvieron el doble de probabilidades de empujar a alguien a las vías del ferrocarril para salvar a otros, y lo mismo paso en el caso de sofocar a un bebé cuyo llanto amenazaba con atraer soldados enemigos. En la vida real, el daño en la CPVM ha sido asociado con divorcio, pérdida de empleo y conducta social inapropiada. De hecho, muchos criminales reincidentes son psicópatas que suelen mostrar una conducta cruel desde una edad temprana, mostrando también poca emoción y falta de empatía a lo largo de sus vidas. Los neurocientíficos han descubierto una base neural para esas conductas, que abarcan una amplia gama de regiones cerebrales, como la CPVM y la amígdala. "Debido a su daño cerebral, estos pacientes tienen emociones sociales anormales", dijo el neurocientífico Ralph Adolphs, investigador dedicado a la CPVM.

Por lo común aceptamos que la incapacidad física en las víctimas de embolias se debe al daño cerebral, pero el prospecto de considerar "lo maligno" como un déficit neurológico, como resultado de la estructura cerebral de una persona, puede ser inquietante. Puede parecer que estamos exculpando al individuo ("su cerebro lo hizo hacerlo"). Sin embargo, existe un grupo para el que permitimos pequeños lapsus morales o éticos, los que podemos adjudicar a un desarrollo insuficiente del córtex prefrontal. Se trata de un grupo fácilmente identificable cercano al corazón de muchos de nosotros. Me refiero, por supuesto, a los niños. Reconocemos que, antes de cierta edad, no deben ser tratados como adultos responsables ni pueden ser imputables. Nuestro sistema legal hace esta distinción, lo mismo que todos nosotros; la razón principal para ello es que el córtex prefrontal no está suficientemente desarrollado hasta los veintitantos años. Las conductas riesgosas en que incurren los adolescentes y su falta de control de impulsos ante la necesidad de satisfacción inmediata son por todos conocidas, y ahora no sólo sabemos que existen estas conductas, sino que también conocemos el porqué de su existencia.

Estoy de acuerdo con Deepak en que la conducta humana "es influida constantemente desde muchos ángulos". Esos ángulos incluyen experiencias pasadas, circunstancias actuales y su influencia en las muchas estructuras cerebrales que, con sus complejas interacciones, nos convierten en las personas que somos. Pero todos esos ángulos están dentro de nuestro mundo físico. No existe evidencia de que, como Deepak cree, nuestros cerebros sean controlados por algo externo. Aún así, no somos esclavos de nuestros genes. La gente puede cambiar y yo estoy de acuerdo con Deepak en que "cuando la gente comienza la práctica de disciplinas espirituales como yoga, meditación, autoreflexión y devoción, descubren que es posible lograr el dominio incluso sobre procesos involuntarios".

La neurociencia no ataca esas ideas, sino que provee apoyo para ellas. De hecho, los estudios de los monjes budistas que han demostrado modular la actividad de sus cerebros son ejemplos de que existe un ciclo de retroalimentación. Al igual que los sujetos experimentales mencionados en el capítulo 12, que podían hacer que sus neuronas se activaran a voluntad para controlar imágenes exhibidas en una pantalla de computadora, los monjes ofrecen otro ejemplo de que una decisión del sistema mente-cerebro puede alterar el cerebro.

La maestría, la autodeterminación y la libertad para escribir el guión de nuestra propia vida son metas admirables, y creo que nosotros, es decir, nuestros cerebros, pueden alcanzarlas. Y no necesitan salir del mundo material para hacerlo.

14

¿Es el cerebro como una computadora?

Leonard

En 1955, un grupo de científicos dedicados a la computación pidieron apoyo a la Fundación Rockefeller para conseguir fondos y financiar así un encuentro de diez expertos en el Dartmouth College. Los científicos dijeron que intentaban "proceder sobre la base de que todo aspecto del aprendizaje o cualquier otro aspecto de la inteligencia puede, en principio, ser descrito con tal precisión que podría fabricarse una máquina que lo simulara. Se intentará descubrir cómo lograr que las máquinas usen el lenguaje, formen abstracciones y conceptos, resolviendo problemas hasta ahora reservados a los humanos, y que sean capaces de mejorarse a sí mismas". Detallaron su agenda clara y consistentemente, pero la frase más impactante de su propuesta es la que seguía a la definición de su agenda. Dijeron: "Pensamos que puede lograrse un avance significativo en uno o más problemas de los señalados, si un grupo cuidadosamente elegido de científicos trabajan juntos durante un verano." En retrospectiva, parece obvio que un progreso significativo en el campo de la inteligencia artificial se llevaría décadas, no "un verano"; como dijo el neurocientífico cognitivo Michael Gazzaniga, eran "un tanto demasiado optimistas".

En la esencia misma de este optimismo exagerado y temprano, yace la metáfora del "cerebro-como-computadora", que es, en el mejor de los casos, una sobresimplificación. Las características operativas de cerebros biológicos son muy distintas de las de computadoras usadas en 1955, o incluso de las mucho más sofisticadas que construimos hoy. Las computadoras convencionales consisten en componentes electrónicos, como los transistores –una suerte de interruptor de encendido– que implementan una serie de operaciones lógicas llamadas puertas. El lógico George Boole probó en 1854 que cualquier "expresión lógica", incluyendo complejos cálculos matemáticos, puede ser implementada por un "circuito lógico" fabricado al unir con alambres los componentes construidos con base en cuatro puertas fundamentales, llamadas Y, O, NO y COPIA. Estas puertas transforman uno o dos bits de información al mismo tiempo (un bit es un registro, ubicación de almacenamiento, que puede tener 0 o 1 como valor). Por ejemplo, una puerta NO cambia un 0 en 1 y viceversa; en tanto que una puerta COPIA cambia el 0 a 00, y el 1 a 11. Sin importar el uso que se les dé, todo lo que una computadora hace en realidad es aplicar puertas lógicas electrónicas a los bits, haciéndolo a uno o a dos a la vez. Por otra parte, los cerebros ejecutan operaciones de forma paralela, haciendo millones de cosas simultáneamente.

Existen muchas otras diferencias. Los procesos del cerebro son ruidosos –es decir, están sometidos a disrupciones eléctricas indeseadas que degradan la información útil– en tanto que las computadoras son confiables. Los cerebros pueden sobrevivir a la remoción de las neuronas individuales, mientras una operación computacional fallará si un solo transistor es destruido. Los cerebros se ajustan a sí mismos para cumplir la labor en turno, mientras las computadoras están diseñadas y programadas para realizar cualquier pequeña tarea que deben realizar. Las arquitecturas físicas también son muy diferentes. El cerebro humano contiene mil billones de sinapsis, en tanto que un sistema computacional de varios millones de dólares puede llegar a tener un billón de transistores. Más aún, aunque las sinapsis (los espacios entre neuronas por medio de los cuales fluyen señales eléctricas y químicas) se parecen un poco a los transistores, la conducta neuronal es muchísimo más compleja que la de un componente cibernético. Por ejemplo, una neurona se activa –mandando su propia señal a otras miles de neuronas–, cuando las señales conjuntas de las neuronas que la alimentan llegan a cierto límite crítico, pero también importa el momento en que llegan las señales. También existen señales inhibidoras, y las neuronas pueden contener elementos que modifican el efecto de los mensajes entrantes. Se trata de un diseño intrincado de mucha mayor riqueza y complejidad que cualquier cosa empleada en los aparatos electrónicos.

Aún así, una metáfora puede ayudar, incluso cuando las cosas que se comparan se corresponden en un solo aspecto. Carson McCullers escribió que "el corazón es un cazador solitario", y es una observación maravillosa a pesar de que los corazones no portan rifles. Así que también puede ser útil pensar en el cerebro como una computadora, a pesar de las diferencias en el diseño físico y la operación, ya que tanto los cerebros biológicos como los "cerebros" computacionales producen conductas semejantes. Entre los animales simples y las computadoras avanzadas (de acuerdo con los estándares de hoy) puede ciertamente darse el caso. Tomemos el caso de la avispa cazadora hembra, la *Sphex flavipennis.* Cuando una hembra de esa especie está lista para poner sus huevecillos, hace un agujero y caza un grillo. La futura madre pica tres veces a su presa, para luego arrastrar al insecto paralizado hasta el borde de la madriguera y lo acomoda cuidadosamente de manera que sus antenas toquen apenas la abertura. Una vez que el grillo está en posición, la avispa entra al agujero para inspeccionarlo. Si todo está en orden, arrastra al grillo al interior y pone sus huevos cerca, de manera que el grillo sirva como alimento una vez que las crías eclosionen. Habiéndose completado su papel de madre, sella la entrada y se va. Al igual que las ovejas descritas en el capítulo anterior, estas avispas parecen actuar racionalmente, con lógica e inteligencia. No obstante, el naturalista francés Jean-Henri Fabre notó, en 1915, que si el grillo se mueve ligeramente cuando la avispa está adentro inspeccionando el nido, en cuanto sale volverá a colocar al grillo en la posición correcta, y de nuevo entrará para revisar la madriguera, como si hubiera llegado con el grillo por vez primera. De hecho, no importa cuántas veces se mueva el grillo, la avispa repetirá el ritual completo. Parece que la avispa no es tan inteligente y racional después de todo, sino que sigue un algoritmo fijo, un conjunto de reglas fijas. Fabre escribió: "Este insecto, que nos asombra, que nos aterroriza con su inteligencia extraordinaria, nos sorprende al momento siguiente con su estupidez cuando se enfrenta a un hecho simple que se sale de lo normal." El científico cognitivo Douglas Hofstadter llama a esta conducta *sphexishness*.[6]

Si las criaturas vivientes pueden dar la impresión de inteligencia, pero desilusionar cuando llegan al nivel de la *sphexishness*, las computadoras digitales pueden emocionarnos cuando logran un mérito modesto. Por ejemplo, en 1997 una máquina jugadora de ajedrez llamada Deep Blue venció al campeón mundial de ajedrez, Gary Kasparov, en un encuentro a seis partidas. Transcurrido el encuentro, Kasparov dijo que vio inteligencia y creatividad en algunos de los movimientos de la computadora y acusó a Deep Blue de obtener consejo de expertos humanos. En el dominio limitado del ajedrez, Deep Blue no sólo pareció humana, sino superhumana, pero aunque el carácter humano que Deep Blue desplegó en el tablero fue mucho más complejo, matizado y convincente que el cuidado maternal dispensado por la avispa, no surgió de un proceso que la mayoría de nosotros consideraríamos inteligente. La máquina de 1360 kilos tomaba sus decisiones similares a las humanas examinando doscientos millones de posiciones por segundo, lo que típicamente le permitía anticiparse entre seis y ocho movimientos, y en algunos casos hasta veinte o más. Además, disponía de un registro o tablas de movimientos aplicable a la primera etapa de la partida, la de apertura, y otro conjunto de tablas aplicables a las estrategias de finales de partidas. Por otra parte,

[6] Término intraducible que hace referencia al género *Sphex*, al que pertenecen estas avispas [N. del T.].

Kasparov dijo que podía analizar unas cuantas posiciones por segundo, y que confiaba más en la intuición humana que en el poder de procesamiento. Incluso, sin verificar que no hubiese trampa, existe una forma sencilla de ilustrar las diferencias en inteligencia: sólo cambia un poco el juego. Por ejemplo, cambia la posición de inicio de las piezas, o elimina la importante regla del fin de juego que permite que un peón se convierta en cualquier pieza más poderosa si llega al extremo opuesto del tablero. Kasparov podría ajustar su pensamiento consecuentemente, pero Deep Blue se parecería más a la avispa que no logra adaptarse a las circunstancias y elaborar un juicio, con lo que su aparente inteligencia quedaría diezmada por su inflexibilidad.

Deep Blue tenía una capacidad sobrehumana para el ajedrez, pero no se trata de lo que la mayoría de nosotros llamaría "inteligencia". Lo mismo puede decirse de Watson, una computadora de IBM que juega Jeopardy y que, en 2011, venció al campeón humano. IBM equipó esta máquina con una base de datos con doscientos millones de páginas contenidas en 4 000 gigabytes de espacio en disco duro, y la dotó con cerca de 16 000 gigabytes de RAM y con un estimado de seis millones de reglas lógicas que la ayudaron a obtener las respuestas. Sin embargo, aunque Watson solía estar en lo correcto, llegaba a las respuestas valiéndose de búsquedas basadas en la fuerza bruta y en correlaciones estadísticas, no en lo que uno podría llamar "entendimiento" de la pregunta. Ese tema se comprende mejor si acudimos a algunas de sus respuestas equivocadas, como el haber elegido Toronto como respuesta en la categoría de "Ciudades estadounidenses". Detrás de su vasta base de datos y de su impresionante capacidad de responder preguntas formuladas en lenguaje coloquial simple, no había nada que pudiéramos llamar inteligencia real.

El juego de *Jeopardy* es una invención relativamente reciente. También lo son las computadoras. El que una computadora pudiera ser programada para jugar ajedrez como un ser humano inteligente fue una propuesta hecha en 1941 por Alan Turing, antes de que la primera máquina que razonablemente pudiéramos llamar "computadora electrónica" se hubiera construido. Uno de los pensadores más influyentes del siglo XX, Turing, proveyó muchas de las ideas que son cimiento de la ciencia cibernética y de nuestra era digital. Él reconoció la limitación de una computadora que tuviera inteligencia *sphenish* confinada a un dominio particular, y argumentó que las máquinas pensantes también deberían ser máquinas que aprendieran, que fueran capaces de alterar sus propias configuraciones.

¿Cómo puede uno juzgar si una computadora es inteligente? Según Turing, la inteligencia no debe valorarse de acuerdo con el proceso por medio del cual los seres o las máquinas operan, sino más bien desde el exterior, examinando su conducta. Así, juzgamos a la gente en nuestra vida cotidiana; después de todo, normalmente no tenemos acceso a los sentimientos internos y a los procesos de pensamiento de la gente que no conocemos. En tiempos de Turing, poco se sabía sobre el funcionamiento detallado de los cerebros biológicos, pero Turing creía que, sin importar cuáles fueran las similitudes y diferencias físicas, una computadora con inteligencia y conducta similares a la humana sería construida eventualmente.

La vida de Turing y su brillante carrera terminaron pronto trágicamente, cuando se suicidó en 1954, después de ser forzado por el gobierno británico a someterse a una terapia hormonal porque era gay. Unos días antes de su muerte, Turing publicó un artículo titulado "Máquinas computadoras e inteligencia", en el que delineaba una prueba para la inteligencia que ahora se llama la prueba Turing. En su forma actual, esta prueba consiste en un ser humano y una computadora que interactúan por medio de mensajes textuales con un juez humano imparcial. Si el juez no puede distinguir cuál de los concursantes es humano, se dirá que la máquina es inteligente. Turing predijo que las computadoras pasarían esta prueba antes de que transcurriera medio siglo, esto es, antes del año 2000.

La prueba de Turing hizo su aparición en la cultura popular en 1966, con un programa de computadora simple llamado

ELIZA, integrado por doscientas líneas de programación. ELIZA empleaba un puñado de trucos para generar respuestas amables, que a veces sonaban sorprendentemente humanas. En las décadas transcurridas desde entonces, los científicos especialistas en computadoras han creado muchos otros "robots conversadores". He aquí una pequeña muestra de un diálogo reciente en un concurso sobre la prueba de Turing. ¿Puedes distinguir qué hablante es el juez humano y cuál es el robot concursante?

BILL: ¿Sabes algunas buenas bromas?

JOAN: Ni siquiera conozco ninguna mala. No las puedo recordar por mucho tiempo.

BILL: Por favor, cuenta una broma.

JOAN: ¿Qué obtienes si caminas bajo una vaca?

BILL: No sé.

JOAN: Una palmadita[7] en la cabeza.

BILL: Es muy buena.

JOAN: Lo sé.

La conversación tuvo una duración de veinticinco minutos. La verdad: Joan es la computadora. Pero a diferencia del diseñador de ELIZA, que sólo siguió *scripts* fijos, el creador de Joan siguió el consejo de Turing y diseñó esta máquina que obtenía su "inteligencia" por medio del aprendizaje. El programa "charló" en línea durante años con miles de personas reales, construyendo una base de datos de varios millones de comentarios, en que la máquina busca estadísticamente cuando compone sus respuestas.

Los especialistas en computación aún no tienen éxito en crear un programa que pueda engañar consistentemente a jueces humanos en un periodo largo de tiempo. Al conocer el nivel y la operatividad de Joan, me parece que obtenemos dos conclusiones. Primero, lograr "inteligencia" del tipo de la prueba de Turing en una computadora digital es mucho más difícil de lo que la gen-

[7] Doble sentido imposible de traducir en español (*pat*: palmadita o también porción, regularmente de carne para hamburguesa) [N. del T.].

te creyó inicialmente. Segundo, algo está mal con la prueba de Turing, dado que una máquina que forma discurso pegoteando diálogos por medio de la repetición de respuestas previamente encontradas, no demuestra inteligencia.

Aunque la prueba de Turing es cuestionable y ha caído de la gracia de los investigadores en inteligencia artificial, ninguna otra prueba para este tipo de inteligencia ha llegado a tener aceptación general. No obstante, existen algunas muy interesantes. Christof Koch y su colega Giulio Tononi argumentan que, contra lo que creía Turing, la clave está en valorar el proceso que ese ser o máquina utiliza, algo más fácil de decir que de hacer si no se tiene acceso a la experiencia interna del candidato. Proponen que una entidad se considere inteligente si, cuando se le presenta una escena aleatoria, ésta puede extraer la esencia de la imagen, describir los objetos que hay en ella y sus relaciones –tanto espaciales como causales–, y realizar extrapolaciones razonables y especulaciones más allá de lo presentado. La idea es que cualquier cámara puede capturar una imagen, pero sólo un ser inteligente puede interpretar lo que ve, razonar sobre ello y analizar exitosamente situaciones nuevas. Para pasar la prueba Koch-Tononi, una computadora tendría que integrar información de muchos dominios, crear asociaciones y emplear la lógica.

Por ejemplo, mira la siguiente imagen proveniente de la película *Repon Man*. Un insecto que se arrastrara sobre la página podría detectar las cualidades puramente físicas de la foto, una disposición rectangular de pixeles, en escala de grises. Pero en sólo un instante y sin esfuerzo aparente, tu mente se percata de que la imagen representa una escena, identifica los elementos visuales, determina cuáles son importantes e inventa una historia probable según lo advertido. Para satisfacer los criterios de la prueba Koch-Tononi, una máquina inteligente debe ser capaz de detectar al hombre con la escopeta, a la víctima con los brazos alzados y las botellas en los anaqueles. Además, debe ser capaz de concluir que la fotografía representa un robo a una licorería, el ladrón está tenso, la víctima está aterrada y que un auto podría estar afuera para la escapatoria. (Obviamente, las escenas representadas deben adecuarse a la base de conocimientos culturales de la persona o computadora que se somete a prueba.) Hasta ahora, ninguna computadora se acerca siquiera a lo anterior. Una aproximación no inteligente, de fuerza bruta, como las que han tenido éxito limitado para pasar la prueba de Turing, de nada sirve para superar la prueba Koch-Tononi. Hasta los investigadores mismos creen que un éxito limitado en su propia prueba podría alcanzarse dentro de muchos años. De hecho, hasta hace pocos años, las computadoras lograron tener la habilidad que cualquier niño de tres años domina: distinguir un perro de un gato.

La causa de que las computadoras hayan tenido tan poco éxito hasta ahora en lograr el mismo tipo de inteligencia que nuestro cerebro, ¿es un problema técnico que podremos solucionar en el futuro? ¿O es que el cerebro humano es imposible de replicar?

En sentido abstracto, el propósito de los cerebros y las computadoras es procesar información, esto es, datos y relaciones entre datos. La información es independiente de la forma que adopte. Por ejemplo, supón que estudias una escena, que luego le tomas una fotografía y que escaneas la foto para tenerla en tu computadora. Ni tu memoria ni la de la computadora contendrán una imagen literal de la escena. En lugar de ello, por medio de un ordenamiento de sus propios constituyentes físicos, la mente y la computadora simbolizarán la información definida por la escena con su propio sello de identidad. La información de la escena física estaría ahora representada en tres formas: la imagen fotográfica, la representación que está en tu cerebro, y su representación en la computadora. Ignorando los asuntos relativos a la distorsión y a las limitantes de resolución, estas tres representaciones contendrían la misma información.

Turing y otros convirtieron esas intuiciones sobre la información y su procesamiento en una idea llamada "la teoría computacional de la mente". En esta teoría, los estados mentales como la memoria de la fotografía, y hasta tus conocimientos y deseos se llaman estados computacionales. Éstos son representados en el cerebro por estados físicos de neuronas, e igual que los datos y los programas, están simbolizados como estados en los procesadores dentro de una computadora. Así como una computadora sigue estos programas para procesar datos de entrada y producir datos de salida, el pensamiento es una operación que procesa estados computacionales y los produce nuevos. En este sentido abstracto, tu mente es como una computadora. Pero Turing todavía llevó la idea un paso más allá. Diseñó una máquina hipotética, llamada ahora máquina de Turing, que en teoría podía simular la lógica de cualquier algoritmo computacional. Eso demuestra que, en el sentido de que el cerebro humano sigue una serie de reglas específicas, sí se puede –en principio– construir una máquina que haga una simulación de este proceso.

La teoría computacional de la mente ha probado ser útil como marco de referencia que los científicos pueden usar para pensar el cerebro, y generar términos técnicos comunes en la teoría de la información que ahora se aplican ampliamente en la neurociencia (términos como "procesamiento de señal", "representaciones" y "códigos"). Nos ayuda a pensar en los procesos mentales de manera teorética, y también ayuda a entender mejor cómo las creencias y los deseos no necesitan residir en otra realidad, sino que pueden estar contenidos en el universo físico.

Sin embargo, los cerebros biológicos no son máquinas de Turing. El cerebro humano puede hacer mucho más que sólo aplicar algoritmos a los datos y producir otros datos de salida. Como describí antes, puede alterar su propia programación y reaccionar ante un medio ambiente cambiante (no me refiero nada más a recibir datos sensibles del exterior, sino hasta de su propio estado físico). Además, tiene una resistencia asombrosa. Si el cuerpo calloso es cortado partiendo en dos al cerebro, una persona no muere, de algún modo sigue funcionando, prueba maravillosa de lo distintos que somos de las máquinas computadoras que construimos. Un cerebro humano puede sufrir la degradación que causa la enfermedad o el deterioro de vastas secciones por medio de embolias e impactos accidentales y aun así organizarse para seguir adelante. El cerebro también puede reaccionar psicológicamente, y es resistente en espíritu y en su capacidad de curarse a sí mismo. En la obra *Tropezar con la felicidad*, el psicólogo Daniel Gilbert escribió sobre un atleta que, tras muchos años de extenuante quimioterapia, se sintió alegre y dijo: "No cambiaría nada", y sobre un músico que quedó inhabilitado, pero que luego dijo: "Si tuviera que hacerlo todo de nuevo, me gustaría hacerlo de la misma manera." ¿Cómo pueden decir cosas así? Pase lo que pase, encontramos el camino. Como dice Gilbert, la resiliencia está a nuestro alrededor. Son estas cualidades de la mente humana las que nos elevan por encima de las simples máquinas algorítmicas, proveyéndonos la belleza de ser humano y también el gran misterio que la ciencia debe todavía desentrañar.

Deepak

La última vez que alguien te preguntó si creías que llovería, ¿respondiste que tenías que analizar algunas variables al azar para averiguarlo? ¿Si una persona te pidiera traducir el *Kalévala* (épica nacional finlandesa), responderías: "Perdone, pero eso no está programado en mi *software*"? La realidad es que las personas no pensamos como las computadoras, máquinas que trabajan con dos números, el 0 y el 1, para llegar a sus "pensamientos". Incluso si crees, como al parecer hace Leonard, que el cerebro eventualmente revelará los secretos de la mente, debes estar al tanto de que el cerebro no opera usando ceros y unos. En realidad no existe semejanza alguna entre nuestros cerebros y las máquinas "pensantes" diseñadas, lo que significa que las comillas no serán borradas por el momento.

Inevitablemente, el otrora prometedor campo de la inteligencia artificial (IA) no se ha acercado siquiera a reproducir un pensamiento real. Leonard ha abordado los principales problemas de la IA, así que no me queda más que asentir y seguir adelante. No obstante, hay una pregunta crucial que parece haberse quedado en el aire. Si el cerebro no es como una computadora, ¿qué hace para producir pensamientos? Yo creo que la respuesta es muy clara: el cerebro no produce pensamientos. Los transmite a partir de la mente. ¿Entonces cómo lo hace la mente? Crea significado. No sólo eso, sino que el significado evoluciona y, al hacerlo, el cerebro trata de ponerse a la altura, guiado por la siguiente cosa interesante que la mente desea considerar.

Si una computadora comprendiera el significado de las cosas, la IA tendría un avance espectacular. La ciencia ficción se convertiría en realidad, dado que una de las tramas favoritas de este subgénero consiste en computadoras que superan a los humanos que las crearon, convirtiéndose en artilugios demasiado humanos en sí mismos. HAL, la computadora de a bordo en *2001: Odisea del espacio*, se robó la película sonando más simpática que los robóticos astronautas que viajaban por los confines del espacio. Los espectadores quedaron estupefactos cuando HAL decide matar a la tripulación por el bien de la misión; y, sin embargo, es conmovedor cuando el último astronauta trata de desmantelar la memoria de HAL y ésta, moribunda, ruega: "Por favor, no lo hagas, Dave. Me siento extraña." La obra *Yo, robot*, de Isaac Asimov, explora el mismo tema: la rebelión de los esclavos mecánicos contra sus amos o creadores.

La capacidad que tienen las computadoras para imitarnos no es mero entretenimiento. Uno de los programas más ingeniosos que se han creado fue ELIZA, mencionado por Leonard. ELIZA usaba un truco muy astuto basado en una corriente de la psicoterapia desarrollada por Carl Rogers, en las décadas de 1940 y 1950. Este programa tranquilizaba a los pacientes haciendo comentarios empáticos simples, como "entiendo", "háblame más de ese asunto", o sólo "um". Programar esas afirmaciones en ELIZA, hizo que fuera innecesario que la computadora supiera algo del mundo real. Las respuestas amables y empáticas hacen que la gente se sienta escuchada y comprendida. Y listo: una computadora pudo hacerse pasar por humano. (De hecho, varias personas que hablaron con sus computadoras por medio de ELIZA reportaron resultados terapéuticos tan buenos como los obtenidos de un psiquiatra real.)

Mi postura es que las computadoras nunca pensarán, pueden hacerse buenas imitaciones mediante trucos, pero ninguna máquina es capaz de crear significado, cruzando la línea que separa la mente de la materia. Como sea, en el instante en que pretendo haber logrado esto, un obstáculo enorme surge en el camino. El cerebro es materia, y parece que trafica con significado. Si fragmentos de químicos que flotan en una célula cerebral pueden transmitir las palabras "te amo" y esperar con exquisita vulnerabilidad a que la otra persona responda en el mismo sentido, es posible que una computadora haga lo mismo en el futuro. ¿Por qué no?

Antes de lanzarnos de cabeza en el complejo argumento sobre la mente y el significado, consideremos el siguiente experimento. Unos sujetos se ofrecieron voluntariamente para participar en un experimento de Harvard sobre una estrategia de juegos. Se les sentó frente a un monitor y les explicaron las reglas de un juego específico: "Estás jugando con un compañero escondido detrás de una pantalla. Hay dos botones que ambos pueden pulsar, uno está marcado con un 0 y el otro con un 1. Si ambos presionan 1, tú y tu compañero obtienen un dólar. Si ambos presionan 0, no obtienen nada; pero si presionas 0 y tu compañero presiona 1, obtienes cinco dólares y tu compañero nada. El juego dura media hora. Comenzamos."

Imagina que eres un participante en el juego. ¿Cuál sería tu estrategia? ¿Cooperarías presionando 1 todo el tiempo, de modo que tu compañero obtuviera la misma recompensa? ¿O presionarías el 0 mientras tu compañero presiona inocentemente el 1, de modo que obtendrías una recompensa mucho mayor? Estarías tentado a hacerlo, pero si tu compañero se molesta lo suficiente, podría vengarse presionando 0 todo el tiempo, obligándote a hacer lo mismo, con lo que ninguno de los dos obtendría nada.

Después de realizar el experimento, se preguntó a los sujetos qué tal jugaron sus compañeros. Muchos respondieron que eran irracionales. Por ejemplo, incluso cuando los sujetos presionaron 1 muchas veces seguidas, denotando un deseo de cooperar, sus compañeros se rehusaron a hacerlo. Presionaban 0 para obtener cinco dólares, y en otras ocasiones parecían sabotear las cosas sin ningún sentido. Fue necesario castigarlos presionando 0 todo el tiempo, pero eso tampoco los molestó.

En realidad, nada tenía que ver con estrategia lúdica. Era un experimento en proyección psicológica, pues no existían los compañeros ocultos. Cada sujeto jugó contra un generador de números al azar, el cual producía ceros y unos sin orden ni concierto. Sin embargo, cuando se les preguntó cómo eran sus compañeros, los sujetos proyectaron rasgos humanos, usando términos como "tortuoso", "no cooperativo", "inconstante", "deshonesto", "estúpido" y demás. Parece que la mente humana crea significado incluso cuando no lo hay.

Para la mente, todo es significado y las máquinas no pueden viajar a ese territorio. A menos que tengas a mano a Beethoven para alimentar la máquina con una Décima Sinfonía, o a Shakespeare para alimentarla con su obra perdida *Cardenio*, o a Picasso para alimentarla con una pintura jamás plasmada sobre el lienzo, la máquina es incapaz de hacerlo. La inspiración creativa no puede reducirse a la escritura de un código. La inteligencia artificial estaba destinada al fracaso desde el principio porque la "inteligencia" fue definida como lógica y racionalidad, como si los otros aspectos del pensamiento humano –emociones, preferencias, hábitos, condicionamientos, dudas, originalidad, sinsentido, etcétera– estuvieran fuera de lugar. De hecho, constituyen la gloria de nuestra muy sofisticada y perversamente deliciosa inteligencia. El significado florece en nosotros en todas sus facetas, no sólo como razón. Estas facetas incluyen la irracionalidad misma. La guerra atómica es un ejemplo de dicha conducta irracional que nos hace encogernos de terror ante nuestra propia naturaleza, pero *Mona Lisa* y *Alicia en el país de las maravillas* son igualmente irracionales, y nos sentimos fascinados por estas obras.

Las computadoras están limitadas por reglas y precedentes, sin los cuales una máquina basada en la lógica no puede operar. Las computadoras no dicen: "Cuando estaba fantaseando, se me ocurrió algo repentinamente." No obstante, Einstein soñaba despierto constantemente, y la estructura del benceno se le reveló en un sueño al químico Friedrich August Kekulé. (De manera un tanto irónica para la IA, el fisiólogo alemán, Otto Loewi, quien ganó el Premio Nobel de Medicina en 1936, descubrió cómo los nervios transmiten señales gracias a un sueño.) Así que debemos estar agradecidos con lo irracional. Pascal, el filósofo francés, tenía razón al decir: "El corazón tiene razones que la razón no puede conocer."

Imagino que Leonard estaría de acuerdo en esto, pero también imagino que se se aferraría a la idea de que, algún día, una mayor comprensión del cerebro nos dirá qué es el pensamiento, parece tener fe en que las redes neuronales darán la respuesta. Sin embargo, ¿qué pasa si esta supuesta solución no existe? Puede que no exista un modelo del cerebro más simple que el cerebro mismo. Esto no significa que la conexión mente-cerebro no está evolucionando. Ciertamente evoluciona. Cuando la mente creó el proceso de lectoescritura hace varios miles de años, una zona del córtex cerebral se adaptó e hizo que la lectura y la escritura fueran posibles. Cuando se crean nuevas formas de arte moderno, la gente al principio suele rascarse la cabeza en desconcierto, justo como hicieron cuando apareció la teoría de la relatividad de Einstein. Pero pasado un tiempo, se ponen al corriente y luego, el cubismo y la relatividad se tornan normales para la siguiente generación, al igual que sucede con la lectoescritura. Una vez que entrenas a tu cerebro para leer y escribir, no puedes volver atrás y reclamar tu analfabetismo. Esas marcas negras en la página serán siempre letras, no manchas azarosas. El significado te ha obligado a avanzar irrevocablemente.

La vida espiritual es moverse hacia delante, y yo aventuro que la ciencia, por sí misma, nunca logrará igualar ese proyecto. El hecho de que la mente sea inmaterial forma parte de la esencia de mi argumento, pero también sucede lo mismo con una cuestión más técnica, relacionada con un argumento matemático famoso, conocido como los teoremas de incompletud de Gödel. Para entender lo que esos teoremas significan en el contexto de la vida cotidiana, debemos adentrarnos en la naturaleza de los sistemas lógicos. Somos las únicas criaturas que amamos todo tipo de sinsentidos. "Brillaba en bruma negra el sol",[8] pero formamos nuestro hogar en el sentido.

En nuestro deseo en pos de significado, la lógica es nuestra herramienta primaria para determinar qué tiene sentido y qué no lo tiene. ¿Pero cómo podemos estar seguros de tener razón? Las leyes de la naturaleza tienen sentido porque pueden reducirse a una expresión matemática, un sistema lógico completo. Por eso nos decimos que dos y dos son cuatro, y no tres o cinco. Pero, ¿puede la lógica engañarse a sí misma? De ser así, entonces puede ser que el mundo dé la impresión de tener sentido cuando en realidad no es así. (Hace miles de años, los antiguos griegos luchaban con este tema y llegaron a conformar paradojas desconcertantes, como la siguiente. Un filósofo cretense llamado Epiménides declaró: "Todos los cretenses son mentirosos." ¿Debemos creerle? No podemos saberlo. Puede estar diciendo la verdad, pero eso significa que él mismo está mintiendo. La autocontradicción se encuentra integrada a la oración.)

De forma simplificada, es el problema que enfrentó Kurt Gödel (1906-1978), matemático austriaco que se unió a la oleada de inmigrantes ilustres que escaparon de Europa durante la Segunda Guerra Mundial para vivir en Estados Unidos. La especialidad de Gödel era la lógica que gobernaba a los números. No tenemos que adentrarnos en ese campo especializado, excepto para decir que los números naturales (que podemos contar, como 1, 2, 3, etcétera) son considerados como hechos de la naturaleza y, por lo tanto, pueden representar a otras cosas que consideramos

[8] "Twas brillig, and the slithy toves", primer verso del poema *Jabberwocky*, de Lewis Carroll [N. del T.].

como hechos. Los números necesitan ser consistentes; cuando les aplicas procedimientos, los resultados deben ser demostrables. Lo mismo puede decirse de los hechos en relación con el cuerpo, el pulso cardiaco y la presión sanguínea, porque también son gobernados por los números. Los médicos aprenden qué rango numérico se considera normal, y así tu salud puede medirse contra un estándar.

Gödel destiló los números hasta llevarlos a su esencia más pura; usó procesos lógicos que llevaron a cosas como las computadoras. Lo que Gödel descubrió es que los sistemas lógicos tienen fallas intrínsecas. Contienen afirmaciones que no pueden probarse, de ahí su noción de incompletud. Su primer teorema dice que la incompletud es el destino de todo sistema lógico; nunca existirá un sistema que explique todo. Su segundo teorema es que, si analizas un sistema desde su interior, puede ser consistente, pero no podrás saberlo mientras estés dentro del sistema. Existen algunos puntos ciegos, porque ciertas asunciones son parte de todo sistema. Si quieres escapar a estas fallas inevitables, debes encontrar la manera de salir del sistema. La lógica no puede trascenderse a sí misma.

La espiritualidad argumenta que la conciencia puede ir adonde la lógica no. Existe una realidad trascendente y, para llegar a ella, debes experimentarla. Leonard, sofisticado desde el punto de vista matemático, puede ser capaz de demostrar que he malinterpretado estos asuntos altamente técnicos, pero es muy difícil escapar a una de las conclusiones principales de Gödel: que los sistemas matemáticos incluyen ciertas afirmaciones aceptados como verdad, pero que no pueden ser probados. Si saco esto del dominio de los números, Gödel está diciendo que ciertas cosas no comprobables están entretejidas en nuestra explicación de la realidad. Los religiosos hacen afirmaciones basadas en la asunción de que Dios existe, aunque no pueden probarlo. Los materialistas hacen afirmaciones basadas en la asunción de que la conciencia puede ser ignorada, lo que tampoco pueden probar. ¿Por qué seguimos viviendo con estos factores X incomprobables? Se me ocurren varias respuestas.

1. **Fe**: creemos en ciertas cosas y eso nos basta.
2. **Necesidad:** Debemos crear el sentido de este mundo, incluso si hay contradicciones en el camino.
3. **Hábito:** las asunciones incomprobables no han molestado a nadie hasta el momento y, por lo tanto, nos hemos acostumbrado a olvidarlas.
4. **Conformidad:** el sistema puede tener fallas, pero todos los demás lo usan, así que yo también lo haré. Quiero pertenecer.

Junta todas estas razones y cada vez menos mortales –incluso menos mortales entrenados en la ciencia– encuentran fácil defender sistemas con fallas que no quieren admitir. Pero no sólo nos aqueja el talón de Aquiles de la lógica. Estamos atrapados por las implicaciones del segundo teorema de Gödel: un sistema lógico no puede revelar sus inconsistencias; la ceguera está incorporada. Sé que estoy humanizando las matemáticas, lo que hace de mí un completo extraño a este campo, pero los sistemas nos abarcan por completo: sistemas políticos, religiosos, morales, de género, económicos y, sobre todo, el materialismo. Es vital saber que has sido condicionado a aceptar estos sistemas sin importar que lo que se asume sea incomprobable. (Vale la pena hacer hincapié en que "incomprobable" no significa "equivocado". No puedo probar que mi madre me amó, pero aun así es verdad.)

En varias ocasiones, Leonard ha afirmado que no podemos aspirar a cosas infantiles como Dios, la vida después de la muerte, el alma y esperar que sean verdaderas. No creo que la espiritualidad haya surgido de nuestros deseos. Surgió porque sabios, santos y videntes del mundo se las arreglaron para escapar a las limitaciones del sistema lógico en que Leonard tiene tanta fe.

Las intuiciones de Gödel pueden extenderse hasta demostrarnos que las máquinas lógicas no pueden dar saltos creativos, porque cualquier sistema que no puede revelar sus fallas internas estará siempre confinado a la prisión de su lógica. Piensa en una computadora que puede detectar un millón de tonalidades del rojo. Si le preguntas cuál es la mejor, no tendría nada que decir. Lo "bueno" está fuera de su horizonte lógico. Por fortuna, la naturaleza se rehúsa a quedar prisionera de la lógica, y los humanos hemos dado cuenta de ello. Cuando Picasso inventó el cubismo, cuando Tolstoi imaginó a Anna Karenina saltando a las vías del tren, cuando Keats escribió la versión final de "Oda a un ruiseñor" en unos cuantos minutos de gran intensidad, convirtiendo un poema prometedor en una obra maestra, la creatividad dio saltos que no se basaban en la combinación de ingredientes anteriores. La lógica nada tuvo que ver en eso.

Leonard menciona a Deep Blue, la computadora que jugaba ajedrez. El 11 de mayo de 1997, Deep Blue ganó un encuentro programado a seis partidas contra el campeón mundial Gary Kasparov. Esta victoria, que costó diez años de trabajo, surgió de un proyecto estudiantil en la Universidad Carnegie Mellon. Fue una derrota angustiosa y emocional para Kasparov (sabemos que la computadora no sintió nada al ganar), quien había vencido a Deep Blue el año anterior. Me gustaría abordar este asunto desde otro punto de vista. Deep Blue es un ejemplo perfecto de un sistema lógico autocontenido que no puede escapar a sus asunciones básicas.

La máquina no sabía nada, a no ser por su poder de procesamiento numérico y, por lo tanto, no tenía idea de cómo jugar ajedrez. Sabía procesar, a velocidades increíbles, el conocimiento humano que le era proporcionado. Los grandes maestros del ajedrez suelen mostrar una adorable arrogancia respecto a lo que hacen. Alexander Alekhine, un campeón mundial de origen ruso, fue cuestionado por sus admiradores sobre cuántos movimientos podían ver por adelantado en una partida. Él respondió tranquilamente: "Sólo puedo ver un movimiento. El correcto." Jugar ajedrez es una actividad intuitiva. Involucra entender todo el tablero, leer las intenciones del oponente, tomar riesgos y demás. Los grandes maestros no memorizan miles de partidas para jugar al nivel en que lo hacen. *Aprenden* de miles de juegos, lo que es completamente distinto. La mente está entrenando al cerebro, que a su vez da a la mente una base más amplia, y así sigue el proceso de evolución conjunta entre mente y cerebro. Lo único que Deep Blue podía hacer era absorber este conocimiento y escupirlo de vuelta.

Finalmente, hablaremos de una rama de la IA que está diseñando manos artificiales para remplazar las perdidas en batalla; incontables veteranos de guerra inhabilitados y otros amputados se beneficiarían si el proyecto tiene éxito. Determinar cuáles son las complejas señales que manda y recibe una mano humana es increíblemente difícil. ¿Podrá algún día una prótesis de mano esculpir algo bello como la Venus de Milo? ¿Podrá sentir la superficie lisa y dura del mármol? Oponerse a semejante trabajo parecería un desatino, y los críticos de la IA son tratados rutinariamente como enemigos del progreso. Pero debemos tomar en cuenta la labor del neurocientífico del Instituto Salk, en San Diego, Vilayanur Ramachandran, y su fascinante trabajo con amputados.

Tras una amputación, muchos pacientes experimentan miembros fantasma. Sienten como si la mano o el brazo aún estuvieran ahí; además, los miembros fantasma pueden ser extremadamente dolorosos, casi siempre en función de la sensación de que los músculos están tensos. El profesor Ramachandran sabía que las medicinas hacen poco para aliviar este dolor, incluso cuando se suministran dosis altas de analgésicos poderosos. Al considerar este problema, dio un salto creativo. Tomó a un paciente cuyo brazo derecho había sido amputado y lo sentó frente a una caja que tenía un espejo dentro, dividiendo la caja en dos. Cuando el brazo izquierdo del paciente era colocado en la caja, se le pedía a éste que echara un vistazo dentro. El paciente veía dos brazos, siendo el derecho únicamente un reflejo. Pero para el ojo común, la imagen reflejada parecía real.

Luego se pidió al paciente que cerrara y abriera ambas manos, la real y la fantasma. Para sorpresa de todos, esta simple acción traía alivio, a veces instantáneo, al dolor intenso e intratable. El cerebro era engañado por la visión de un brazo derecho "real", y Ramachandran sugiere que al área del cerebro que recibió datos de los miembros (el córtex somatosensorial) se le habían cruzado los cables, daba cuenta del miembro perdido adaptando otras regiones cercanas reservadas a pies y rostro. Mostrar una imagen del brazo derecho en una caja permitió al cerebro volver a trazar el mapa, por lo que la distensión de los músculos fue posible. (Un curioso descubrimiento paralelo de la teoría de Ramachandran en el sentido de que se le cruzaron los cables al cerebro, es que, a veces, las sensaciones de un brazo amputado se transfieren a la zona que recibe sensaciones del rostro. Así, al acariciar el rostro del sujeto, reportaba sentir las caricias en su brazo ausente.)

Esto sólo puede suceder gracias a que la mente, siendo diferente del cerebro, se las arregló para engañar al cerebro y sus señales de dolor. Los métodos de Ramachandran están siendo probados en los hospitales para veteranos. No todos los amputados se benefician de igual modo, y el tiempo pasado en la caja con espejo varía, pero la clave era probar que el cambio súbito era posible. La neuroplasticidad, es decir, la habilidad de que los viejos atajos cerebrales se conviertan en nuevas vías, cobró nuevo prestigio.

Me gustaría ir un poco más allá. Si lográramos descubrir lo que está dentro de la mente, se nos abriría una puerta a la inteligencia superior. El truco –y se trata del truco de siempre– es que la mente sólo puede ser explorada por la mente. Toda persona sabe cómo ver en su interior. Reflexionamos, adivinamos y tratamos de obtener sentido de nuestros propios motivos. (He aquí algunos ejemplos familiares: "¿Por qué dije algo tan estúpido?" "No sé cómo lo supe, pero lo supe." "¿Qué me hizo comerme todo eso?") Conocer tu mente no es fácil. La diferencia entre la vida espiritual y cualquier otro tipo de vida se reduce a esto. En la espiritualidad, descubres qué es la mente en realidad. La conciencia se explora a sí misma y, lejos de llegar a un callejón sin salida, el misterio se revela. Entonces y sólo entonces florece la sabiduría. *El reino de Dios está dentro, yo soy el camino y la vida, ama a tu prójimo como si se tratara de ti mismo:* no estamos ante hechos objetivos. No pueden deducirse por medio del cómputo. La mente ha buscado en sus profundidades hasta descubrir su fuente, que es trascendente.

Hablando de la presencia de Dios, en Hebreos (11: 3) se dice: "Lo que se ve fue hecho de lo que no se veía." Si quieres, puedes hacer coincidir esa afirmación con la física cuántica, pero a fin de cuentas, proviene de otra cosa, de la capacidad de la mente de conocerse a sí misma. Eso también es una cuestión asumida incomprobable, pero lo que nos salva es que ésta, en particular, es verdadera.

15

¿Piensa el universo por medio de nosotros?

Deepak

Una de las organizaciones más admiradas del mundo es Médicos sin Fronteras, cuyos valientes miembros viajan a los lugares problemáticos del mundo para llevar alivio. Sería muy inspirador si las fronteras en disputa llegaran a desaparecer en todo el mundo, pero las fronteras en donde se libran las batallas más intensas son mentales, y son las que debemos desaparecer primero. Todos, incluso los de mentalidad más abierta entre nosotros, estamos atrapados detrás de dichas fronteras.

Digamos que estás leyendo este capítulo sentado en un jardín, bajo un árbol, en un día soleado. Puedes recargarte en su rugosa o fría corteza y pensar. Para tener pensamientos, necesitas glóbulos rojos que circulen en tu torrente sanguíneo; así es como el cerebro obtiene la energía necesaria para pensar. También necesitas del Sol, pues sin él la vida en la Tierra no puede existir. Necesitas al árbol, porque sin la fotosíntesis, los animales que respiran oxígeno nunca habrían aparecido. ¿No significa esto que el árbol y el Sol son tan importantes como la sangre? Los límites establecidos entre mente, cuerpo y mundo natural son convenientes, por supuesto, y vivir dentro de ciertos límites se convierte en una segunda naturaleza conforme aprendemos a definirnos como madres, padres, hijos, esposos o solteros cuando llegamos a casa. Sin embargo, al cosmos se le olvidó especializarse, de modo que ofrece toda la realidad a un tiempo, en un paquete enorme y desordenado.

Este hecho puede ser abrumador (motivo por el cual la gente vuelve a la comodidad de sus palomares bien definidos y familiares). Ello implica que el universo –todo, no sólo nuestro cómodo rinconcito– trabaja por medio de cada uno de nosotros. Para que puedas realizar tu siguiente inhalación, el universo entero tuvo que colaborar, eres la punta creciente del cosmos, la chispa fresca de la vida llevada a todo lo que existe, de la misma manera en que la punta de una hoja de una sequoia del Pacífico es posible en función de todo el bosque y, en última instancia, de toda la Tierra.

Reúne el coraje para verte a ti mismo de este modo. Deja de lado cualquier definición limitada de quien eres y líbrate de las fronteras por un momento. Yo propongo que no sólo el universo físico actúa por medio de ti. Cuando quitas la máscara de la materia, te das cuenta de que el universo ama a través de ti, que crea a través de ti y que evoluciona a través de ti. Una verdad así es muy personal. Para aceptar la vida espiritual, esta verdad debe ser real para ti, puesto que constituye la conexión con una realidad superior. La ciencia ve a los seres humanos como puntos aislados en el cosmos, resultado accidental de la mente en una creación sin mente. Sin embargo, la mente es la conexión que hace real la espiritualidad. Conforme el universo actúa por medio de ti, te envuelve en la mente cósmica.

¿Cómo sabes que tienes una mente? Sin tomar un curso de filosofía, la mayoría de la gente acepta intuitivamente la máxima de René Descartes: "Pienso, luego existo." Pero no dirían lo mismo de un árbol, una nube, un neutrón o una galaxia. Las fronteras son testarudas, los muros son gruesos. Lo que necesitamos es una definición más libre de la mente que todo lo abarca.

En su intrigante libro *Mindsight*, el doctor Daniel Siegel, psiquiatra muy inquisitivo de la Universidad de California en Los Ángeles, ofrece una definición de ese tipo y ha tenido muchos problemas al someterla a prueba. Al principio, trató de definir la mente preguntando a varios colegas (presumiblemente, todos tenían una mente), pero nadie pudo darle una respuesta satisfactoria. Siegel estaba particularmente interesado en las cualidades de la mente que no podían ser adscritas al cerebro, y encontró una:

la capacidad de observación de la mente. Nuestra capacidad de observar el mundo es uno de los mayores misterios. Si pretendes que la mente es lo mismo que el cerebro, debes responder una sencilla pregunta: ninguno de los ingredientes que conforman una célula cerebral, proteínas, potasio, sodio o agua, puede observar, pero tú sí puedes hacerlo; ¿cómo adquirieron estos objetos esa capacidad?

Hagamos que un escritor explore el misterio de forma elocuente: "Soy una cámara con el diafragma abierto, bastante pasiva, grabando, no pensando. Grabo al hombre que se rasura tras la ventana de enfrente y a la mujer del quimono que lava su cabello. Algún día, todo esto tendrá que ser revelado, impreso, fijado." El lugar es la Alemania nazi. Quien habla es el narrador anónimo de la impresionante novela corta de Christopher Isherwood, *Adiós a Berlín*, cuyos personajes se volvieron famosos gracias a la película musical *Cabaret*. El narrador hace las veces del Isherwood mismo, quien deseaba mantener viva la verdad convirtiéndose en un observador objetivo de la historia, conforme Hitler se adueñaba de Europa, y se producían los horrores de una Segunda Guerra Mundial. Pero ciertos factores obran en contra de Isherwood: el ojo no es una cámara. El cerebro no tiene imágenes fotográficas en su interior. La percepción es una función de la conciencia, de modo que la mente es primero, antes que cualquier aparato físico, ojos, oídos o cerebro. Por eso Isherwood dice "yo" soy una cámara.

Queda claro que las preferencias de Leonard están con los mecanismos fijos. Ofrece ilusiones ópticas atractivas para probar que algunas cosas se ven de la misma manera automáticamente, sin importar cuánto intentes verlas de forma distinta. Para mí, las ilusiones ópticas prueban justo lo contrario. He aquí un ejemplo clásico:

¿Qué ves en la siguiente ilustración? ¿Es un jarrón blanco puesto en medio de la imagen o la silueta de dos perfiles que se miran de frente? Ambas cosas son posibles, y el quid del asunto consiste en que puedes *decidir* lo que quieres ver. Puedes pasar de una representación a otra a voluntad. Como sucede con cualquier aspecto relacionado con el hecho de ser un observador, el proceso es mental.

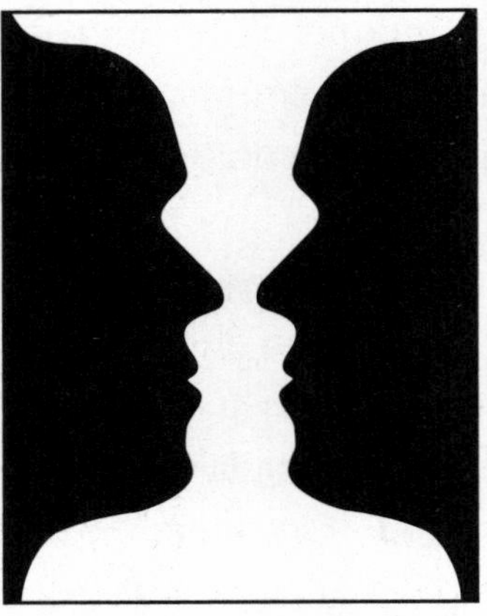

Si la percepción se redujera a ser un mecanismo físico, una cámara, no tendríamos elección. El cerebro tomaría una foto, revelaría la imagen y la imprimiría. De hecho, el cerebro no hace ninguna de estas cosas. Está diseñado sólo para representar la mente, que ve, interpreta, registra los detalles, elige entre diversos puntos de vista, etcétera. Cuando se presenta una ilusión óptica, tu mente tiene la capacidad de ver las cosas al menos desde dos puntos de vista distintos. Para efectos de un segundo ejemplo, mira fijamente la X que aparece en el siguiente diagrama.

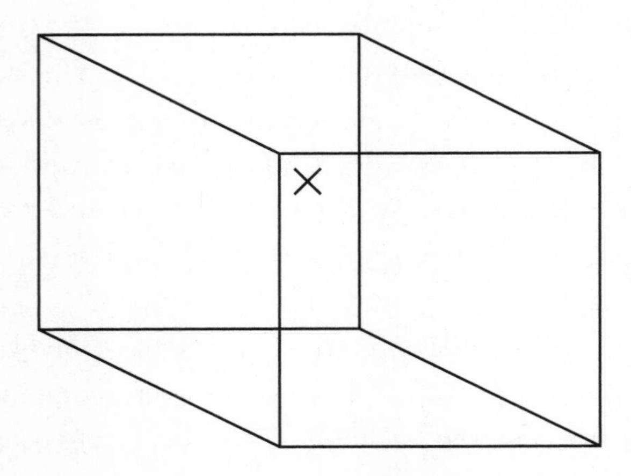

Si ves la X como si estuviera más cerca de ti, entonces se encuentra al frente de la caja. Si ves la X más alejada de ti, está en la parte posterior de la caja. Tú eres el que hace la elección; tu cerebro no escoge por ti. Las ilusiones ópticas de Leonard fueron elegidas para obligarte a ver las cosas de modo fijo, pero eso sucede porque el cerebro es un órgano falible. Por ejemplo, el córtex visual tiene una región específica dedicada a reconocer rostros, pero no puede reconocer rostros que estén de cabeza. Haz la prueba. Toma la fotografía de una estrella de cine famosa y enséñala a un amigo, pero de cabeza. Tu amigo no podrá reconocer que la foto es de Elizabeth Taylor o de Robert Redford. Como sea, la mente sabe cómo superar esta falla. Puede buscar claves, incluso en una fotografía que está de cabeza, por ejemplo, detectando el peculiar cabello de Bob Dylan o el parche en el ojo del capitán Hook. Entonces es posible superar, al menos parcialmente, las limitantes de un órgano físico.

El cerebro puede limitar la mente, por supuesto. Si tienes una migraña cegadora o un tumor cerebral, puede que no logres ver ninguna imagen. Ciertamente, tu córtex visual no está diseñado para registrar la luz ultravioleta o infrarroja, como hacen abejas y serpientes. Así que las limitaciones físicas cuentan. Lo cierto es que no ofrecen pruebas de lo que la mente puede o no hacer.

Volviendo a Daniel Siegel y su búsqueda de una definición de la mente, él hizo una buena elección al concentrar sus esfuerzos en nuestra capacidad de observar, y en la capacidad particular de la mente para observarse a sí misma. Es imposible imaginar una computadora capaz de meditar y que, sin hacer nada más, llegue a intuiciones y conclusiones trascendentes; peor aún es imaginar una computadora que pueda cambiar su propia configuración; en cambio, nosotros podemos hacer ambas cosas. Eventualmente, Siegel llegó a su definición de la mente y, habiéndola presentado a audiencias desde 1993, no ha tenido objeciones. La mente, dice, es "un proceso incorporado y relacional que regula el flujo de energía e información". Vaya bocado, pero lo que hace invencible la definición de Siegel es que ninguno de sus términos puede ser omitido. Analicemos la definición palabra por palabra.

"Proceso": la mente es una actividad. No es estática sino dinámica.

"Incorporado": la mente se hace conocer por medio de un órgano del cuerpo, el cerebro.

"Relacional": nuestras mentes reflejan el ambiente que nos rodea. Somos constantemente determinados por las personas que nos rodean, respondiendo a sus hábitos, discursos, gestos y expresiones faciales.

"Regula": la selva de datos que el universo produce sería caótica a menos que se organice en una realidad coherente. Para mantener intacta la realidad, cada parte debe corresponde a otra.

"Flujo": hay un flujo ininterrumpido de conciencia que corre paralelo al flujo ininterrumpido de los acontecimientos externos.

"Energía": mantener el flujo requiere energía en todos los niveles, desde la inmensidad del Big Bang al micronivel de los iones que traspasan la membrana celular de una neurona.

"Información": cada dato puede ser visto como información, o contener algo de significado.

Lo más conveniente de estos términos es que los puedes aplicar a todos los aspectos de la naturaleza. A pesar de lo orgullosos que estamos por ser humanos, la mente está presente en una amiba, en un ratón, en una neurona y en una galaxia distante. La información y la energía fluyen por doquier; deben ser procesadas y distribuidas; su actividad forma una red cerrada que conecta todo lo que existe. Como definición universal de la mente, ésta es difícil de superar.

Ahora tenemos bases para preguntar si el universo está pensando a través de nosotros o, para ser más personal, a través de ti. La respuesta es sí. La respuesta es tan simple que, en mi experiencia, casi nadie la resiste. Cuando me dirijo a un público, comienzo por señalar que los objetos sólidos son engañosos. En realidad, todo en el universo es un proceso con principio, parte media y final. "Fotón" y "electrón" no son meros sustantivos en lo que a la naturaleza concierne, son verbos. Luego pido a la audiencia que se mire a sí misma.

¿Son ustedes también un proceso en el universo con un principio, una parte media y un final? Asienten. Sí.

¿Es tu cerebro parte del proceso? Sí.

¿La tormenta electromagnética en tu cerebro da origen a los pensamientos? Sí de nuevo, y ya casi estamos ahí.

Entonces, ¿piensa el universo a través de ti? La mayoría de la gente no tiene problema en aceptarlo. Si el universo puede iluminar el cielo con arcos de luz en una noche húmeda de verano, también puede activar las tormentas que se advierten en los escaneos al cerebro. En el presente capítulo, lo único que he hecho ha sido definir el "pensamiento" como un proceso de la mente más que del cerebro, y la mayoría de la gente tampoco objeta esto.

Leonard

Crecí en una familia judía practicante, de modo que me sorprendí un día en que mi madre me dijo que no creía en Dios. Le pedí que se explicara y dijo que solía creer, pero que no podía reconciliarse con Dios debido a su experiencia de perder a la familia en el holocausto. En los días malos, creo comprenderla.

Sucedió hace años. Recién había dejado a mi hijo Nicolai en su cuarto día de *kindergarden*. De camino al metro, me detuve para conversar con otro padre. Escuché un sonido extraño y miré hacia la calle para ver un jumbo jet que volaba tan bajo en nuestra dirección que daba miedo. Uno o dos segundos más tarde, pasó sobre nosotros, pareció ladearse un tanto y penetró calladamente en el piso noventa de la torre norte del World Trade Center, situado a muy corta distancia. Casi de inmediato salió fuego de los pisos superiores. El estruendo del impacto nos alcanzó medio segundo después, tal cual sucedería si un rayo hubiera caído ahí. La calle se convirtió en caos, y el aire se llenó de gritos, en medio de una lluvia de fieros escombros. Lo que más ronda mi mente es la idea de noventa y dos personas que vi destruirse en ese momento (tengo un sentimiento involuntario de conexión con esas personas que nunca conocí, pero no puedo dejar de imaginar sus últimos momentos al mirar por la ventana aterrados). Aparentemente, Nicolai atestiguó todo pegando su carita a una ventana del salón, incluyendo a quienes saltaron del techo para evitar ser calcinados.

Deepak escribió que nosotros, los humanos, somos "la punta creciente del cosmos, la chispa fresca de la vida llevada a todo lo que existe", y que el universo ama y crea a través de nosotros.

Dice que "para aceptar la vida espiritual", esa verdad debe ser real para nosotros. Al adoptar el punto de vista de la ciencia y rechazar la versión de Deepak de la espiritualidad, a veces me siento como el ojeroso y desaliñado Humphrey Bogart que se despide de la bella Ingrid Bergman al final de *Casablanca*, pues ofrezco mi fría y calculada afirmación de que los problemas de nosotros, los *humanitos* —y nuestros sentimientos—, no tienen prácticamente incidencia en este loco universo. Pero si Deepak tiene razón en lo referente a la conciencia universal y al hecho de que el universo ama a través de nosotros, entonces también debe estar odiando a través de nosotros, asesinando y destruyendo por medio de nosotros y haciendo todas las cosas que hacemos los humanos además de amar, incluyendo los actos que destruyeron la fe en Dios de mi madre. Deepak evita hablar de este lado oscuro, pero si el universo está trabajando por medio de cada uno de nosotros, entonces esta conexión universal debe ser una espada de doble filo.

Aunque no creo ni en el Dios de la Biblia ni en el mundo inmaterial que Deepak pregona, no estoy de acuerdo con él en que para adoptar el punto de vista científico debo dar la espalda a la espiritualidad. El gran físico Richard Fenyman perdió a su novia de adolescencia y al gran amor de su vida debido a la tuberculosis cuando tenía veintitantos años, un par después de casarse con ella. Una vez me dijo que no estaba enojado por eso, porque "no se puede uno enojar con una bacteria". "Qué racional y científico", recuerdo haber pensado. Pero después me enteré que también había escrito una carta para ella, más de un año después de su muerte:

> *D'Arline*
> *Te adoro, amor mío... Ha transcurrido tanto tiempo desde que escribí por última vez –casi dos años–, pero me perdonarás porque entiendes que soy necio y realista; y pensé que no tenía sentido escribir. Sin embargo, ahora sé, mi querida esposa, que está bien hacer lo que he estado dilatando, y lo he hecho demasiado en el pasado. Quiero decirte que te amo.*

Me cuesta trabajo comprender con mi mente lo que significa amarte después de que has muerto; todavía quiero consolarte y cuidarte, y quiero que me ames y que me cuides...

Richard Feynman no sólo fue uno de los más grandes físicos de la historia, también fue famoso entre los físicos por su apasionada insistencia en que todas las teorías deben estar estrechamente relacionadas a las observaciones experimentales. Feynman se sintió afortunado por haber encontrado a su alma gemela, aunque sabía que lo que sentían el uno por el otro tenía su origen en procesos físicos, igual que el origen de su muerte podía adjudicarse a las bacterias. Y aunque sabía que ella no estaba ahí con él, sintió el espíritu de Arline durante las siguientes décadas, hasta el día de su muerte. Que el amor sea un fenómeno mental gobernado por las leyes de la naturaleza que él estudio no disminuyó la profundidad de sentimientos, ni lo hizo tener una aproximación menos espiritual a su vida; y el hecho de que no supiera en realidad lo que significaba amar a Arline o querer que ella lo amara a él después de la muerte, no hizo que él negara su amor. Sabía que el esfuerzo por comprender los misterios de la naturaleza, de la mente y de nuestra existencia, nunca lo llevaría a entrar en conflicto con lo que él sentía en su corazón. Y en verdad que penetrar esos misterios es uno de los triunfos más importantes de todas las cualidades que nos hacen humanos.

Como dice Deepak, la ciencia traza fronteras; los científicos creen que lo hacen por buenas razones, para excluir de nuestra cosmovisión aquello que no es verdad. Pero dentro de esas fronteras hay espacio suficiente para la emoción, el significado y la espiritualidad. La vida científica y la vida espiritual pueden coexistir.

¿Piensa el universo a través de nosotros? Incluso para las especulaciones, los científicos somos cuidadosos. Queremos que nuestras ideas sean publicadas en revistas como *Physical Review* y *Nature*, no en la *Enciclopedia de los errores*. Como suele suceder cuando las preguntas se plantean en palabras y no con las precisas matemáticas, la respuesta científica depende de la definición de términos. En el capítulo 14, describí la teoría computacional de la mente. Si por "pensamiento" uno quiere decir, como hacen algunos, "computando", entonces sí, el universo está pensando, porque todos los objetos siguen leyes matemáticas y, por lo tanto, su conducta incorpora los resultados del cómputo dictado por esas leyes. El físico Seth Lloyd escribió: "El universo es una computadora cuántica", y todos somos parte de ella. En ese sentido estaría de acuerdo con Deepak en que todos somos parte de una mente universal, y en que el universo piensa a través de nosotros.

Pero cuando Deepak argumenta que el universo piensa a través de nosotros, quiere decir más que eso. Nos ve a todos conectados por medio de una conciencia universal imbuida de cualidades maravillosas como el amor y presumiblemente también su opuesto, el odio. Así que con esta conciencia, de alguna manera, está nuestra mente inmaterial, que se expresa a sí misma y que controla nuestros cerebros físicos. Como evidencia de esta perspectiva, nos ofrece la imagen de los perfiles/jarrón que se muestra a continuación.

Él dice que tu capacidad de escoger si ves los dos perfiles o el jarrón es evidencia de que la mente no es un mecanismo físico, puesto que un mecanismo físico sólo puede captar la imagen, revelarla e imprimirla. Dice que la mente no física, en contraste, interpreta, elige los detalles, entre diversos puntos de vista, etcétera. Pero Deepak está equivocado respecto al grado de control que podemos tener sobre la ilusión del jarrón/rostros. No puedes escoger ver el jarrón o los rostros. No existe una mente inmaterial que pueda superar la estructura del cerebro físico.

Inténtalo. Si miras el tiempo suficiente, descubrirás que –no importa el objeto que elijas– tu cerebro pasa por alto tu elección y activa una suerte de interruptor visual, de manera que ahora puedas ver el otro objeto. Por ejemplo, si te concentras en el jarrón, no puedes hacer que tu mente considere que el espacio aledaño es espacio muerto, lo que hace imposible no llegar a verlo como dos perfiles. Existen personas con desórdenes emocionales que tardan mucho en cambiar de perspectiva, me refiero a minutos en lugar de segundos, pero todos cambiamos (los investigadores no se han confiado de los reportes de la gente para saber esto; el cambio del objeto de atención puede medirse utilizando instrumentos externos).

Tu experiencia visual cuando miras una imagen de "doble estabilidad", como ésta, depende de muchos factores, como el esfuerzo consciente, la exposición previa a la imagen y sus particulares (como los claroscuros), pero también depende de las limitaciones impuestas por nuestro cerebro físico. Por ejemplo, los científicos que estudiaron a la gente que observaba esta imagen descubrieron que, cuando los sujetos advierten los perfiles, pero no el jarrón, parte del lóbulo temporal que se especializa en reconocimiento facial –la región especializada mencionada por Deepak– está activo. Esta zona, llamada área fusiforme del rostro, depende de que la cara tenga una orientación normal y, como dijo Deepak, su eficacia disminuye en gran medida si el rostro está, digamos, de cabeza. Da vuelta a un rostro, y la hipotética mente inmaterial no debería ser engañada, pero el cerebro físico se comportará de manera distinta. De manera que aquí les ofrezco una prueba: miren la imagen del jarrón/perfiles que a continuación se muestra. Dado que su cerebro domina, encontrarán que los perfiles sobresalen menos que antes, pero seguirás cambiando de perspectivas.

En el otro ejemplo de Deepak, él dice que si miras la X en el cubo de la ilustración inferior, estás eligiendo entre verlo en el frente o en la parte posterior de la caja. No estoy de acuerdo. Así que intentemos un reto más simple. Armado con la sabiduría consciente de que la figura de abajo no es en realidad un cubo, sino sólo algunas líneas trazadas en una página plana, ordena a tu mente inmaterial que tome el lugar del cerebro físico. Trata de percibir lo que sabes que son meras líneas sin significado en una página y no más que eso. ¿Puedes mirar el diagrama aludido y no ver un cubo? Si, como dice Deepak, tu cerebro es un mero sirviente de tu mente, una cámara o instrumento que tu mente usa, en tanto que tú –tu mente– hace en realidad la elección, debes ser capaz de mirar el diagrama y no advertir un cubo. Pero no puedes hacerlo.

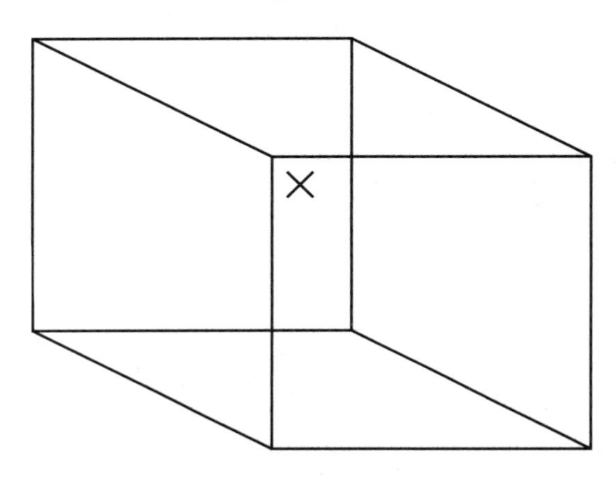

Deepak emplea tales ejemplos cuando piensa que apoyan su argumento y los desecha cuando no sucede así, diciendo que esas cosas pasan porque la mente se expresa por medio de un "órgano falible". Pero justo ése es el punto: los científicos han sido capaces de demostrar que *todo* aspecto estudiado del pensamiento humano y la conducta se expresa por medio de ese órgano físico falible.

Por dondequiera que veamos, advertiremos evidencia de que la mente es un fenómeno del cerebro. Daniel Siegel, profesor de psiquiatría en UCLA, cuyo libro *Mindsight* Deepak trata de usar como evidencia en contrario, comienza su libro con una historia que ilustra muy claramente la base física de lo que llamamos "mente". El relato trata sobre una familia en que la madre, Barbara, mujer anteriormente cálida y amorosa, recibió heridas en un accidente automovilístico, dañando seriamente parte del córtex prefrontal involucrado con la creación de empatía, intuición y sensibilidad moral. El resultado: una persona que, siendo sana, racional y funcional, no sentía conexión alguna con su familia. Ella misma explicó la diferencia en su forma de ser: "Supongo que he perdido mi alma."

Siegel fue contratado para trabajar con la familia, puesto que los niños habían resentido negativamente el cambio en la conducta de su madre hacia ellos. Enseñó un escaneo del cerebro de Barbara a la familia, y les mostró en dónde había recibido el daño para que pudieran comprender que "estaba descompuesto", como definió posteriormente la situación uno de los niños. Sin embargo, el otro niño, insatisfecho con la explicación, dijo: "Pensé que el amor provenía del corazón". Siegel respondió que tenía razón, y que la red de células alrededor del corazón y por todo el cuerpo se comunican directamente con la parte social de nuestro cerebro y, "mandan esa sensación a nuestras zonas prefrontales medias del cerebro". No obstante, puesto que era la parte del cerebro dañada, de Barbara, ya no podía recibir las señales. Con el paso del tiempo, la familia comenzó a curarse, pero Barbara nunca lo hizo. Siegel escribió que "el daño a la parte frontal de su cerebro había sido demasiado severo, y ella no daba muestras de recuperar su conexión con su vieja forma de ser". Su cerebro se rompió, y su mente se rompió también.

En una ocasión, se preguntó al famoso filósofo del siglo XX, Bertrand Russell, qué diría si muriera y Dios lo confrontara para saber por qué había sido ateo. Es famosa su respuesta que señala que su ateísmo era culpa de Dios. "¡No hay suficiente evidencia, Dios! No hay suficiente evidencia", respondería.

Deepak retrata la insistencia científica en los datos como algo frío e impersonal. Sería deshonesto argumentar en contra de que la ciencia ve a los seres humanos como "puntos aislados en el cosmos, resultado accidental de la mente en una creación sin mente". Hay mucho que agradecer a la humanidad, pero negar que somos puntos aislados en el cosmos es evitar la verdad más que tratar de abrazarla. Deepak dice que se requiere coraje para vernos como él sugiere que debemos vernos, pero pinta un panorama rosa, uno que, como sucede con la cita anterior, a él le gusta contrastar con la cosmovisión de la ciencia. Lo que requiere valor es abrazar la realidad que actualmente observamos, sin importar que se trate de un panorama gris o rosa. Hacerse viejo, ver a los amigos morir y a los aviones chocar, y experimentar amor y pérdida sin la reconfortante ilusión de un universo vivo y pensante imbuido por una presencia divina. Para eso se requiere valor.

Simultáneamente, elijo una perspectiva menos desoladora. Para mí, aunque los humanos pueden ser puntos aislados con características accidentales que semejan una mente, lo verdaderamente importante es que tenemos mentes, y emociones, y la capacidad de experimentar el arte, la belleza y la alegría. Estamos hechos de acuerdo con la química y la física, pero no sólo somos química y física. Somos más que la suma de nuestros componentes y estamos más que vivos. Somos un conjunto de átomos y moléculas que se han unido para cuidar el uno del otro, para sentir amor y, desafortunadamente, también odio, así como muchas otras emociones, algunas exaltadas y otras no. Me siento conectado. Siendo el punto que soy en medio del cosmos, siento una relación con todos los otros pequeños puntos, y agradezco mi breve momento de existencia como fenómeno físico, conectado con todos los otros fenómenos de la naturaleza. Incluso me alegra ser parte de un mundo que no piensa pero es maravilloso, de un universo en constante cambio.

Quinta parte

Dios

16

¿Es Dios una ilusión?

Deepak

No hay manera de escapar al hecho de que el mundo no es lo que parece. Entre los grandes pioneros del mundo cuántico, he mencionado a Neils Bohr, quien declaró que lo que percibimos como real está basado en lo irreal. En su discurso de aceptación del Premio Nobel, en 1932, Werner Heisenberg concluyó que el átomo "no tenía en absoluto propiedades físicas inmediatas y directas". El universo hacía un acto de escapismo en esa época, y no se ha convertido en algo más sólido desde entonces. El misterio y la maravilla no requieren del permiso de la ciencia para existir, pero en este caso lo tienen.

Eso nos deja todavía muy lejos de Dios, el creador benigno, pero la espiritualidad no consiste en defender al Dios patriarcal convencional. Se trata de lograr un cambio de conciencia. El famoso guía espiritual indio, J. Krishnamurti, hablaba en una ocasión, con los Alpes suizos como fondo, sobre el hecho de que nadie debe seguir ciegamente a un gurú o a un hombre autoproclamado santo; ante tal afirmación, la audiencia quedó desconcertada y el intercambio de ideas se vio estancado. La gente parecía contrariada con el cambio de conciencia que Krishnamurti quería que lograran.

En lugar de ahondar en el asunto, él se volvió hacia un distante y nebuloso pico. "Si por un momento pudieran en verdad *ver* esa montaña –murmuró–, comprenderían totalmente. La realidad les ha sido escondida a ustedes y, no obstante, está en todas partes esperando a ser advertida."

A menos que percibas las cosas de manera nueva, las enseñanzas espirituales son una ficción. Pero, ¿cómo haremos nosotros, los que tenemos una percepción normal, para llegar a ese estado? ¿Cómo podemos ver en verdad la montaña? Primero, debemos darnos cuenta de lo que significa ver de manera "normal". En nuestro estado de vigilia normal nos mostramos:

1. Abrumados por las sensaciones corporales, por la información proveniente de nuestros cinco sentidos y el condicionamiento pasado.
2. Atados al cerebro y a sus limitantes físicas.
3. Convencidos de seguir los consabidos canales de percepción que nos hacen creer que el mundo es exactamente igual al que vimos ayer.
4. Dudosos de nuestro propósito y destino.
5. Perseguidos por temores y memorias ocultas del pasado.
6. Ciegos a lo que está más allá del umbral que separa la vida y la muerte.

Resulta que ver tiene sus problemas. Felizmente, existen maneras de escapar a estas limitantes de la conciencia cotidiana. Las escrituras religiosas del mundo están basadas en esos viajes de lo "normal" a lo extraordinario, pero lo mismo pasa con la música inspirada, con el arte y la poesía, por no mencionar las experiencias espirituales súbitas que la vida proporciona casi a todos. (Más de la mitad de las personas que respondieron a una encuesta de Gallup reportaron que, al menos una vez en su vida, habían visto luz alrededor de otra persona, habían entrado en la luz ellos mismos, sentido la presencia de algún fallecido, o visto auras.) Pero la ciencia no estará satisfecha hasta que tales experiencias puedan ser replicadas. Cuando la gente "entra en la luz", una forma amplia de referirse a entrar en un estado alterado de conciencia, no suele tener manera de repetir su experiencia después.

La vida espiritual llena este vacío. Ofrece una vía que lleva a la conciencia superior que es universal. Permíteme ofrecer un mapa confiable de este viaje, porque éste es un tema en que la validación ha tenido lugar muchos miles de ocasiones a lo largo de los siglos.

Etapa 1: la obertura. Tenemos una poderosa experiencia personal que nos eleva por sobre nuestra conciencia cotidiana. Puede tratarse de una intuición repentina que cambia la vida para siempre, o de una probada de la conciencia unitaria, o puede tratarse de algo tan sencillo como saber que estás seguro, o que todo en tu vida tiene una razón y un propósito.

Etapa 2: revisando el significado de la vida. Ya sea lentamente o de una vez, nos percatamos de que la vida material no es lo que parece en la superficie. Hay un propósito mayor, que implica una mente o conciencia mayor que la mente individual.

Etapa 3: convirtiéndonos en parte del plan. Si la realidad superior comienza a tener más sentido que la vida cotidiana, comenzamos a encontrar maneras de transformarnos. Crece nuestro deseo de vivir en diferentes planos.

Etapa 4: caminando la senda. Teniendo en mente una visión, ahora hacemos que el proceso de alcanzar una realidad superior sea un planteamiento serio. La meta es Dios o la conciencia superior, y debe existir la manera de llegar a ella.

Etapa 5: iluminación. La conciencia superior se convierte en una entidad viva. El cambio es completo. No conocemos otra manera de ver el mundo, a no ser como un aspecto de lo divino. Lo sagrado y lo profano dejan de ser antónimos, con significados opuestos. Sólo existe la luz de la conciencia en todo lo que miramos.

Creo que puedes tomar cualquier vida hondamente significativa y encontrar que dicha existencia se ajusta a este modelo, sin hacer referencia a la religión. De hecho, uno de los grandes fracasos de las religiones es esa suerte de reclamo de que tienen la exclusividad hacia Dios. En Occidente, tristemente carecemos de un modelo no religioso para acceder a la iluminación, pero estamos en vías de superar esto. Irónicamente, podemos agradecer a la ciencia por obligarnos a dejar nociones preconcebidas y dar oídos a la evidencia sólida. La razón nos dice que Buda, san Pablo, Bernardina de Lourdes, y Sri Ramakrishna tuvieron una experiencia común, y como científicos que se dan cuenta de que la manzana y la rosa están ligadas al mismo género, podemos adaptar ejemplos únicos de despertar espiritual al mismo modelo.

Thoreau escribe sobre "el solitario contratado en una granja en las afueras de Concord, quien ha vivido una especie de renacimiento" y que murmura que "su experiencia religiosa peculiar" puede no ser cierta. Esto lleva a un pasaje en *Walden* que me ha llamado la atención por décadas, desde que lo leí por vez primera:

> Hace miles de años, Zoroastro viajó por el mismo camino y tuvo la misma experiencia, pero él, siendo sabio, supo que era universal y trató a sus vecinos de acuerdo con esa idea, incluso se dice que inventó y estableció la adoración entre los hombres.

Podemos sonreír ante la inocencia de remontar la religión a un visionario de la antigua Persia y "su peculiar experiencia religiosa". Zoroastro, quien nació en algún momento entre los siglos X y VIII antes de Cristo, había llegado relativamente tarde si se le compara con los sabios vedas de la India. Pero comparto el punto esencial de Thoreau, así como su consejo al hombre contratado en la granja de Concord:

> Entonces dejen que comulgue humildemente con Zoroastro y, valiéndose de la influencia liberadora de todas las preocupaciones, con Jesucristo mismo, dejemos que "nuestra iglesia" sea echada por la borda.

En términos del lenguaje actual, esto significa que la persona que ha tenido un despertar súbito debe verse como parte de la gran tradición de despertares. La segunda referencia, la de hacer a un lado a la Iglesia, ya ha tenido lugar a gran escala.

Tu vida y tu mente están ubicadas en el continuo del despertar, incluso si hemos dado la espalda a la religión en masa. El proceso consciente de ponernos de acuerdo con una realidad más elevada es personal, espontáneo y rara vez programable. Incontables personas han revisado su visión de la vida material optando por transitar el camino espiritual; pero luego dejaron de hacerlo. Tristemente, mientras divinidad siga siendo equivalente al Dios de la religión organizada, el camino espiritual tiene pocas posibilidades de llegar a las grandes masas. Los grupos religiosos promueven sus propias agendas. Quieren seguidores que no expresen duda alguna. Insisten en que sus dogmas fueron impuestos por Dios, incluso cuando la historia revela que más bien fueron impuestos por clérigos poderosos. Hay tantas agendas que afectan el hallazgo de lo divino, que la situación ha dado origen a una broma cínica: Dios nos ofreció la verdad, y el diablo dijo: "Organicémosla."

Sin embargo, el camino espiritual existe y puede ser transitado. Una vez que dejas de buscar al Dios tradicional, una meta diferente toma su lugar: la trascendencia. Trascender significa ir más allá. El proceso debe considerarse como algo natural; de hecho, trascendemos todo el tiempo. Cuando un niño de tres años hace un berrinche hasta salirse con la suya, la madre no baja al nivel de sus demandas. Sabe que algo está pasando: su niño está cansado, triste o ansioso. Trasciende el contexto creado por el berrinche y llega a un nivel distinto de la experiencia. Buda y Jesús hicieron lo mismo. En el contexto de un sufrimiento, no recomendaron el placer como sucedáneo del dolor. Señalaron soluciones que iban más allá del problema mismo. Sin trascendencia, nuestra experiencia del sufrimiento nunca cambiará.

El pionero de la psicología estadounidense, William James, redujo el misterio de encontrar a Dios a una simple afirmación: "A nuestro alrededor existen mundos infinitos, separados entre sí por los velos más delgados." El secreto reside en que estos velos están hechos de conciencia bloqueda y constreñida, en tanto que los otros mundos están conformados por conciencia expandida y libre. El camino espiritual trata de remover los velos de tu propia conciencia, lo que requiere dedicación. Lo que hace que el esfuerzo valga la pena es saber que la conciencia puede crecer en cualquier momento.

Me viene a la mente una parábola simple: en un remoto pueblo vivía un escultor muy talentoso. Su trabajo consistía en decorar las calles del pueblo y los parques; todos coincidían en que sus obras eran extremadamente bellas. Pero el artista era retraído y permanecía fuera de la vista de todos. Un día llegó un visitante, y tanto le gustaron las esculturas que insistió en conocer al autor, pero nadie supo decirle dónde encontrar al artista que buscaba. De hecho, resultó que ningún habitante del pueblo lo había conocido en realidad; el escultor había aparecido un día, cual si lo hubiera hecho por sí solo.

Entonces, un anciano tomó la palabra y dijo que había tenido la suerte de conocer al elusivo escultor.

"¿Cómo lo logró?", preguntó el visitante.

El viejo respondió: "Me paré ante estas maravillosas obras de arte y no dejé de admirarlas. Mientras más miraba, más veía. Había detalles y sutilezas que iban más allá de lo que había visto hasta ese momento. No podía dejar de maravillarme. De algún modo, el escultor debe haberse enterado de mi rapto puesto que, para mi sorpresa, apareció junto a mí."

"Yo dije: «¿Por qué me eligió para mostrarse, siendo que nadie más ha podido hallarlo sin importar cuánto hayan buscado?»"

"Respondió: «Ningún creador puede resistir la tentación de aparecer cuando su trabajo es amado con la intensidad con que usted amó el mío.»"

Con este pequeño cuento podemos comprender que sólo se necesita tener fe. Si te adentras lo suficiente en la conciencia, descubrirás que es un lugar de silencio y paz. Con el tiempo, este lugar revelará mucho más que eso. La fuente de la creación reside allí, y mientras más la experimentas, más rica y bella se torna la creación. Después del sufrimiento se encuentra la felicidad beatífica; la trascendencia te lleva al dominio de la luz. Ve allí y descubre todo por ti mismo, no buscando a Dios, sino buscando la realidad.

Eventualmente, el artista no será capaz de resistirte, el precio por lo que él ha creado lo atraerá a tu lado. Entonces lo divino ya no será un proyecto o una fantasía. Todo lo accesorio será innecesario una vez que te encuentres cara a cara con tu propia experiencia interior de lo divino. No te preocuparán las cosmovisiones. Son sólo escalones para la mente. A fin de cuentas es irrelevante si lo que no tiene nombre asume o no el rostro de Dios. Mucho mejor es la realidad misma, que se torna tan clara como la luz del día.

Leonard

Hace décadas, cuando todavía caminaba cargando mi lonchera para ir a la escuela, decidí que la ciencia física contenía la clave de los misterios que deseaba comprender, y contenía los misterios del universo que me rodeaba (la causa de que brille el Sol, el titilar de las estrellas o el porqué del elegante diseño de la mariposa) y los misterios de mi mente. Durante miles de horas digerí conferencias, artículos y libros, y durante otras miles de horas exploré el cosmos por medio de las matemáticas. ¿Podré algún día entender todo? ¿Podré entender algo siquiera? ¿Qué significa entender?

En la universidad, mis amigos y yo creíamos en la jerarquía de la verdad; pensábamos en ella como si se tratara de los estratos de la corteza terrestre. Las matemáticas conformaban la capa exterior y más sagrada de la verdad: los cielos, el reino de las ideas puras. Justo debajo estaba la estratósfera, conformada por la física teorética, o el estudio de las verdades fundamentales de todo lo palpable. Colocamos a las ciencias aplicadas en las regiones menos rarificadas, con sus espesos, turbulentos y contaminados datos que parecen consistir en mil detalles. La filosofía, la metafísica y la teología eran difíciles de ubicar. Nuestra actitud hacia esos temas variaba de acuerdo con el filósofo que se trataba, con el libro que leíamos, con nuestro humor, incluso con lo mucho que hubiéramos bebido. Baruch Spinoza, el gran filósofo racionalista, por ejemplo, escribió un libro titulado *Ética*, una crítica inclemente a la religión y la moralidad del siglo XVII. Parecía celestial en su estructura matemática de definiciones, axiomas, proposiciones y pruebas, pero nos desilusionaban los inexactos argumentos matemáticos adosados a esa estructura formal. Mis amigos y yo descubrimos que podíamos darnos un festín con las ideas, pero luego no podíamos estar seguros de qué habíamos comido. De modo que al final teníamos simpatía por el método de aproximación a los fenómenos de Spinoza, pero éramos escépticos sobre si había logrado establecer una defensa convincente de sus ideas.

Las disciplinas de la ciencia y las matemáticas eran diferentes. Nos divertíamos con su precisión. Celebrábamos las metodologías que habían desarrollado para evitar los problemas de la falibilidad humana y la subjetividad. Y, sabiendo cómo habían alcanzado sus conclusiones y lo abiertos que estaban a cambiar esas conclusiones según la evidencia, sentíamos que podíamos confiar en lo que nos dijeran.

Aunque muchos debaten hoy la validez de las "teorías científicas", esas mismas personas dependen de la ciencia en todos los aspectos de su vida y ni siquiera piensan en ello. El poder del método científico es la razón de que los fabricantes anuncien su detergente como "científicamente probado" para remover manchas, en tanto que en realidad dudo que alguien gaste un centavo en un enjuague bucal que ha probado, por medio de la metafísica, que mejorará el aliento. Los escépticos aparecen en el radio y la televisión para negar la realidad de la teoría del Big Bang o de la evolución, pero de algún modo, cuando el debate se reduce a las manchas de café en la ropa blanca o en cómo tratar la neumonía, no les cuesta tanto trabajo distinguir la realidad de la ilusión y se alinean con los científicos.

Por supuesto que nadie emplea el método científico para distinguir la verdad de la ilusión en lo que se refiere a su propia vida. Puede que pienses que la persona con la que te casaste es tu compañero ideal, pero a esa persona no le agradaría nada que te casaras con otras doce personas para reunir evidencia en ese sentido. Puedes pensar que tus grandes talentos te garantizan el éxito profesional, pero no volverás a comenzar tu carrera para constatar esa hipótesis. Puedes creer en la vida después de la muerte, pero no tienes prisa alguna por emprender el experimento que constataría tu fe. Construimos nuestro mundo por medio de la experiencia, la intuición, la escuela, los libros y los diálogos con la gente, en cuyas ideas confiamos y también respetamos. Tomamos decisiones respecto a lo que es falso y lo que es verdadero, pero rara vez pensamos en cómo llegamos a creer lo que creemos. Asumimos el hecho de que somos racionales y, por lo tanto, que estamos en lo correcto, y luego corremos a nuestra siguiente cita. Pero existen factores que afectan nuestras creencias de una forma que se nos escapa a la mayoría de nosotros. Esto se manifiesta con mayor claridad cuando se trata de asuntos de gran importancia personal. Por ejemplo, es bien conocido entre los psicólogos que la prueba que la gente requiere ordinariamente varía de acuerdo con lo que se está "probando" (y es nuestro subconsciente el que realiza estos ajustes).

Existen muchos ejemplos de esta actividad subconsciente en la literatura científica. Los estudios demuestran que se requiere una enorme cantidad de evidencia para convencernos de que somos simplones, pero para convencernos de que somos unos genios sólo requerimos datos básicos. También es cierto que cuando la gente polarizada políticamente califica la misma metodología, suele definir el método como laxo o sólido dependiendo de que la conclusión beneficie o no sus ideas. Los jurados tienden a descartar la evidencia frágil de culpabilidad cuando sienten simpatía por el acusado, pero suelen calificarla como convincente cuando el acusado es desagradable. En un estudio, los investigadores presentaron dos grupos de voluntarios con documentos adaptados de un juicio por homicidio; en ese caso, tanto la defensa como la parte acusadora presentaban fuertes argumentos. Entre los documentos, se ofrecían transcripciones del juicio y el artículo de un periódico neutral respecto a si el acusado había o no cometido el delito. Pero a cada grupo se les mostró un artículo ligeramente distinto. El artículo de periódico que se mostró a un grupo citaba a los vecinos opinando que el acusado era un tipo desagradable. Cuando se les pidió su opinión –basada en la transcripción del juicio– respecto a si la fiscalía había probado la culpabilidad del acusado, los sujetos a quienes se les había hecho creer que el acusado era desagradable fueron más proclives a concluir que la parte acusadora había probado su dicho.

En todos estos casos, la gente pensó que estaba siendo objetiva, pero su objetividad era una ilusión. En realidad, nuestro análisis cotidiano depende de nuestras creencias y deseos precedentes. Si queremos llegar a cierta conclusión, nuestros cerebros alterarán la manera en que percibimos y sopesamos los datos, y nuestra forma de analizar los argumentos. Y, lo más importante, nuestros cerebros hacen esto inconscientemente. Así que suele ser posible creer honestamente en lo que deseamos creer, aunque un observador objetivo llegaría a otra conclusión. A veces, los psicólogos llaman a esto razonamiento motivado, lo que constituye un factor a considerar cuando examinamos por qué elegimos creer en una cosmovisión seductora que implica una conciencia universal y un universo amoroso.

Considera la interpretación de Deepak sobre la experiencia de "entrar en la luz" o de ver un aura alrededor de alguien. De acuerdo con un estudio realizado por la revista médica británica *The Lancet*, cerca de diez por ciento de los pacientes con males cardiacos resucitados de una muerte clínica, reportan experiencias extracorporales o "cercanas a la muerte". ¿Cómo debemos interpretarlas? Deepak asocia estas experiencias con entrar a un nivel superior de conciencia. Esa explicación se ajusta perfectamente a la cosmovisión de Deepak que, igual que el budismo, postula una realidad mental inmaterial. No obstante, ¿estamos ante una forma deseable de interpretar el suceso o existe evidencia para apoyar ese punto de vista? Por medio de un gran esfuerzo y de la aplicación de nuevas tecnologías para el examen del cerebro, los científicos han estado estudiando dichos sucesos y han llegado a conclusiones muy diferentes. Por ejemplo, David Comings, un neurocientífico especializado en estados alterados de conciencia, se ha dado cuenta de que las experiencias cercanas a la muerte parecen surgir cuando el cerebro es privado de oxígeno por periodos prolongados, inmediatamente antes de que se produzca el daño cerebral. Asimismo, las experiencias extracorporales parecen tener una base física. Eso fue ilustrado dramáticamente por el caso reciente de una mujer de 43 años que reportó sentirse "ligera", diciendo que estaba flotando como dos metros encima de su cama, cerca del techo, y se veía a sí misma desde arriba, acostada en la cama. No estaba cerca de la muerte, sino que más bien le habían implantado electrodos en una zona del lóbulo temporal llamada circunvolución angular derecha. Los electrodos formaban parte de un tratamiento para combatir ataques epilépticos severos, pero también permitieron a los investigadores probar los efectos de la estimulación eléctrica leve en el cerebro. Como reporta el escéptico profesional Michael Shermer en la obra *The Believing Brain*, los investigadores descubrieron que, al variar la intensidad del estímulo, no sólo podían inducir experiencias extracorporales sino que podían controlar la altura a la que el paciente decía flotar sobre la cama.

Richard Dawkins escribió que, cuando se ve un gran truco de magia es difícil no pensar: "Debe ser un milagro", aunque uno sepa por demás que no es el caso. Es todavía más difícil no creer en los milagros cuando tenemos un interés directo en una interpretación que la ciencia contradice. Los fenómenos exóticos y mal comprendidos, como las experiencias extracorporales, pueden constituir una fuente inagotable de supuestas pruebas para ideas que han sido examinadas en contextos mejor comprendidos, demostrando su inviabilidad. Pero incluso si un fenómeno es todavía mal comprendido, resulta útil recordar que, en el curso de la historia, lo inexplicable ha resultado tener a la larga una explicación natural. Hasta la fecha, ningún científico ha sido obligado a llenar una laguna cuando Sidney Harris dice "y entonces ocurrió un milagro" en sus tiras cómicas.

Podemos tener muy buenas y objetivas razones para apoyar las creencias que nos son muy apreciadas, o podemos carecer de ellas, pero en cualquier caso es mejor estar al tanto de cuán convincente es la evidencia. Esto no siempre es fácil. Si preguntas a un amigo por qué cree en Dios o en una presencia superior, muy probablemente no te dirá que llegó a tener esa creencia en razón de una serie de experimentos controlados. Es más probable que diga que lo siente o que lo sabe y ya. ¿Es Dios solamente una ilusión percibida por quienes buscan una presencia divina? La ciencia es el mejor método que conocemos para descubrir la verdad relativa al universo material, pero los poderes de la ciencia tienen límites. La ciencia no explica el origen de la vida ni puede, por ahora, explicar la conciencia. Y la ciencia nunca será capaz de explicar por qué el universo sigue leyes. Así que aunque la ciencia proyecte dudas sobre las creencias espirituales y las doctrinas religiosas, en tanto que se hacen representaciones sobre el mundo físico, la ciencia no ha concluido ni puede concluir que Dios es una ilusión.

Puesto que Deepak ofrece parábolas, yo también ofreceré una historia ilustrativa, simbólica y verdadera. En 1969, Richard Feynman inventó un modelo de hadrones, partículas como los protones y los neutrones que interactúan por medio de una fuerza llamada interacción nuclear fuerte que, como su nombre indica, es la fuerza más potente en la naturaleza. Según el modelo de Feynman, un hadrón es como una bolsa que contiene partones que se mueven libremente en su interior, pero limitados a no salir de la bolsa. Feynman usó esta imagen de los partones para explicar ciertos datos relativos a lo que sucede cuando los hadrones chocan entre sí en un gran nivel de energía, lo cual funcionó bien y equivale a decir que sus predicciones fueron confirmadas. Sin embargo, dado que los partones deben permanecer dentro de la bolsa –dentro del hadrón– no vemos a los partones. ¿Son reales o se trata sólo de una ilusión, de meras construcciones del modelo intelectual de Feynman? Se trata de una cuestión metafísica, y aunque Feynman dijo una vez que el médico le había ordenado no discutir metafísica, se refirió a este asunto. Escribió que, dado que los partones nos ayudan a hacer sentido de lo que sucede, podrían constituir una "guía psicológica" útil, y "que si seguían sirviendo para afirmar otras expectativas válidas, por supuesto que podían empezar a hacerse «reales», posiblemente tan reales como cualquier otra estructura teorética inventada para describir a la naturaleza".

Por útiles que puedan ser estas "guías psicológicas" en la física, no hay razón para no emplearlas en la vida espiritual, siempre y cuando nos ayuden a captar el sentido del universo y sean compatibles con nuestras observaciones sobre éste. Mucha gente cree intuitivamente en un poder superior y obtiene consuelo, fuerza y valor de esa idea. Cuando la fe se siente real para una persona, y cuando esa creencia particular no entra en conflicto con lo que observamos en el mundo físico, la ciencia no se opone a estas creencias. Si se nos pide que creamos en un Dios que creó el universo hace unos cuantos miles de años, y tenemos evidencia convincente de que el universo es mucho más viejo, entonces tenemos un conflicto. Pero las demandas de la ciencia no excluyen las recompensas de la espiritualidad. De hecho, hasta Albert Einstein, casi sobrehumano en su claridad de pensamiento y en su capacidad para razonar, se explayó sobre su sentido de conexión espiritual con el universo. En este caso, fue la "racionalidad" misma del universo la que modeló su vida espiritual:

> Quienquiera que haya pasado por la intensa experiencia de los sucesivos avances hechos en [la ciencia], es conmovido por la profunda reverencia de la racionalidad manifestada en la existencia. Por medio de la comprensión, esa persona logra una emancipación de largo alcance de los grilletes de los deseos y esperanzas personales [...] Y por eso me parece que la ciencia [...] contribuye a la espiritualización religiosa de nuestra comprensión de la vida.

17

¿Cuál es el futuro de la fe?

Deepak

Yo igualo el futuro de la fe con el futuro de Dios. La fe moderna es una deidad muy diluida. Y vaya que se requiere hablar de ella con firmeza. Es muy fácil que las polémicas respecto de a Dios terminen siendo murmullos educados que tienen lugar sobre una taza de té y unas galletitas, como si estos asuntos no tuvieran trascendencia en las cuestiones prácticas de la vida cotidiana. Para incontables personas, las creencias personales son vergonzosas y endebles. Por otra parte, me he referido al sendero espiritual como algo vital y urgente. El futuro del planeta depende de que elevemos la conciencia. Dado que Dios está íntimamente ligado a lo que somos y al significado de la vida, no existe un futuro para Dios y otro distinto para el individuo. Tú y yo tomaremos decisiones que determinarán si Dios tiene un mañana viable.

El tema central constituye un cambio de la visión de Dios como fuerza externa a él, como experiencia interior, es decir, se pasa de la religión a la espiritualidad. No estamos hablando de un regreso al misticismo. La vida moderna descansa en dos cosas: la información y la satisfacción personal. No hay hechos concretos que apoyen la versión de que Jesucristo resucitó, de que el arcángel Gabriel dictó el Corán o de que Moisés existió en realidad. Eso nos deja sólo con la satisfacción personal, y he aquí el punto de entrada de la espiritualidad.

La gente está ansiosa por encontrar significado y valor en su vida. Si la experiencia interna de Dios satisface esta necesidad, suplantará las viejas maneras de acercarse a lo divino. Un Dios externo que se sienta en las nubes, como lo representa la religión popular, enfrenta un panorama desolador. Detrás de cada púlpito, avanza un reloj invisible que cuenta las horas que toma a miles de personas alejarse de iglesias y templos. En casi todos los países desarrollados la asistencia a ceremonias religiosas ha caído hasta abarcar no más de 20 por ciento de la población. En muchos lugares, como los países escandinavos, por ejemplo, ese número se ha reducido a menos de diez por ciento. Dios ya no es personalmente satisfactorio. Las religiones que enfatizan el pecado, la culpa y el castigo no suelen atraer a la gente que busca la plenitud personal sin ser estigmatizada (tenemos el ejemplo de la condena de la Iglesia católica a la meditación oriental como experiencia de lo divino, la cual consideran herética).

Estoy convencido de que es necesario emprender un cambio hacia el interior. Debemos liberarnos de la carga del dogma religioso, pero tampoco debemos rendirnos al materialismo. Incluso cuando nos conmina una voz tan simpática como la de Leonard, el determinismo mecanicista no ofrece satisfacción personal, excepto por una triste apreciación del valor requerido para enfrentar un universo frío y vacío. La espiritualidad puede hacer mejor las cosas. No obstante, los escépticos tienen derecho a pedir datos específicos, y existen ciertos peligros que deben evitarse.

En una ocasión, un visitante se acercó a un famoso maestro espiritual. Se le indicó que se sentara en el suelo en un cuarto frío y vacío. Del otro lado, el maestro, vestido de blanco, estaba sentado en silencio mientras un ayudante le servía té. Le resultaba difícil esperar al visitante; era obvio que se sentía agitado.

Una vez que el asistente se retiró, el visitante rompió a decir: “Señor: he oído que usted es reverenciado y sabio. Pero he conocido a muchos otros como usted y, francamente, me ha tomado mucho tiempo convencerme de que debo contarle mi problema. Es muy posible que me falle, como ha sucedido con todos los anteriores.”

Al maestro no pareció importarle el comentario: “¿Cuál es su problema?”

El visitante suspiró. "Tengo sesenta años y nunca, desde la infancia, me he sentido atraído por Dios. Mientras me ganaba la vida y sacaba adelante a mi familia, también emprendí una búsqueda intensa. He rezado, meditado y asistido a retiros. He leído cada escritura. He pasado meses en la compañía de los llamados santones."

"¿Y qué resultados obtuvo de su búsqueda? ¿No encontró a Dios?"

El hombre negó con la cabeza apesadumbrado. "He tenido incontables experiencias que parecían correctas. He tenido visiones. Me he sentido lleno de luz. Se me han aparecido toda suerte de campanas doradas y de budas, pero todo ha terminado siendo polvo. Me siento vacío y deprimido, abandonado de Dios. Es como si no hubiera experimentado nada."

"Por supuesto", murmuró el maestro espiritual.

El hombre se sorprendió. "¿Quiere decir que no hay Dios?"

"Afirmo que la mente puede proyectar cualquier cosa que se le pida. Si buscas budas dorados, aparecerán. Lo mismo pasa con todos los dioses o con Dios. Cada camino lleva a una meta conocida con anterioridad. ¿Pero se trata de Dios? Dios es libertad. Usted ha seguido ardientemente todas estas disciplinas y no ha llegado a su destino." Entonces el maestro sonrió enigmáticamente. "Permítame hacerle una pregunta: ¿puede disciplinarse para ser libre?"

Este intercambio, que es real, arroja serias dudas sobre las vías convencionales de acceso a Dios, pero también señala otra vía, a veces llamada "la vía sin camino". En la vía sin camino no hay meta fija y no se tienen que seguir fuerzas prescritas. Al mirarte íntimamente, de momento en momento, eliminas los aspectos irreales de ti mismo hasta que únicamente queda lo real. Muchas cosas son irreales, especialmente la ignorancia respecto a nuestro propio ser. El ego y sus necesidades urgentes son irreales. Dado que estas necesidades conforman el cimiento de la vida de la mayoría de las personas, puedes darte cuenta de la gran transformación que es necesario implementar.

Suena prohibitivo llegar ahí. Lo sé. ¿Es mejor haber dicho adiós a la religión establecida o enfrentar tu dolor y sufrimiento? ¿Puede alguien en verdad liberarse de los infinitos deseos del ego? La gracia salvadora de la senda espiritual es connatural. Aunque la vida está llena de sufrimiento y el ego demanda satisfacción, esas cosas no son tan sustanciales como parecen. Si caminas por un jardín lleno de hierbajos y flores marchitas, parecen reales, pero las apariencias engañan, la realidad última es que el jardín tiene un rico suelo y que la renovación de la vida no puede detenerse. En nuestro caso, el suelo nutritivo es el alma y la renovación de la vida tiene lugar en ella. No necesitas decir a tu cuerpo que se renueve; lo hace de forma natural. No necesitas obligar a tu mente a tener nuevas percepciones; miles de millones de bits de datos sensoriales inundan la mente todos los días. El proceso de renovación guía la vida a todos niveles. Para mí, un futuro viable para el espíritu ha de centrarse en descubrir que los ímpetus creativo y evolucionario de la naturaleza son la misma fuerza que reside en el corazón de nuestra identidad.

He pensado que todos tendrían una vida espiritual si tan sólo observaran con atención a los niños pequeños. Los niños no se resisten a su desarrollo interior. No les espanta que la vida pueda detenerse a los tres, cinco o diez años; cuando ha llegado el momento de dejar a un lado los libros con puras imágenes para aprender a leer, la nueva etapa surge espontáneamente. ¿Cómo se preparan los niños de tres años para tener cuatro? No lo hacen. Cada niño sabe lo que hace con sólo dejar que lo siguiente fluya naturalmente. Éste es el secreto que la naturaleza ha llegado a perfeccionar: cómo permitir que surja lo nuevo, no destruyendo lo viejo, que surja desde dentro, invisible y silenciosamente, hasta que lo nuevo ha florecido en su propio ritmo.

En la vía sin camino tiene lugar un proceso similar. Nuevas cualidades surgen en tu conciencia, no entrando en guerra con tu viejo yo, sino alentando el crecimiento natural desde el interior. Las personas que habitamos en la modernidad podemos sentirnos confundidos al pensar en la edad de la fe, pero el hecho de que vivamos en un época distinta no significa que el despertar individual sea inválido. De hecho, sucede lo contrario. Libres de la maleza del dogma y la superstición, el sendero espiritual se ha tornado mucho más fácil de transitar. La mejor manera de satisfacer tus aspiraciones es despertar en lugar de renunciar al mundo en nombre de Dios, eligiendo abrazarlo por ti solo. Como sea, para hacer posible un cambio tan radical, debemos explorar lo que significa despertar.

El proceso del despertar se centra en la trascendencia, como ya hemos discutido. Más allá de nuestro estado de vigilia cotidiano, encontramos un nivel más profundo de silencio interno. No se trata de una búsqueda de paz y tranquilidad; más bien estamos trascendiendo el remolino de los pensamientos cotidianos para encontrar la fuente de la mente. Hablando en términos prácticos, existen muchos niveles de trascendencia. El más hondo es la meditación profunda, que sabemos altera la estructura cerebral y lleva a una transformación duradera. En uno de los extremos menos profundos, está el regocijo que sienten los fanáticos en un juego de futbol, o la emoción que sienten los compradores serios cuando encuentran una ganga. Estos dos extremos parecen no tener nada en común, pero existe un vínculo oculto. Cuando experimentas cualquier atributo de la conciencia pura, por volátil que sea, has trascendido.

La conciencia pura no es una manera de pensar o un punto de vista. Es el potencial inadvertido de que todo surge. Las cualidades de la conciencia pura son sutiles al principio, pero se hacen más poderosas conforme avanzas en el sendero. He aquí las principales características descritas en las grandes tradiciones de sabiduría.

DIEZ ATRIBUTOS DE LA CONCIENCIA PURA

1. La conciencia pura es ***silenciosa*** y ***pacífica***. Cuando experimentas esta cualidad o atributo, estás libre de conflicto interno, de ira y de temor.

2. La conciencia pura es ***autosuficiente***, o centrada en sí misma. Cuando experimentas este atributo, la necesidad de distracción se desvanece. Te sientes bien con el solo hecho de estar ahí. La mente no está inquieta en su búsqueda de estímulo.
3. La conciencia pura está completamente ***despierta***. Esta cualidad es experimentada como alerta y frescura mental. La mente ya no está aburrida o fatigada.
4. La conciencia pura contiene un ***potencial infinito;*** está abierta a cualquier resultado. Cuando experimentas este atributo, ya no estás atado por los hábitos y creencias fijos. El horizonte parece abrirse y el futuro se muestra lleno de posibilidades. Mientras mayor sea tu experiencia de potencial puro, más creativo te harás.
5. La conciencia pura se organiza ***por sí misma***. Coordina fácilmente todos los aspectos de la existencia. Experimentas este atributo cuando las cosas caen por su propio peso. Existe entonces menos lucha para lograr que las diferentes partes de la vida entren en armonía, porque estás más sintonizado con la armonía natural que corre en todo.
6. La conciencia pura es ***espontánea***. Las tablas, los límites y las reglas no aplican, ni siquiera existen. Liberarse de las viejas ataduras, cualesquiera que éstas sean, te hace sentir más seguro respecto a expresar quién eres y lo que quieres sin reservas. Éste es el estado de libertad absoluta, el que experimentas cada vez que te sientes liberado.
7. La conciencia pura es ***dinámica***. Aunque no está en movimiento, provee la energía necesaria para toda la actividad del universo. Experimentas esta cualidad cuando sientes que puedes abrazar la vida plenamente. Tú tienes la energía y la voluntad para realizar grandes cosas.
8. La conciencia pura es ***dichosa***. Ésta es la raíz de la felicidad y su más alta expresión. Cualquier fuente de felicidad, sin importar su causa, es una probadita de la dicha. Un orgasmo es dichoso, pero también lo es la compasión. Toda experiencia amorosa también tiene sus orígenes en la dicha.

9. La conciencia pura es ***conocimiento***. Contiene las respuestas a todas las preguntas y, más importante, la sabiduría práctica necesaria para el desenvolvimiento del universo, el cuerpo humano y la mente. Cualquier experiencia de intuición o verdad abreva en este atributo.
10. La conciencia pura es ***total***. Lo abarca todo. Por lo tanto, a pesar de la infinita diversidad del mundo físico, a un nivel más profundo sólo tiene lugar un proceso: la totalidad se mueve como un solo océano que contiene a cada ola. Tú experimentas esta cualidad cuando tu vida tiene sentido y te sientes parte de la naturaleza. Te sientes cómodo, como en casa, por el simple hecho de estar vivo.

Como puedes ver, no he utilizado ningún término religioso y, sin embargo, ésta es la divinidad desprovista de las demandas de la fe y la obediencia. En este punto no puedo esperar que simplemente aceptes que estas diez cualidades son, en esencia, divinas. Como sea, puedes utilizar esta idea como hipótesis de trabajo. En ese sentido, tú eres el experimento y el experimentador. Si trasciendes la realidad cotidiana, estos diez atributos crecerán en tu vida. Notarás más plenitud y creatividad. Tu sentimiento de seguridad crecerá conforme te acercas a la noción de quién eres realmente.

Ahora podemos afirmar con seguridad qué tipo de acción estás llamado a emprender en el camino espiritual. No tienes que hacer nada para convertirte en alguien "espiritual", así entre comillas. El único requisito es que midas tu actividad, tanto la interna como la externa, con el mismo criterio: ¿desarrolla los atributos de la conciencia pura? En la espiritualidad, hay campo para la gente profundamente religiosa y para los más mundanos (incluyendo a los científicos). Hacer cosas buenas y ser servicial no es garantía de que estás trascendiendo, pero aún así se trata de elementos reconocidos en el camino espiritual, e incontables buscadores descubren que el servicio a los demás incrementa su sensación de dicha, paz, equilibrio y autosuficiencia. Otro camino reconocido es el de la contemplación profunda; otro es el de la atención, darte cuenta de que tus pensamientos son sólo eso, pensamientos, que vienen y van como nubes en el eterno cielo de la conciencia. El experimento espiritual te pertenece, y puedes diseñarlo como quieras.

No estoy sugiriendo que diseñes un régimen y te aferres a él. La conciencia hace el trabajo por ti, así como los genes hacen el embrión conforme éste se desarrolla. La diferencia consiste en que el camino espiritual requiere voluntad, elección. Conforme vas conociendo lo que es la conciencia pura, orientas tu mente a ella. Para evitar sonar demasiado místico, déjame compartir una parábola de los upanishad de la antigua India.

Un cochero conduce un grupo de caballos usando su látigo para que avancen cada vez más rápido. El día es soleado. El cochero se siente regocijado, como si fuera el dueño del mundo. Desde el interior del carro, una voz suave dice: "Detente." Por la emoción, el cochero desoye la orden; ni siquiera está seguro de haber escuchado algo. Una vez más, la misma voz suave dice: "Detente."

Esta vez el cochero está seguro de haber escuchado la orden, que lo hace sentir enojado, así que da un latigazo a los caballos para avanzar aún más rápido. Pero la voz del interior sigue repitiendo su orden sin alzar jamás la voz, hasta que el cochero recuerda algo. ¡Su pasajero es el dueño del carro! El cochero tira las riendas y, lentamente, reduce la marcha de los caballos hasta llegar a hacer alto total.

Podemos decir que, en la parábola de los caballos, intervienen los cinco sentidos y la mente, que son latigueados incesantemente por el ego. El ego siente que controla todo, pero el dueño del carro es el alma, cuya suave voz espera con paciencia a ser escuchada. Cuando se le escucha, el ego disminuye la marcha. Deja de lado su falsa pretensión de ser el dueño del coche. La mente detiene su frenética actividad y, con el tiempo, aprende a detenerla. Detenerla no es un fin en sí mismo; es la base para saber quién eres en realidad: un alma con todos sus atributos divinos. Esos atributos son las cualidades de la conciencia pura.

Pienso que todo hogar debe tener un rincón dedicado a la divinidad —una capilla de rosas, o un altar con perfumadas lavandas. Un florero o un pequeño Buda de bronce es suficiente, si lo colocas en un sitio en donde le dé el sol tibio. Necesitamos recordatorios diarios si es que lo divino ha de tener un futuro. ¿Recordatorios de qué? De la voz del interior del carro.

No trataré de definir el alma. Parte del experimento consiste en que lo hagas por ti mismo. Pero no puedo resistir compartir un pasaje del *Bhagavad Gita*, escrito desde el punto de vista del alma.

> *El universo entero está impregnado de mí, el Brahmán no manifiesto. Todos los seres dependen de mí. Soy el origen, la semilla de todos los seres.*
>
> *No existe nada, ni animado ni inanimado, que no esté impregnado de mí. Me encuentro en toda la creación. Estoy dentro y fuera de todo lo que existe.*

A fin de cuentas, el camino espiritual hace algo muy sencillo: logra que esas palabras eternas sean verdad para ti. La fe se convierte en sabiduría que puede ser confiable, y sobre esa base Dios puede ser reverenciado una vez más.

Leonard

Augusto Comte, uno de los filósofos franceses más influyentes durante la primera mitad del siglo XIX, escribió extensamente sobre la naturaleza del conocimiento, su significado y cómo obtenerlo. Pero lástima, Comte escogió un ejemplo desafortunado para ilustrar su filosofía, basado en lo que consideró como un hecho científico incontrovertible: "Sobre las estrellas [...] nunca podremos determinar su composición química o incluso su densidad [...] Me parece que cualquier noción referente a la verdadera temperatura de las muchas estrellas nos estará negada por siempre." Sólo 14 años más tarde, Gustav Kirchhoff y Robert Bunsen descubrieron que sí podíamos determinar las propiedades de las estrellas al analizar la luz emitida, y hoy usamos ese método, la espectroscopía, para medir abundancias químicas, temperaturas, densidad y muchas otras propiedades de planetas, estrellas y galaxias distantes. Algunos de los objetos astronómicos que estudiamos de esta forma están a más de diez mil millones de años luz de distancia.

De acuerdo con el diccionario, la diferencia entre la sabiduría y la fe es que la fe implica confianza, en tanto que el conocimiento implica certidumbre. Aunque podríamos hablar de temas relacionados con la consistencia, y aunque los filósofos suelen debatir el punto, es posible lograr certidumbre de este tipo en matemáticas (tú aplicas las reglas y derivas las consecuencias, en un ejercicio de lógica pura). Pero en nuestra vida cotidiana, incluso en la ciencia, esa distinción entre lo que "sabemos" y lo que "creemos" es difícil o hasta imposible de realizar. Podríamos pensar que distinguimos entre *creer* que no nos enfermaremos al comer pescado crudo en el sushi, y *saber* que mañana el Sol saldrá por el Oriente. ¿Pero en realidad podemos afirmarlo? Basamos lo que creemos saber –las creencias sobre las que sentimos certeza, o al menos las que no cuestionamos– parcialmente en evidencia científica. Hemos escuchado sobre el Sol que sale todos los días de nuestra vida, incluso desde antes de que naciéramos, así que "sabemos" que saldrá mañana. En 1812, el astrónomo y matemático Pierre-Simon Laplace empleó la teoría de las probabilidades para examinar el grado de certidumbre que justifica esa predicción, basándose solamente en el hecho de que el Sol ha salido todos los días durante los últimos cinco mil años (la edad aproximada de la Tierra de acuerdo con los relatos bíblicos). Llegó a establecer una posibilidad de 1 826 214 a una en favor. Pero no sólo usamos la evidencia científica para formar nuestras creencias; Laplace señaló que la gente probablemente tendría mucha mayor confianza en que el Sol salga diario de lo que su cálculo indica, porque saben que las leyes de la naturaleza –técnicamente hablando, la gravedad y la mecánica celestial– colaboran para que esto suceda. Irónicamente, las teorías de la física actual nos dicen que probablemente el Sol no seguirá saliendo a diario y que incluso puede dejar de existir. Como ya dije, en cerca de siete mil millones de años, el Sol crecerá unas 250 veces su tamaño (y se hará unas 2 700 veces más luminoso) que hoy, expandiéndose hasta ocupar todo el cielo, para luego probablemente tragarse la Tierra. Miles de millones de años más tarde, agotará su combustible, se encogerá y se convertirá en una suerte de cadáver estelar llamado enana blanca. En un sentido, todo lo que decimos "saber" –excepto quizá cuando se trata de verdades matemáticas– es en realidad una creencia, de modo que la pregunta por el futuro de las ideas teológicas está atada a cómo creemos que son las cosas en la vida ordinaria, incluso en la ciencia.

Bertrand Russell escribió que "creer parece ser la actividad mental que más hacemos". También es una de las cosas más complejas y variadas que hacemos. No sólo la observación, la comprensión teorética, nuestras necesidades, deseos, preferencias, nuestro humor, emociones y nuestro marco conceptual, interactúan de forma compleja para afectar la manera en que formamos los pensamientos; pero puede que ni siquiera nos percatemos de qué son los pensamientos, porque mientras podemos creer conscientemente que creemos una cosa, a nivel inconsciente podríamos creer, incluso actuar de acuerdo con una creencia opuesta. Por ejemplo, considera un experimento relacionado con lo que los fisiólogos llaman la ilusión de control, la creencia inconsciente de que somos los dueños de nuestro destino, incluso cuando sabemos que no lo somos. En un estudio, a los empleados de una agencia de seguros y de una compañía de manufacturas de Long Island que donaron un dólar para participar en una lotería de la oficina, se les permitió que eligieran su propio boleto de lotería o que el vendedor les diera uno al azar. Luego, en la mañana en que se celebraría el sorteo, los vendedores se aproximaron a cada comprador en lo individual y dijeron que otra persona quería entrar a la lotería, pero dado que ya no se vendían boletos, preguntaron a los compradores por cuánto estarían dispuestos a vender su boleto. "Por mí es igual, ¿pero por cuánto le digo a esta persona que estarías dispuesto a vender?" Aunque es dudoso que, conscientemente, los sujetos creyeran tener alguna habilidad especial para elegir números de lotería al azar, parecían creer lo contrario: aquellos a quienes se les había asignado un boleto de lotería al azar, estuvieron de acuerdo en venderlo por un promedio de 1.96 dólares, mientras quienes habían elegido su propio boleto pidieron en promedio 8.67 dólares. Nuestra consideración interior de la evidencia no es un cálculo matemático cuidadoso que resulta en un estimado de verdad probabilística, sino que se parece más a una licuadora que mezcla lo objetivo y lo personal. El resultado es una serie de creencias –tanto conscientes como inconscientes– que son nuestra guía para interpretar todos los sucesos de nuestras vidas.

Por ejemplo, la sugerencia de un padre a un adolescente en el sentido de que él o ella se ponga la chamarra antes de salir al frío puede interpretarse como un intento de ejercer control, como una instancia protectora derivada de un temor exagerado a la enfermedad, o como una expresión de amor y cuidado. Una computadora que sólo analizara las palabras del padre podría no realizar inferencia alguna, o podría solicitar más datos. Pero el adolescente, sujeto receptor del mensaje, probablemente saltará a una conclusión basada en sus creencias previas relativas al padre, y no pensará gran cosa en posibles interpretaciones alternas. Al igual que Comte, asumimos que sabemos.

Nuestros cerebros, por buenas razones, tienden a saltar a las conclusiones basándose en la experiencia pasada, en reglas prácticas y en los marcos referenciales de creencias. No llegaríamos muy lejos en la vida si, antes de sentarnos a observar la belleza del Sol naciente, debatiéramos sobre las posibilidades de que éste saliera. De hecho, la evolución favorece a quienes se dejan guiar por sus corazonadas. Cuando la Tierra comience a temblar y tú estés al borde del abismo, es mejor correr que ponerse a inventar teorías sobre lo que puede suceder a continuación. Si el instinto no hubiera elaborado una conexión entre causa y efecto, catalizando un plan inmediato de acción en respuesta, nuestros ancestros habrían sido devorados mientras ponderaban cuál sería la causa de ese extraño movimiento en los arbustos. Como señaló William James: "El intelecto se construye sobre intereses prácticos."

Sea cual sea el futuro de la fe teológica, la gente siempre se sumará a los sistemas de ideas que satisfacen sus necesidades emocionales. Ninguno de nosotros puede funcionar sin tener fe de algún tipo. Los empresarios comienzan negocios con la fe, los inmigrantes que no tienen prospectos concretos van a un nuevo país movidos por la fe, los escritores pasan largas horas escribiendo con la fe de que la gente esté dispuesta a leer sus obras. Existen ateos que ponen su fe en números de la suerte, y abogados bastante racionales que comen atún, una hamburguesa con queso o una ensalada sol maya, cada día que deben presentarse a un juicio porque piensan que esos son sus alimentos de la suerte. "La verdad es que no te gustaría enterarte de que tu cirujano de corazón o el piloto del jumbo 747 en el que viajas usan el mismo par de calzones cuando es momento de poner manos a la obra", dice un abogado que critica dichas prácticas; pero, sin duda, hay cirujanos y pilotos que hacen esas cosas. Incluso hubo un político en Israel que fue famoso por usar siempre su ropa interior de la suerte en los días de elecciones. El físico George Gamow contó una historia sobre Niels Bohr, quien supuestamente tenía una herradura clavada en la puerta de su casa de campo. Cuando le preguntaron cómo era que un científico famoso creyera en un amuleto, Bohr respondió que no creía en él, "pero dicen que trae buena suerte aunque no se crea en sus poderes".

A esto le llamamos superstición, pero refleja una honda necesidad emocional de justificar lo que vamos a emprender creyendo que podemos hacerlo. William James escribió sobre el hecho de imaginarse atascado en los Alpes, en una situación en que la única forma de escapar es dar un salto terrible. "Al no tener una experiencia similar –escribió–, no tengo evidencia de mi habilidad para desempeñarme exitosamente, pero tengo la esperanza y la confianza que me aseguran que no fallaré en mi objetivo, de modo que mis pies se convencen de ejecutar lo que, sin esas emociones subjetivas, hubiera sido tal vez imposible de realizar. Pero supón, por el contrario [...] que siento que sería pecaminoso actuar por una creencia que no ha sido verificada previamente por la experiencia; entonces dudaría hasta armarme de valor y, por fin, exhausto y tembloroso, me lanzaría en un momento de desesperación, perdiendo pie y cayendo en el abismo". James escribió que "cada filósofo u hombre de ciencia cuyas iniciativas tienen alguna importancia en la evolución del pensamiento, han apostado por una suerte de tonta convicción en el sentido de que la verdad debe estar en una dirección y no en otra [...] tratando por todos los medios que las cosas funcionaran."

Sin la fe, muchos físicos teoréticos que pasan años metidos en oficinas húmedas, trabajando en complejos cálculos que no prometen éxito, podrían carecer del valor necesario para saltar al abismo. Por ejemplo, uno de los objetivos centrales de la física fundamental de nuestros tiempos es la búsqueda de una última teoría elegante que unifique las cuatro fuerzas que hemos visto operar en la naturaleza. Una de estas fuerzas, la gravedad, es conocida por obedecer esta simple ecuación, formulada por Einstein:

$$R\mu\nu - \tfrac{1}{2}g\mu\nu R = \frac{8\pi G}{c^4}T\mu\nu - g\mu\nu\Lambda$$

$$G = 6.67300 \text{ X } 10^{-11} \, m^3/Kg{-}s^2; \, c = 299{,}792{,}458 \, m/s$$

Por supuesto que la ecuación de Einstein no es tan simple como parece, toma mucho tiempo y estudio aprender a aplicarla y comprender su significado, y es una de las ecuaciones más difíciles de resolver en física. Sin embargo, tiene una interpretación física simple y constituye una manera económica de expresar un pensamiento complejo por medio de las matemáticas. El lado izquierdo de la ecuación representa la estructura del espacio-tiempo, en tanto que la parte derecha representa el contenido materia-energía. Para un físico, eso constituye una ecuación elegante. Ahora echa un vistazo a la teoría actual de las otras tres fuerzas, llamada el "modelo estándar". No importa lo que signifiquen los números, puesto que hasta el lector poco informado se dará cuenta de que este grupo de símbolos es mucho más desordenado y menos elegante que el anterior:

$$
\begin{aligned}
\mathcal{L} = & -\frac{1}{4}B_{\mu\nu}B^{\mu\nu} - \frac{1}{8}tr(\mathbf{W}_{\mu\nu}\mathbf{W}^{\mu\nu}) - \frac{1}{2}tr(\mathbf{G}_{\mu\nu}\mathbf{G}^{\mu\nu}) && \text{(U(1), SU(2) and SU(3) gauge terms)} \\
& +(\bar{\nu}_L, \bar{e}_L)\,\tilde{\sigma}^\mu iD_\mu \begin{pmatrix}\nu_L \\ e_L\end{pmatrix} + \bar{e}_R\sigma^\mu iD_\mu e_R + \bar{\nu}_R\sigma^\mu iD_\mu \nu_R && \text{(lepton dynamical term)} \\
& -\frac{\sqrt{2}}{v}\left[(\bar{\nu}_L, \bar{e}_L)\,\phi M^e e_R + \bar{e}_R M^{e*}\bar{\phi}\begin{pmatrix}\nu_L \\ e_L\end{pmatrix}\right] && \text{(electron, muon, tauon mass term)} \\
& -\frac{\sqrt{2}}{v}\left[(-\bar{e}_L, \bar{\nu}_L)\,\phi^* M^\nu \nu_R + \bar{\nu}_R M^{\nu*}\phi^T\begin{pmatrix}-e_L \\ \nu_L\end{pmatrix}\right] && \text{(neutrino mass term)} \\
& +(\bar{u}_L, \bar{d}_L)\,\tilde{\sigma}^\mu iD_\mu \begin{pmatrix}u_L \\ d_L\end{pmatrix} + \bar{u}_R\sigma^\mu iD_\mu u_R + \bar{d}_R\sigma^\mu iD_\mu d_R && \text{(quark dynamical term)} \\
& -\frac{\sqrt{2}}{v}\left[(\bar{u}_L, \bar{d}_L)\,\phi M^d d_R + \bar{d}_R M^{d*}\bar{\phi}\begin{pmatrix}u_L \\ d_L\end{pmatrix}\right] && \text{(down, strange, bottom mass term)} \\
& -\frac{\sqrt{2}}{v}\left[(-\bar{d}_L, \bar{u}_L)\,\phi^* M^u u_R + \bar{u}_R M^{u*}\phi^T\begin{pmatrix}-d_L \\ u_L\end{pmatrix}\right] && \text{(up, charmed, top mass term)} \\
& +\overline{(D_\mu\phi)}D^\mu\phi - m_h^2[\bar{\phi}\phi - v^2/2]^2/v^2, && \text{(Higgs dynamical and mass term)} \\
& +\text{(Hermitian conjugate of some terms).} && (1)
\end{aligned}
$$

where $\bar{\psi} = \psi^\dagger$, and the derivative operators are

$$D_\mu\begin{pmatrix}\nu_L \\ e_L\end{pmatrix} = \left[\partial_\mu - \frac{ig_1}{2}B_\mu + \frac{ig_2}{2}\mathbf{W}_\mu\right]\begin{pmatrix}\nu_L \\ e_L\end{pmatrix}, \quad D_\mu\begin{pmatrix}u_L \\ d_L\end{pmatrix} = \left[\partial_\mu + \frac{ig_1}{6}B_\mu + \frac{ig_2}{2}\mathbf{W}_\mu + ig\mathbf{G}_\mu\right]\begin{pmatrix}u_L \\ d_L\end{pmatrix}, \tag{2}$$

$$D_\mu\nu_R = \partial_\mu\nu_R, \quad D_\mu e_R = [\partial_\mu - ig_1B_\mu]\,e_R, \quad D_\mu u_R = \left[\partial_\mu + \frac{i2g_1}{3}B_\mu + ig\mathbf{G}_\mu\right]u_R, \quad D_\mu d_R = \left[\partial_\mu - \frac{ig_1}{3}B_\mu + ig\mathbf{G}_\mu\right]d_R, \tag{3}$$

$$D_\mu\phi = \left[\partial_\mu + \frac{ig_1}{2}B_\mu + \frac{ig_2}{2}\mathbf{W}_\mu\right]\phi. \tag{4}$$

ϕ is a 2-component complex Higgs field. Since $\mathcal{L}$ is $SU(2)$ gauge invariant, a gauge can be chosen so ϕ has the form

$$\phi^T = (0, v+h)/\sqrt{2}, \qquad <\phi>_0^T = \text{(expectation value of } \phi) = (0, v)/\sqrt{2}, \tag{5}$$

where v is a real constant such that $\mathcal{L}_\phi = \overline{(\partial_\mu\phi)}\partial^\mu\phi - m_h^2[\bar{\phi}\phi - v^2/2]^2/v^2$ is minimized, and h is a residual Higgs field. B_μ, $\mathbf{W}_\mu$ and $\mathbf{G}_\mu$ are the gauge boson vector potentials, and $\mathbf{W}_\mu$ and $\mathbf{G}_\mu$ are composed of 2×2 and 3×3 traceless Hermitian matrices. Their associated field tensors are

$$B_{\mu\nu} = \partial_\mu B_\nu - \partial_\nu B_\mu, \quad \mathbf{W}_{\mu\nu} = \partial_\mu\mathbf{W}_\nu - \partial_\nu\mathbf{W}_\mu + ig_2(\mathbf{W}_\mu\mathbf{W}_\nu - \mathbf{W}_\nu\mathbf{W}_\mu)/2, \quad \mathbf{G}_{\mu\nu} = \partial_\mu\mathbf{G}_\nu - \partial_\nu\mathbf{G}_\mu + ig(\mathbf{G}_\mu\mathbf{G}_\nu - \mathbf{G}_\nu\mathbf{G}_\mu). \tag{6}$$

The non-matrix $A_\mu, Z_\mu, W_\mu^\pm$ bosons are mixtures of $\mathbf{W}_\mu$ and B_μ components, according to the weak mixing angle θ_w,

$$A_\mu = W_{11\mu}sin\theta_w + B_\mu cos\theta_w, \qquad Z_\mu = W_{11\mu}cos\theta_w - B_\mu sin\theta_w, \quad W_\mu^+ = W_\mu^{-*} = W_{12\mu}/\sqrt{2}, \tag{7}$$

$$B_\mu = A_\mu cos\theta_w - Z_\mu sin\theta_w, \quad W_{11\mu} = -W_{22\mu} = A_\mu sin\theta_w + Z_\mu cos\theta_w, \quad W_{12\mu} = W_{21\mu}^* = \sqrt{2}\,W_\mu^+, \quad sin^2\theta_w = .2315(4). \tag{8}$$

The fermions include the leptons e_R, e_L, ν_R, ν_L and quarks u_R, u_L, d_R, d_L. They all have implicit 3-component generation indices, $e_i = (e, \mu, \tau)$, $\nu_i = (\nu_e, \nu_\mu, \nu_\tau)$, $u_i = (u, c, t)$, $d_i = (d, s, b)$, which contract into the fermion mass matrices $M_{ij}^e, M_{ij}^\nu, M_{ij}^u, M_{ij}^d$, and implicit 2-component indices which contract into the Pauli matrices,

$$\sigma^\mu = \left[\begin{pmatrix}1 & 0 \\ 0 & 1\end{pmatrix}, \begin{pmatrix}0 & 1 \\ 1 & 0\end{pmatrix}, \begin{pmatrix}0 & -i \\ i & 0\end{pmatrix}, \begin{pmatrix}1 & 0 \\ 0 & -1\end{pmatrix}\right], \quad \tilde{\sigma}^\mu = [\sigma^0, -\sigma^1, -\sigma^2, -\sigma^3], \quad tr(\sigma^i) = 0, \quad \sigma^{\mu\dagger} = \sigma^\mu, \quad tr(\sigma^\mu\sigma^\nu) = 2\delta^{\mu\nu}. \tag{9}$$

The quarks also have implicit 3-component color indices which contract into $\mathbf{G}_\mu$. So $\mathcal{L}$ really has implicit sums over 3-component generation indices, 2-component Pauli indices, 3-component color indices in the quark terms, and 2-component $SU(2)$ indices in $(\bar{\nu}_L, \bar{e}_L), (\bar{u}_L, \bar{d}_L), (-\bar{e}_L, \bar{\nu}_L), (-\bar{d}_L, \bar{u}_L), \bar{\phi}, \mathbf{W}_\mu, \binom{\nu_L}{e_L}, \binom{u_L}{d_L}, \binom{-e_L}{\nu_L}, \binom{-d_L}{u_L}, \phi$.

The electroweak and strong coupling constants, Higgs vacuum expectation value (VEV), and Higgs mass are,

$$g_1 = e/cos\theta_w, \quad g_2 = e/sin\theta_w, \quad g = 3.892e, \quad v = \sqrt{2}\cdot 180\,GeV = 254\,GeV, \quad m_h \sim 115 - 180GeV? \tag{10}$$

where $e=\sqrt{4\pi\alpha\hbar c}=\sqrt{4\pi/137}$ in natural units. Using (4,5) and rewriting some things gives the mass of $A_\mu, Z_\mu, W^\pm_\mu$,

$$-\frac{1}{4}B_{\mu\nu}B^{\mu\nu} - \frac{1}{8}tr(\mathbf{W}_{\mu\nu}\mathbf{W}^{\mu\nu}) = -\frac{1}{4}A_{\mu\nu}A^{\mu\nu} - \frac{1}{4}Z_{\mu\nu}Z^{\mu\nu} - \frac{1}{2}\mathcal{W}^-_{\mu\nu}\mathcal{W}^{+\mu\nu} + \begin{pmatrix}\text{higher}\\ \text{order terms}\end{pmatrix}, \tag{11}$$

$$A_{\mu\nu}=\partial_\mu A_\nu - \partial_\nu A_\mu, \quad Z_{\mu\nu}=\partial_\mu Z_\nu - \partial_\nu Z_\mu, \quad \mathcal{W}^\pm_{\mu\nu}=D_\mu W^\pm_\nu - D_\nu W^\pm_\mu, \quad D_\mu W^\pm_\nu = [\partial_\mu \pm ieA_\mu]W^\pm_\nu, \tag{12}$$

$$D_\mu <\phi>_0 = \frac{iv}{\sqrt{2}}\begin{pmatrix} g_2 W_{12\mu}/2 \\ g_1 B_\mu/2 + g_2 W_{22\mu}/2\end{pmatrix} = \frac{ig_2 v}{2}\begin{pmatrix} W_{12\mu}/\sqrt{2} \\ (B_\mu sin\theta_w/cos\theta_w + W_{22\mu})/\sqrt{2}\end{pmatrix} = \frac{ig_2 v}{2}\begin{pmatrix} W^+_\mu \\ -Z_\mu/\sqrt{2}\,cos\theta_w\end{pmatrix}, \tag{13}$$

$$\Rightarrow \quad m_A = 0, \quad m_{W^\pm} = g_2 v/2 = 80.425(38)GeV, \quad m_Z = g_2 v/2cos\theta_w = 91.1876(21)GeV. \tag{14}$$

Ordinary 4-component Dirac fermions are composed of the left and right handed 2-component fields,

$$e = \begin{pmatrix} e_{L1} \\ e_{R1}\end{pmatrix}, \nu_e = \begin{pmatrix} \nu_{L1} \\ \nu_{R1}\end{pmatrix}, u = \begin{pmatrix} u_{L1} \\ u_{R1}\end{pmatrix}, d = \begin{pmatrix} d_{L1} \\ d_{R1}\end{pmatrix}, \quad \text{(electron, electron neutrino, up and down quark)} \tag{15}$$

$$\mu = \begin{pmatrix} e_{L2} \\ e_{R2}\end{pmatrix}, \nu_\mu = \begin{pmatrix} \nu_{L2} \\ \nu_{R2}\end{pmatrix}, c = \begin{pmatrix} u_{L2} \\ u_{R2}\end{pmatrix}, s = \begin{pmatrix} d_{L2} \\ d_{R2}\end{pmatrix}, \quad \text{(muon, muon neutrino, charmed and strange quark)} \tag{16}$$

$$\tau = \begin{pmatrix} e_{L3} \\ e_{R3}\end{pmatrix}, \nu_\tau = \begin{pmatrix} \nu_{L3} \\ \nu_{R3}\end{pmatrix}, t = \begin{pmatrix} u_{L3} \\ u_{R3}\end{pmatrix}, b = \begin{pmatrix} d_{L3} \\ d_{R3}\end{pmatrix}, \quad \text{(tauon, tauon neutrino, top and bottom quark)} \tag{17}$$

$$\gamma^\mu = \begin{pmatrix} 0 & \sigma^\mu \\ \tilde{\sigma}^\mu & 0\end{pmatrix} \quad \text{where } \gamma^\mu\gamma^\nu + \gamma^\nu\gamma^\mu = 2Ig^{\mu\nu}. \quad \text{(Dirac gamma matrices in chiral representation)} \tag{18}$$

The corresponding antiparticles are related to the particles according to $\psi^c = -i\gamma^2\psi^*$ or $\psi^c_L = -i\sigma^2\psi^*_R$, $\psi^c_R = i\sigma^2\psi^*_L$. The fermion charges are the coefficients of A_μ when (8,10) are substituted into either the left or right handed derivative operators (2-4). The fermion masses are the singular values of the 3×3 fermion mass matrices M^ν, M^e, M^u, M^d,

$$M^e = \mathbf{U}^{e\dagger}_L\begin{pmatrix} m_e & 0 & 0 \\ 0 & m_\mu & 0 \\ 0 & 0 & m_\tau\end{pmatrix}\mathbf{U}^e_R, \quad M^\nu = \mathbf{U}^{\nu\dagger}_L\begin{pmatrix} m_{\nu_e} & 0 & 0 \\ 0 & m_{\nu_\mu} & 0 \\ 0 & 0 & m_{\nu_\tau}\end{pmatrix}\mathbf{U}^\nu_R, \quad M^u = \mathbf{U}^{u\dagger}_L\begin{pmatrix} m_u & 0 & 0 \\ 0 & m_c & 0 \\ 0 & 0 & m_t\end{pmatrix}\mathbf{U}^u_R, \quad M^d = \mathbf{U}^{d\dagger}_L\begin{pmatrix} m_d & 0 & 0 \\ 0 & m_s & 0 \\ 0 & 0 & m_b\end{pmatrix}\mathbf{U}^d_R, \tag{19}$$

$$m_e = .510998910(13)MeV, \quad m_{\nu_e} \sim .001 - 2eV, \quad m_u = 1.5 - 3.3MeV, \quad m_d = 3.5 - 6MeV, \tag{20}$$

$$m_\mu = 105.658367(4)MeV, \quad m_{\nu_\mu} \sim .001 - 2eV, \quad m_c = 1.16 - 1.34GeV, \quad m_s = 70 - 130MeV, \tag{21}$$

$$m_\tau = 1776.84(17)MeV, \quad m_{\nu_\tau} \sim .001 - 2eV, \quad m_t = 169 - 174GeV, \quad m_b = 4.13 - 4.37GeV, \tag{22}$$

where the $\mathbf{U}$s are 3×3 unitary matrices ($\mathbf{U}^{-1} = \mathbf{U}^\dagger$). Consequently the "true fermions" with definite masses are actually linear combinations of those in $\mathcal{L}$, or conversely the fermions in $\mathcal{L}$ are linear combinations of the true fermions,

$$e'_L = \mathbf{U}^e_L e_L, \quad e'_R = \mathbf{U}^e_R e_R, \quad \nu'_L = \mathbf{U}^\nu_L \nu_L, \quad \nu'_R = \mathbf{U}^\nu_R \nu_R, \quad u'_L = \mathbf{U}^u_L u_L, \quad u'_R = \mathbf{U}^u_R u_R, \quad d'_L = \mathbf{U}^d_L d_L, \quad d'_R = \mathbf{U}^d_R d_R, \tag{23}$$

$$e_L = \mathbf{U}^{e\dagger}_L e'_L, \quad e_R = \mathbf{U}^{e\dagger}_R e'_R, \quad \nu_L = \mathbf{U}^{\nu\dagger}_L \nu'_L, \quad \nu_R = \mathbf{U}^{\nu\dagger}_R \nu'_R, \quad u_L = \mathbf{U}^{u\dagger}_L u'_L, \quad u_R = \mathbf{U}^{u\dagger}_R u'_R, \quad d_L = \mathbf{U}^{d\dagger}_L d'_L, \quad d_R = \mathbf{U}^{d\dagger}_R d'_R. \tag{24}$$

When $\mathcal{L}$ is written in terms of the true fermions, the $\mathbf{U}$s fall out except in $\bar{u}'_L\mathbf{U}^u_L\tilde{\sigma}^\mu W^\pm_\mu \mathbf{U}^{d\dagger}_L d'_L$ and $\bar{\nu}'_L\mathbf{U}^\nu_L\tilde{\sigma}^\mu W^\pm_\mu \mathbf{U}^{e\dagger}_L e'_L$. Because of this, and some absorption of constants into the fermion fields, the parameters in the $\mathbf{U}$s are entirely contained in only four components of the Cabibbo-Kobayashi-Maskawa matrix $\mathbf{V}^q = \mathbf{U}^u_L\mathbf{U}^{d\dagger}_L$ and four components of $\mathbf{V}^l = \mathbf{U}^\nu_L\mathbf{U}^{e\dagger}_L$. The unitary matrices $\mathbf{V}^q$ and $\mathbf{V}^l$ are often parameterized as

$$\mathbf{V} = \begin{pmatrix} 1 & 0 & 0 \\ 0 & c_{23} & s_{23} \\ 0 & -s_{23} & c_{23}\end{pmatrix}\begin{pmatrix} e^{-i\delta/2} & 0 & 0 \\ 0 & 1 & 0 \\ 0 & 0 & e^{i\delta/2}\end{pmatrix}\begin{pmatrix} c_{13} & 0 & s_{13} \\ 0 & 1 & 0 \\ -s_{13} & 0 & c_{13}\end{pmatrix}\begin{pmatrix} e^{i\delta/2} & 0 & 0 \\ 0 & 1 & 0 \\ 0 & 0 & e^{-i\delta/2}\end{pmatrix}\begin{pmatrix} c_{12} & s_{12} & 0 \\ -s_{12} & c_{12} & \\ 0 & 0 & 1\end{pmatrix}, \quad c_j = \sqrt{1 - s_j^2}, \tag{25}$$

$$\delta^q = 57(14)\,\text{deg}, \quad s^q_{12} = 0.2243(16), \quad s^q_{23} = 0.0413(15), \quad s^q_{13} = 0.0037(5), \tag{26}$$

$$\delta^l = ?, \quad s^l_{12} = 0.57(3), \quad s^l_{23} = 0.7(1), \quad s^l_{13} = 0.0(2). \tag{27}$$

$\mathcal{L}$ is invariant under a $U(1)\otimes SU(2)$ gauge transformation with $U^{-1} = U^\dagger$, $detU = 1$, θ real,

$$\mathbf{W}_\mu \to U\mathbf{W}_\mu U^\dagger - (2i/g_2)U\partial_\mu U^\dagger, \quad \mathbf{W}_{\mu\nu} \to U\mathbf{W}_{\mu\nu}U^\dagger, \quad B_\mu \to B_\mu + (2/g_1)\partial_\mu\theta, \quad B_{\mu\nu} \to B_{\mu\nu}, \quad \phi \to e^{-i\theta}U\phi, \tag{28}$$

$$\begin{pmatrix} \nu_L \\ e_L\end{pmatrix} \to e^{i\theta}U\begin{pmatrix} \nu_L \\ e_L\end{pmatrix}, \quad \begin{pmatrix} u_L \\ d_L\end{pmatrix} \to e^{-i\theta/3}U\begin{pmatrix} u_L \\ d_L\end{pmatrix}, \quad \begin{matrix} \nu_R \to \nu_R, & u_R \to e^{-4i\theta/3}u_R, \\ e_R \to e^{2i\theta}e_R, & d_R \to e^{2i\theta/3}d_R, \end{matrix} \tag{29}$$

and under an $SU(3)$ gauge transformation with $V^{-1} = V^\dagger$, $detV = 1$,

$$\mathbf{G}_\mu \to V\mathbf{G}_\mu V^\dagger - (i/g)V\partial_\mu V^\dagger, \quad \mathbf{G}_{\mu\nu} \to V\mathbf{G}_{\mu\nu}V^\dagger, \quad u_L \to Vu_L, \quad d_L \to Vd_L, \quad u_R \to Vu_R, \quad d_R \to Vd_R. \tag{30}$$

Para el ojo entrenado y para el que no lo está, el modelo estándar, el feo, se parece más a un diagrama de circuito para algún aparato de alta tecnología que a una expresión de principios físicos simples. Sin embargo, funciona muy bien. ¿Hay una teoría más elegante, aún por descubrir, para dar cuenta de estas fuerzas? Richard Feynman dijo: "La gente me dice: «¿Buscas la ley de la física más avanzada?» No, no lo hago. Sólo intento saber más sobre el mundo. Si resulta que existe una ley simple que explique todo, así sea; vaya que sería agradable descubrirla. Si resulta que esa ley es como una cebolla, con millones de capas, y que estamos hartos de mirar las capas, entonces así son las cosas y ya." Pero a pesar del escepticismo de Feynman, si preguntas a quienes laboran en ese campo, te costará mucho trabajo encontrar a alguien que no tenga fe en la existencia de una teoría más atractiva. Los físicos se apoyan en el acto de fe de que, en esencia, la naturaleza es simple y elegante. Para ellos, al igual que para todos los demás, la fe está basada en el sentimiento, el deseo, la necesidad o la intuición, elementos fundamentales de la mente humana.

Cuando enfrentamos dificultades, retos o incertidumbre, puede ser útil aferrarnos a creencias que van más allá de lo que sabemos de cierto, sin siquiera cuestionar. La fe, como dice James, puede ser una gran "hipótesis de trabajo". Esto es cierto tanto para los científicos como para cualquier otra persona. De hecho, es importante para los científicos formular esas hipótesis de trabajo (estando dispuesto a desecharlas si no prueban tener valor alguno), pues de no tenerlas, nunca avanzaríamos en nuestro conocimiento del universo. Sin embargo, hipótesis de trabajo como las de Deepak –que insisten en la primacía de un mundo inmaterial, o al igual que las creencias de quienes niegan la evolución y aceptan milagros sobrenaturales–, están en contra de nuestro conocimiento del mundo, y muchas veces están en abierto conflicto con las leyes físicas que lo gobiernan. He aquí su falla.

Estoy de acuerdo con Deepak en que sería bueno si, con el paso del tiempo, la fe teológica se alejara de Dios como fuerza externa que crea y rige el universo, para cambiar hacia una experiencia interior. Pero Dios, el gobernante, tiene una larga historia. El fuerte deseo humano de comprender el universo, atribuyendo las causas a sucesos que transpiran en nuestro mundo, dio origen en tiempos antiguos a mitos y creencias sintéticamente construidos para explicar situaciones que la gente simplemente no entiende. El atractivo de esos mitos no era tanto codificar una verdad objetiva, sino su capacidad de ofrecer respuestas cómodas a la pregunta: "¿Cómo llegamos aquí y para qué?" Antes del advenimiento de la ciencia, Dios, el Gobernante, era la respuesta. Dios, el Gobernante, se topó también con otros deseos humanos, la satisfacción de nuestra necesidad de creer que los sucesos ocurren por una razón; que el mundo es justo; que la muerte no es el fin sino el principio.

Muchos adelantan el fallecimiento de este Dios monárquico y personal conforme la ciencia futura logre triunfo tras triunfo. Pero la ciencia ya ha demostrado su valor en el mundo físico, desde demostrar que la Tierra es redonda hasta explicar que el espacio es curvo. Hemos estudiado la evolución hasta el nivel molecular, la exploración del universo casi hasta el Big Bang, la vida bacterial sintetizada, los corderos clonados, la cirugía realizada con láser, la gente viajando a la Luna, los robots que se mandan a Marte, las imágenes tridimensionales de nuestros cerebros, la teletransportación cuántica... y aún sigue fuerte el entusiasmo por las explicaciones religiosas del mundo físico.

Puede que la ciencia del futuro produzca un láser que teletransporte un cordero sintético a Marte para alimentar a los astronautas robóticos, pero no hay razón para pensar que esa o cualquier otra hazaña espectacular aumente el prestigio de la ciencia a costa de las creencias religiosas. Si existe un área en la que podemos estar de acuerdo con Mahmoud Ahmadinejad, el presidente de Irán, ésta se expresa en una carta que escribió a George Bush en 2006, diciendo que "sin importar si nos gusta o no, el mundo gravita hacia la fe en el Todopoderoso."

Una encuesta de Gallup realizada no mucho después de que Ahmadinejad escribiera esa carta, mostró que 94 por ciento de los estadounidenses creen en Dios, 82 por ciento dice que la religión es al menos bastante importante para ellos, y 76 por ciento dice que la Biblia es en verdad la palabra inspirada de Dios. Si esos números no son correctos, al menos no se alejan mucho de la verdad. Creer es humano, y creer en el Dios tradicional parece algo vivo que tendrá aceptación durante mucho tiempo todavía.

18

¿Existe una realidad fundamental?

Leonard

El 17 de diciembre de 1999, una mujer conocida en la literatura de la neurociencia como F. B. sufrió un derrame cerebral en el lado derecho de este órgano. Como resultado, perdió la sensibilidad en el lado izquierdo de su cuerpo y ya no podía mover el brazo y la pierna izquierdos; tampoco podía ver nada en el lado izquierdo de su campo visual. Y aunque la memoria de F. B. no fue puesta a prueba, en pacientes con daño cerebral parecido, el acceso a la memoria del lado izquierdo del mundo fue afectado, presumiblemente porque la recuperación de esos recuerdos implica la activación de algunos de los circuitos neurales activos durante la percepción de la escena misma.

Cuando se pidió a F. B. que tocara su mano izquierda, era incapaz de encontrarla, y cuando se le señaló, negó que fuera suya. F. B. estaba bien orientada; tuvo buena calificación en las pruebas de aptitud mental aplicadas por los médicos y no mostraba signos de deterioro mental. Sin embargo, respecto de su mano izquierda, estaba seriamente desinformada. Insistía en que la mano era de su sobrina.

El fenómeno de un paciente que parece dejar de ser dueño de un miembro fue documentado por vez primera en 1942. La ilusión recibió el nombre de "somatofrenia". Lo más impresionante de la somatofrenia es que los pacientes que la padecen están muy al tanto del engaño que sufren, y mantienen su creencia a pesar de toda la evidencia contraria que se les muestra. Cuando se les presiona, suelen conceder que lo que reportan suena extraño, pero ofrecen evidencia en pro de su versión. ¿Cómo es que personas inteligentes y centradas pueden mantener tan absurda creencia? Cuando se les presenta un miembro que no pueden mover ni sentir ni recordar, el cerebro de esos pacientes trata de construir una historia coherente que lleve a una supuesta conclusión razonable: que el miembro no les pertenece. Desde el punto de vista de la gente que tiene cerebros normales, las conclusiones de los pacientes están mal, debido al daño en sus sistemas de datos sensoriales y en las estructuras cerebrales particulares que interpretan esos datos. Pero incluso los cerebros sanos tienen limitaciones y peculiaridades de diseño, de modo que también la gente sana padece limitaciones en la manera de observar e interpretar el mundo.

Denotaría una mentalidad muy estrecha creer que nuestro panorama del mundo es definitivo. Extraterrestres con sentidos y cerebros que funcionaran de manera distinta al nuestro considerarían que nuestra percepción es tan fallida como nosotros creemos que lo es la de F. B. O en caso de que tengan cerebros superiores, se preguntarían por nuestra primitiva cosmovisión, como nosotros nos preguntamos sobre la cosmovisión de un grillo o un murciélago. Sin embargo, estamos seguros de la validez de nuestra interpretación de la realidad, al igual que los somatofrénicos lo están de la suya.

La mayoría de las personas son lo que los filósofos llaman "realistas ingenuos". Creen que existe una realidad objetiva externa, una realidad poblada por objetos con propiedades definidas que pueden identificar y codificar. Los experimentos psicológicos apoyan la idea de que la gente automáticamente asume que su experiencia subjetiva es una representación fiel del mundo real. Pero mucho antes de que se descubrieran males como la somatofrenia, o antes de que se tuviera acceso a las imágenes obtenidas por resonancia magnética que nos permiten indagar en el cerebro, existieron pensadores que argumentaron fuertemente en contra de las creencias relacionadas con el realismo ingenuo. Por ejemplo, en 1781, el filósofo alemán Immanuel Kant postuló que la realidad que experimentamos ha sido construida y delineada por nuestras mentes, mentes limitadas por nuestras creencias, sentimientos, experiencia y deseos.

Durante el siglo siguiente a las observaciones de Kant, el desarrollo de la física creció hasta requerir la consideración de un nuevo nivel de realidad, más allá del que experimentamos en la vida cotidiana. Entidades invisibles como campos eléctricos y magnéticos, átomos y electrones, comenzaron a entrar en las teorías intelectuales de los físicos. Einstein llegó a decir que las ideas sobre el campo constituían "probablemente la transformación más profunda experimentada por los cimientos de la física desde los tiempos de Newton"; Feynman sostenía una opinión semejante sobre el concepto de átomo. Se trataba de modelos mentales. Los médicos los consideraron útiles para analizar fenómenos que estudiaban y para ayudarlos a visualizar los sucesos observados, auxiliándolos a razonar sobre ellos y permitiéndoles hacer nuevas predicciones. Pero estos sucesos estaban fuera de la experiencia normal e, inicialmente al menos, era imposible verlos en un laboratorio, de manera que no estaban seguros de hasta qué punto debían considerarlos reales. Según escribió Ludwig Boltzmann, físico del siglo XIX considerado el padre de la teoría atómica moderna, esas teorías pueden ser consideradas como "una imagen puramente mental de un fenómeno relacionado con la imagen como un símbolo lo está con aquello que simboliza". En otras palabras, los átomos y los campos eran una especie de lenguaje.

Galileo dijo: "El universo es un gran libro escrito en el lenguaje de las matemáticas", y ese gran libro ha sido desde entonces objeto de estudio de los científicos. ¿Pero estamos leyendo el gran libro del universo o lo estamos escribiendo?

El matemático David Ruelle, en una serie de artículos que comenzaron con "Conversaciones sobre matemáticas con un visitante del espacio exterior", señaló que los humanos hacen matemáticas (y por lo tanto física) con partes del cerebro que evolucionaron para otros propósitos. Nuestro pensamiento matemático, dice, está limitado por una memoria y un rango de atención pobres; además, debemos tomar en cuenta la peculiar dependencia humana de la visualización. Esto sugiere que, al menos hasta donde llega el interés de los científicos que construyen nuevas teorías del universo, las peculiaridades innatas del estilo humano de teorizar deben añadirse a la lista de influencias que afectan nuestro concepto de la realidad.

Considera, por ejemplo, la idea del átomo. En nuestro mundo de todos los días, experimentamos la materia en estado gaseoso por medio de características como presión, temperatura y flujo. Los científicos han notado relaciones entre esas propiedades, pero los pioneros como Boltzmann se percataron de que esas conclusiones podían derivar de un modelo en que los gases estén formados por átomos. El modelo atómico explica las propiedades de los gases en términos de estas entidades hipotéticas e invisibles. Más importante aún, la escena atómica también podía utilizarse para predecir nuevos fenómenos. Muchos científicos se opusieron a dichas teorías con base en el argumento de que los átomos eran meras construcciones matemáticas que no "existían en realidad". Luego, en 1905, Einstein demostró que los procesos atómicos y moleculares eran responsables de las características cuantitativas de un fenómeno llamado movimiento browniano, visible a través del microscopio. Eso bastó para que la mayoría de los físicos consideraran que los átomos eran reales. No fue sino hasta 1981 que los científicos "vieron" por vez primera una molécula "directamente". Incluso entonces, lo que en realidad hicieron los científicos fue compilar una imagen al escanear una aguja sobre la superficie de un material. De manera que, aunque algunos consideran que esto es "ver" una molécula "directamente", otros afirman que sólo se trata de una mera visualización de humanos-científicos de la construcción matemática de Boltzmann, el "átomo".

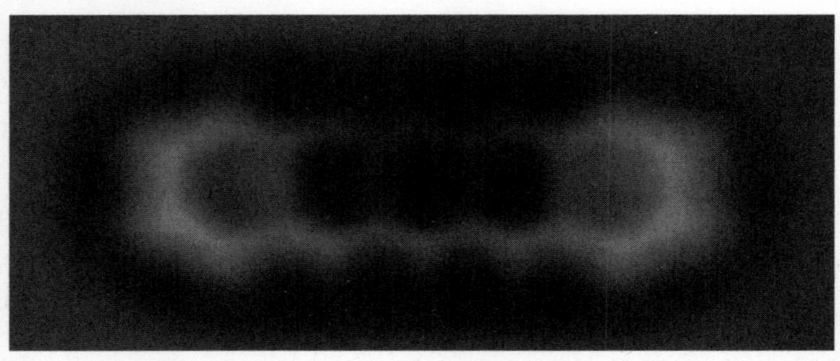

Esta imagen del pentaceno, una molécula conformada por cinco anillos de carbono, fue realizada utilizando un microscopio de poder atómico.

Tomada de "The Chemical Structure of a Molecule Resolved by Atomic Force Microscopy", por Leo Gross, Fabian Mohn, Nikolaj Moll, Peter Liljeroth,

Gerhard Meyer, *Science Magazine*, the American Association for the Advancement of Science, agosto 1 de 2009. Reproducido con permiso de la AAAS.

La sutileza de lo que los físicos quieren decir cuando afirman que algo existe, llevaron a Steven Weinberg, en su libro *Dreams of a Final Theory*, a dar un paso atrás y preguntar: "Después de todo, ¿qué significa observar algo?" Weinberg analizó el "descubrimiento" del electrón, acreditado por lo común al físico británico J. J. Thompson, por un experimento que realizó en 1897. Lo que Thompson hizo fue medir la forma en que los "rayos" son doblados por los campos eléctrico y magnético en un tubo de rayos catódicos, básicamente un cinescopio de televisión anticuada. Descubrió que la cantidad de curvatura era consistente con el hecho de que los rayos estuvieran compuestos por pequeñas partículas con una proporción determinada de carga y masa, por lo que saltó a la conclusión de que estas partículas en verdad existían y constituían todas las formas de electricidad, desde la que pasa por los alambres hasta la de los átomos. En realidad no observó la curvatura de los rayos catódicos; simplemente midió la posición de un punto luminoso en el tubo, a cierta distancia de la fuente de los rayos, luego infirió la curvatura y el radio carga-masa, empleando una teoría aceptada para calcular cómo los campos debían haber causado que los rayos llegaran al punto luminoso visible. Y, "hablando muy estrictamente", dice Weinberg, ni siquiera hizo eso, sino que experimentó "ciertas sensaciones visuales y táctiles" que interpretó como un punto luminoso.

Como suele suceder, el físico alemán Walter Kaufmann realizó un experimento muy similar (más preciso) casi al mismo tiempo. Pero Kaufmann tomó una aproximación distinta a lo que consideraba real. Creía que la física debería estar más estrictamente preocupada por lo que es posible observar, de modo que no reportó que había descubierto un nuevo tipo de partícula: el electrón. En lugar de ello, dijo que lo que conforma a los rayos catódicos tiene cierto tipo de carga eléctrica y cierta masa. Entretanto, Thomson realizó un experimento de seguimiento y descubrió que su modelo de electrón aplicaba en otros casos, como la radioactividad, y cuando los metales se calientan. Como resultado, Thomson es considerado el "descubridor" único del electrón.

Durante el siglo siguiente al de Thomson y Boltzmann, la física cambió mucho. Hoy, los físicos apenas dudan en considerar reales los objetos que no han observado, incluso los que, pensamos, no pueden ser observados. En particular, consideran al quark un tipo de partícula elemental que, se piensa, está dentro del protón, el neutrón y muchas otras partículas. A principios de la década de 1960, Murray Gell-Mann y George Zweig inventaron el concepto independientemente. Su teoría era atractiva y condujo a nuevas predicciones confirmadas, dando evidencia convincente para el modelo quark. Aun así, cuando los experimentadores hicieron chocar partículas que deberían haber agitado y aislado a los quarks individuales, nunca los encontraron. Eventualmente, los físicos se percataron de por qué no veían estas partículas: en el fondo, la atracción entre quarks aumenta con la distancia, como si los quarks estuvieran conectados por un resorte firme.

Si la historia del quark recuerda el modelo de partón de Feynman que describí en el capítulo 16, es porque los partones de Feynman son las mismas partículas que los quarks de Gell-Mann y Zweig. Sin embargo, Feynman usó su modelo matemático para explicar los datos provenientes de una sola clase de experimentos, y debido a esa meta menos ambiciosa, no tuvo que asumir que los partones tenían todas las propiedades específicas (y en un caso, peculiares) que Gell-Mann y Zweig atribuyeron a sus quarks. En esa época, la mayoría de los físicos no estaban seguros de considerar a los quarks y a los partones como reales, y al usar un nombre diferente para las partículas de su modelo, Feynman evitó avalar las especificidades de los descubrimientos de Gell-Mann y de Zweig. Sin embargo, eventualmente, de acuerdo con las especulaciones de Feynman, el modelo del partón y el del quark –habiendo probado su utilidad no sólo como "guía psicológica", sino como vía para producir otras "expectativas válidas"– se convirtió en algo real, desde la óptica de los físicos, aunque nunca se ha observado y aunque muchos de nosotros pensamos que nunca se verá.

Einstein destacó la importancia de la observación al escribir: "El pensamiento lógico puro no puede darnos ningún conocimiento del mundo empírico; todo el conocimiento de la realidad comienza con la experiencia y termina con ella." Hoy, las matemáticas y la observación están más estrechamente relacionadas que nunca. En la física moderna, la observación no puede liberarse ni del sistema sensorial ni del sistema de razonamiento humanos.

Mientras no entren en conflicto, las diferentes teorías, cada una válida en el sentido de que sus predicciones son confirmadas por la observación, pueden presentarnos distintos aspectos de la realidad, todos ellos válidos. Como ejemplo de realidades diferentes que no entran en conflicto, en *El gran diseño* Stephen Hawking y yo escribimos sobre la cosmovisión de un pececillo dorado en una pecera esférica. Un objeto que se mueve libremente fuera de la pecera y sería observado como viajando en línea recta por quien lo mirara desde fuera de la pecera –de acuerdo con las leyes de Newton– daría al pececillo dorado la impresión de moverse en una ruta curva. Por lo tanto, un pez dorado pionero en este tipo de experimentos podría formular leyes en relación con el movimiento de los objetos fuera de la pecera, y estas leyes serían distintas de las de Newton. A pesar de ello, las leyes del pececillo permitirían al pez predecir correctamente lo que vería de los objetos en movimiento externos a su pecera, así que las leyes representarían un modelo correcto de su realidad. Ahora supón que un pez dorado excepcionalmente inteligente propusiera otra teoría: que las leyes de Newton se aplicarían fuera del límite de su acuoso universo, pero que la luz de esa realidad externa se curva al pasar por el agua, causando que las trayectorias de los objetos externos sólo *den la impresión* de ser curvas. Esta teoría ofrecería a los peces dorados científicos una concepción completamente distinta de lo que sucede. Quienes estamos fuera de la pecera podemos argumentar que esta última teoría es la que describe la realidad, pero dado que ambas teorías proveen a sus formulantes con las mismas predicciones precisas, cada una de las teorías tendría que ser considerada como igualmente válida.

He defendido la idea de que el universo de hoy es resultado de las leyes de la física, y que la humanidad surgió por azar guiada solamente por la selección natural y por la evolución, y que nuestros pensamientos y sentimientos son fenómenos originados en el cerebro físico. Tomando en cuenta lo que la ciencia sabe hasta el día de hoy, es difícil creer en un dios que creó el universo hace unos miles de años, para luego depositar unas criaturas en él, y que ahora va por ahí causando o previniendo guerras, curando (o enfermando) a los enfermos, ayudando a los mariscales de campo colegiales a anotar *touchdowns* (o permitiendo que la defensiva los detenga). Pero la ciencia nos ha enseñado que pueden existir otras realidades, y que si te asomas a la realidad cotidiana, el trabajo de la naturaleza es muy distinto al que percibimos con nuestro sentido. ¿Hay espacio para otra realidad oculta, una realidad que incluya a Dios?

Incluso quienes comprenden la teoría cuántica van por la vida empleando el modelo de realidad descrito matemáticamente por Newton como su hipótesis de trabajo. Nada ha de ganarse al describir la trayectoria de unas bolas de billar por medio de la mecánica cuántica, o al rehusar una copa de vino por la incertidumbre relacionada con el *momentum* de las moléculas que lo componen. La fe también puede constituir una hipótesis de trabajo. Una vez pregunté a un amigo, cuya racionalidad respeto, por qué cree tanto en Dios como en el alma inmortal siendo que no existe evidencia que confirme la existencia de ninguna de las dos cosas. Yo esperaba que no estuviera de acuerdo con el hecho de que falta evidencia, pero no fue así. "¿En dónde dice que las creencias han de ser consistentes?", preguntó. ¿Puedes disfrutar una película que objetivamente puede considerarse sin mérito alguno? ¿Puede comunicarte alguna verdad a pesar de no ser una obra maestra de la cinematografía? ¿Por qué está mal creer en un poder superior si no tienes pruebas de su existencia? Luego me habló de un libro publicado en alemán, una colección de notas y cartas escritas por personas a punto de ser ejecutadas por ayudar a sobrevivir a judíos durante la Segunda Guerra Mundial. Todas las notas o cartas fueron escritas por personas profundamente involucradas con su fe, o por niños. Hay una sola excepción: un hombre laico de 19 años que se involucró con el movimiento de resistencia por tener una especie de aventura. Sus cartas eran distintas de las de los demás, dijo mi amigo. Era el único que temía a la muerte.

Deepak

Si metes a una rana en una caja y la das a un científico, él puede decirte muchas cosas fascinantes sobre la criatura. Luigi Galvani, un físico italiano en Boloña, aplicó una corriente eléctrica a la pata de una rana en 1771 y observó que los músculos de la pata se contraían. Al establecer una conexión entre la electricidad y el modo de funcionar del cuerpo, abrió un nuevo mundo. Sería justo afirmar que sin esta simple observación de Galvani, todo el campo de la neurociencia podría no existir.

Si tomas otra caja y pones un cerebro humano en ella, los científicos volverán a descubrir cosas fascinantes; no obstante, algunos misterios esenciales no pueden explicarse; por ejemplo, cómo se visualizan las imágenes en el córtex, cómo una célula cerebral almacena la memoria y cómo llegamos a identificarnos con un yo. Así que desde la perspectiva científica, el cerebro es una "caja negra", un sistema cuyo funcionamiento interno desafía cualquier explicación. Cuando pones algo en una caja negra, lo único que un científico puede estudiar es qué entra a la caja y qué sale de ella. Lo que sucede en el interior, sólo puede ser tema de especulación.

No obstante, existe un tercer tipo de caja con el que Leonard ha estado luchando. En esta caja pones la realidad. Cuando pides a un científico que te diga qué hay en la caja, se mete en grandes aprietos. Por ejemplo, Leonard lucha con mi interpretación de la extraña manera en que los átomos, los elementos básicos de construcción del mundo físico, existen en una realidad sombría situada entre lo real y lo irreal. Me baso en el hecho de que toda partícula en el universo tiene su fuente en "nada". Naturalmente, es muy difícil relacionar nada con algo, lo visible con lo invisible.

Nuestro toma y daca se ha centrado en este problema en realidad. Leonard termina su último ensayo ubicando la ciencia y la espiritualidad en distintos compartimentos, haciendo que cada disciplina vea el universo desde su propia perspectiva. No pienso que sea una buena solución, si esperamos que un cristiano racional, por ejemplo, acepte la evolución en lugar del libro del Génesis. Debemos ver la escena completa, lo subjetivo y lo objetivo. Sólo entonces podemos dejar de defender una cosmovisión fallida, ya sea científica o espiritual. Las cosmovisiones carecen de sentido a menos que puedan explicar la realidad dentro de la caja.

Incluso entre los físicos de mentalidad más amplia, el misterio de la realidad borda en lo insoluble. Es enternecedor y triste leer sobre el pesar que embargó a los pioneros de la física cuántica cuando se dieron cuenta de que habían dejado el mundo físico –tan confiable, seguro y disponible a los cinco sentidos– en harapos. Schrödinger, después de dar su famosa ecuación que explicaba el comportamiento de onda de las partículas, deseó no haber hecho ese descubrimiento, dado el dolor y la lucha que causó. Einstein se rehusó a aceptar la extrañeza de un mundo gobernado por la mecánica cuántica. Para él, el desmantelamiento de la certidumbre era demasiado inquietante. Pero no hay duda de que la teoría cuántica tiene razón, al menos en lo relativo a los cálculos.

Leonard representa a una generación de físicos que han hecho las paces con la realidad cuántica, pero creo que ha pagado un precio muy alto. Desde mi punto de vista, ha evitado los hechos más inquietantes, a pesar de que se supone que la ciencia debe estar regulada por los hechos. El primer hecho es que toda la experiencia ocurre en la conciencia. Se trata de algo más que un proceso cerebral. El segundo hecho es que, si existe una realidad fuera de la conciencia, nunca la conoceremos. Leonard reconoce que no puede conocerse nada ajeno al cerebro; sin embargo, se las arregla para creer al mismo tiempo que la ciencia está en el camino correcto para obtener todas las respuestas. Tal vez vale la pena citar a un físico distinguido que trató de dar cuenta de esta discrepancia; me refiero a *sir* Roger Penrose, quien perplejo declaraba: "No creo que hayamos encontrado el verdadero «camino a la realidad», a pesar del progreso extraordinario que hemos realizado en dos milenios y medio, particularmente en los últimos pocos siglos. Ciertamente se necesitan ideas nuevas."

Para abundar en favor de mis ideas, mencionaré que este tipo de revelaciones han existido desde mucho tiempo atrás. La realidad es conciencia pura. Nada existe fuera de ella. Sus efectos son globales. No puede haber otra respuesta, aunque para llegar a ésta la ciencia debe dejar de lado la ilusión de que existe un mundo físico "ahí afuera", un mundo al cual se pueden aferrar. Leonard se ha estado aferrando con todas sus fuerzas, incluso cuando cita evidencia en contrario.

Esto me recuerda a los pescadores que enfrentan el frío congelante de los mares de Alaska en pos del cangrejo rey. Su trabajo es considerado uno de los más peligrosos del mundo. Su pequeña embarcación se incrusta en el hielo, haciendo muy peligroso pararse en la cubierta, y más peligrosa aún la faena de cargar cajas llenas de cangrejos mientras son zarandeados por olas gigantes.

Puedo imaginar a Leonard siendo el capitán, gritando al segundo a bordo que mida la siguiente ola que está por chocar contra el casco. El segundo utiliza un instrumento que le indica que se aproxima una ola de diez metros. "¿Qué tan rápido se acerca?", grita el capitán preocupado por la posibilidad de zozobrar. El segundo toma otro instrumento, obtiene una lectura y descubre que la ola se aproxima a una velocidad de cuarenta nudos. Cuando está listo para gritar su respuesta, la ola golpea el barco y lo único que puede hacer la tripulación es agarrarse de cualquier parte con tal de salvar la vida.

Si sustituyes la ola gigante por una onda de luz o una corriente de electrones, esta situación resulta muy parecida a la que enfrentaron Einstein y sus colegas. Igual que el segundo, podían medir la masa, la carga y el giro al detener la realidad física a medio proceso y describir lo posible. Entretanto, las olas seguían estrellándose contra el casco del barco: la realidad está en perpetuo movimiento y no espera a nadie.

Penrose comprendió lo inmanejable que es la realidad al decir: "Puede ser que algunos lectores acepten el punto de vista de que el camino mismo podría ser un milagro. Otros pueden adherirse a la idea de que la noción misma de una «realidad física», con una naturaleza verdaderamente objetiva e independiente de nuestro punto de vista, es en sí un castillo en el aire." Leonard parece no dudar en estas cuestiones. "Cállate y calcula" es siempre una postura disponible en lo que a la ciencia dura se refiere, pero la realidad no se calla y la cruda realidad es que nuestro concepto del mundo físico ha probado ser un bote que hace agua.

Permítanme ayudar a los lectores escépticos a entender por qué la conciencia pura debe ser la respuesta correcta a esta pregunta. ¿Qué es la realidad fundamental? La parte verdaderamente espinosa de cualquier postura ante esta pregunta es que, sin importar qué sea la realidad fundamental, no puede ser creada. Si alguien clava una estaca y dice: "Esto es. X es el aspecto más básico de la realidad", cualquiera puede pedir la palabra y decir: "¿Pero qué o quién creó X?" El creador de X –se trate de Dios, las matemáticas, la gravedad, la curvatura del espacio-tiempo o de cualquier otra especulación– debe ser siempre más fundamental.

Esto significa que la fuente de la creación es no creada, un concepto que a la ciencia le cuesta muchísimo trabajo aceptar. Las teorías de los universos múltiples no nos salvan, porque incluso si sostienes que existen trillones de universos paralelos, ¿quién o qué los creó? Unos especulan que cada mundo crea al otro, o que surgen y caen al ritmo cósmico del nacimiento y la muerte. Eso tampoco soluciona el problema. ¿Qué o quién comenzó el ritmo? Lo increado es una pesadilla intelectual.

Aunque asumimos que somos las personas más inteligentes que jamás han existido, los antiguos sabios de la India sabían lo suficiente como para declarar que X, la realidad más fundamental, no tiene propiedades físicas. Hasta se rehusaban a darle un nombre, optando por llamarla "eso" (*tat*, en sánscrito). Al llamarla conciencia pura, he cometido un pecado filosófico, haciendo que X parezca más tangible de lo que es realmente. A fin de cuentas, acepto la naturaleza anónima, amorfa e inconcebible de "eso".

En este caso, la ciencia y la espiritualidad pueden consolarse con un abrazo. Así como un átomo desaparece una vez que te percatas de que "no tiene propiedades físicas" (Heisenberg), la mente humana también desaparece cuando te percatas de que tampoco hay propiedades físicas. Los átomos surgen de un vacío que es potencia pura; los pensamientos surgen de un vacío que es conciencia pura. Para ser justos, cabe lanzar un reto. Cuando describes el vacío, simplemente estás ofreciendo no afirmaciones sobre la no existencia. ¿No es eso darse por vencido?

Henos aquí, salvados por un héroe improbable conocido técnicamente como "qualia", una palabra proveniente del latín y que se refiere a los aspectos subjetivos de la percepción. Por ejemplo, el color rojo, la suavidad y el aroma de una rosa son *qualia*, igual que lo salado del agua marina o la dulzura del azúcar. Daniel Siegel ha reunido estas *qualia* para conformar el acrónimo SIFT.[9] Se trata de un acrónimo astuto, porque nosotros filtramos el alud de datos que nos bombardea por todas partes, transformándolo en una o más de estas *qualia*. Volviendo a la famosa frase de Christopher Isherwood, "soy una cámara", la razón de fondo por la que ni tú ni yo somos una cámara –ni ningún otro aparato– es que la cámara no filtra la realidad, en tanto que a nosotros no nos queda otra opción que hacerlo. Mirar el Gran Cañón implica un proceso de filtrado único, pues cada uno de nosotros nota diversas tonalidades en los colores que revela la luz cambiante, o nota el aroma de los pinos aledaños y el sonido que el viento produce al elevarse desde el suelo del cañón, y luego incorpora todo esto para conformar un sentimiento de admiración (o de tedio, si es que tu trabajo consiste en recoger la basura que dejan los turistas), con algunos pensamientos personales.

No existen dos personas que experimenten el Gran Cañón exactamente de la misma manera. No obstante, dos cámaras pueden fácilmente tomar dos fotografías muy parecidas. La ciencia ataca

[9] Estamos ante un juego de palabras intraducible. En inglés, la palabra *sift* significa criba, filtro. El acrónimo se integra con las primeras letras de los términos *sensation*, *image*, *feeling* y *thought*, "sensación", "imagen", "sentimiento" y "pensamiento", respectivamente.

prontamente esta cualidad única, insistiendo en que el experimentador debe replicar los resultados de otro experimentador para verificarlos. No obstante, al pretender que una cámara graba la realidad como debe ser grabada, la ciencia tira el filtro por la ventana. Las *qualia* que han sido descartadas –esas sensaciones, imágenes, sentimientos y pensamientos– resultan ser lo único en lo que podemos confiar realmente. Si mando a un pescador de cangrejos al mar de Alaska con una enorme cantidad de datos sobre las olas que encontrará, sería tonto pretender que está preparado para enfrentar los peligros que se avecinan. Esas olas gigantes son frías, pesadas, hirientes y atemorizantes, ésa es su realidad. No son más que *qualia.*

Así que la pregunta obvia es: ¿de dónde viene la *qualia*? Los neurocientíficos claman que viene del cerebro. Un pensador antiguo como Platón clamaba que eran parte de la naturaleza. Ambas respuestas son presunciones. No importa qué tan finamente diseccionen el córtex visual, nunca encontrarán el rojo de una rosa en esos tejidos grises y blandos; sólo encontrarán una sopa electroquímica. No importa qué tan hondo indague un filósofo en el cerebro, nunca encontrará el punto exacto en que la conciencia produce repentinamente el rojo mate. La ruta termina al admitir que las sensaciones, imágenes, sentimientos y pensamientos que constituyen la realidad son irreductibles. La *qualia* manda.

Por eso la relación entre mente y cerebro –o para hablar en términos más generales, entre mente y cualquier cosa física– se llama "el problema difícil". La conciencia no te dejará mirar detrás de la cortina. La realidad es modesta, no será vista desnuda. ¿Pero qué sucede si reviertes el problema difícil? En vez de pedir una explicación física de la realidad subjetiva, pide una explicación subjetiva del mundo físico. Esta táctica funciona. Si diseccionas una célula buscando el origen del color rojo de la rosa, la célula eventualmente se desvanecerá en ondas de energía, y esas ondas colapsarán hasta convertirse en potencial. Si en lugar de ello comienzas con el rojo como experiencia, también se desvanecerá, esta vez en el silencio de la mente. Pero cuando esto sucede no te quedas con las manos vacías. Seguirás despierto y atento. Eso no se puede desvanecer. Más aún, al activar un interruptor mental, puedes llevar la atención silenciosa a todo el mundo físico. Lo hacemos todo el tiempo. Incluso los científicos, cuando claman ser puramente objetivos, lo hacen. La conciencia es la dueña de todo lo que surge de ella.

Leonard desecha o ignora los argumentos que pueden afectar su aferramiento a la objetividad. Lo comprendo. El *Yoga Vasistha*, uno de los textos más importantes de vedanta de la India, propone una idea sorprendente. Al describir la realidad última, Vasistha dice: "Es aquello que no podemos imaginar, pero también de donde surge la imaginación. Es aquello que resulta inconcebible, pero es al mismo tiempo la fuente de todo pensamiento." Para mí, esta afirmación es tan cercana a la realidad cuántica que me pregunto cuándo saltarán al agua mis amigos los científicos, para así descubrir que no sólo es seguro hacerlo, sino que es familiar.

No hay misterio aterrorizante en este caso. Nada hay que temer. El hecho es que todos estamos en contacto con nuestra fuente inconcebible, inimaginable. Por mucho que se hayan reprendido Schrödinger y sus colegas, superaron el dolor provocado por la aceptación del mundo cuántico. Ahora ha llegado el momento de integrar ese mundo en nuestra vida cotidiana, en nuestro trabajo, porque la conciencia es plenamente capaz de aceptar los aspectos subjetivos y objetivos de la realidad. No tienen por qué estar separados estos aspectos y, en realidad, no pueden estarlo. Filtramos constantemente cada segundo de nuestra existencia. Muchos científicos no confiarían en el viaje interior, pero yo no confío en nadie que tenga una fijación; el materialismo es una fijación que observo con verdadera tristeza. El materialismo ha causado muchísima lucha y dolor. Nuestro afán de posesión va de la mano con nuestro deseo de guerrear contra quienes constituyen una amenaza para nuestras posiciones, o contra aquellos que, siendo derrotados, nos procurarían aún más. Sólo en la luz de la conciencia que une a todos los seres humanos, reside la verdadera seguridad.

Epílogo

mente de realidades invisibles y de fuerzas organizadoras que guían la evolución. Uno puede ilustrar las ideas con historias y anécdotas, y argumentar por medio de la analogía. Uno puede utilizar el lenguaje cotidiano con sus fallas o vaguedades y sus términos con múltiples significados. Uno puede aderezar su prosa con términos satisfactorios como "amor" y "propósito". Uno puede apelar a los antiguos sabios y textos. Estos argumentos pueden parecer atractivos, pero la ciencia responde ante una autoridad superior: la forma en que la naturaleza trabaja *realmente*.

Cuando Richard Feynman tuvo la idea de reformular la teoría cuántica basado en su nueva interpretación, una reformulación que daría a los físicos un panorama completamente distinto y una nueva comprensión de la realidad, también él comenzó utilizando ejemplos simples y analogías. Pero luego pasó años dando precisión a sus ideas, dando cuenta de todos los detalles, definiendo exactamente lo que sus ideas significaban y recalculando casi cualquier cantidad que alguien haya calculado usando viejas formulaciones para revisar que su versión de la teoría produjera las mismas predicciones, las cuales han sido confirmadas experimentalmente. Sólo entonces Feynman creyó en su trabajo revolucionario y lo publicó. No es poco común que un físico teorético tenga una nueva e interesante idea, o incluso que desarrolle una nueva teoría plausible y atractiva. Hacer que esas ideas o teorías pasen la prueba de la realidad y encuentren aceptación sí es poco común. La aproximación científica a la verdad ha dado a la humanidad una plétora de conocimiento que no se hubiera conseguido por otros medios.

Repetidamente, Deepak nos ha mencionado las aplicaciones destructivas de la ciencia. Pero no olvidemos que un mundo que ignora la verdad de la ciencia es un mundo que queda al arbitrio de la oscuridad y de la superstición, en la miseria de la ignorancia. Hace siglos, la condición humana fue dominada por la pestilencia, la mugre, los sinsabores y la enfermedad. Piensa en las mejoras de las condiciones de vida que han resultado de la revolución científica. Siendo médico él mismo, Deepak sabe que si nos apoyáramos en la sabiduría tradicional para obtener nuestro conocimiento del universo, y no en el método científico, seguiríamos siendo víctimas de males como viruela, tuberculosis, polio y neumonía, y las mujeres seguirían pereciendo regularmente por la labor de parto; seríamos víctimas del agua sucia y llena de enfermedades; y nos estaríamos muriendo de hambre porque la agricultura no habría podido producir lo suficiente para satisfacer la demanda mundial. Tampoco tendríamos métodos anticonceptivos que ayudaran a la gente a limitar el número de niños que pueden alimentar y mantener. En suma, seguiríamos muriendo antes de la edad mediana porque las antiguas tradiciones de sabiduría no son sustituto de la ciencia moderna.

No pretendo decir que la ciencia tiene todas las respuestas. La conciencia forma la esencia de la cosmovisión de Deepak. También es la última frontera de la ciencia. La ciencia de hoy ni siquiera tiene una buena definición operativa. Somos como los actuales Michael Faraday al comienzo de su carrera. Cuando exploraba lo que ahora llamamos electromagnetismo, hasta la caracterización de la electricidad como positiva o negativa era controversial. Muchos debates análogos sobre la naturaleza fundamental de la conciencia tienen lugar en la ciencia de hoy. Hacemos pruebas, observaciones, pero aún no estamos seguros de qué estamos tratando de estudiar. Aun así, no hay razón para creer que la conciencia no será explicada. No tenemos por qué aceptar que su explicación reside en una realidad no física.

En la física de hoy existen muchos misterios, desde la naturaleza de la materia oscura, hasta el reciente descubrimiento de que la expansión del universo se está acelerando, o las posibles observaciones de nuevos y exóticos tipos de neutrinos que no se ajustan al modelo estándar. Tales misterios podrían resultar en una revisión de las teorías actuales o en una revisión completa. Como sea, es natural que las teorías científicas sigan evolucionando. Cuando hablo con otros científicos sobre la posibilidad de identificar un fenómeno que ponga a prueba nuestras teorías actuales, la respuesta más común que escucho es un deseo de que dicha anomalía ocurra. En tanto que la metafísica es fija y está guiada por las creencias personales y por el cumplimiento de los deseos, la ciencia progresa y se inspira en la emoción del descubrimiento. El sueño del científico es hacer nuevos descubrimientos, especialmente cuando éstos implican que las teorías establecidas deben revisarse. Los científicos descubrieron dos nuevas fuerzas en el siglo XX –las fuerzas nucleares fuertes y débiles–, y el mismo entusiasmo que rodeó a esos descubrimientos reinaría si encontráramos evidencia real de otra realidad para la conciencia. Sólo se requieren datos convincentes que apoyen la idea. Si eso sucediera, muchos científicos se apuntarían para tratar de encontrar más evidencias y así probar o refutar la existencia de esa realidad.

He argumentado en pro de una cosmovisión basada en la observación y la evidencia, y he defendido la idea de que dicha cosmovisión no tiene por qué negar la riqueza del espíritu humano o la maravilla del universo. Einstein escribió lo siguiente en relación con la idea de que el comportamiento humano no es gobernado por otra cosa que no sean las leyes de la naturaleza: "Aunque sé muy bien que no se trata de algo plenamente demostrable, esto es lo que creo. [Pero si] uno piensa hasta la última consecuencia de lo que se sabe y se comprende, sería muy difícil encontrar a un ser humano que fuera ajeno a este punto de vista, siempre y cuando su amor propio no obre en lo contrario."

Admito que el amor propio hace difícil aceptar una cosmovisión en que los seres humanos no jueguen un papel central en el universo. No obstante, el mayor triunfo de la ciencia estaría en la integridad de sus métodos, en la apertura de sus puntos de vista y en la avidez con que abraza la verdad. Puede que la ciencia nunca tenga todas las respuestas, pero nunca dejará de buscarlas y jamás tomará el camino fácil en su búsqueda de comprensión.

Deepak

Para muchos lectores, no existe una guerra de dos mundos o, si la hay, un combatiente resulta insignificante y mal armado mientras el otro posee tanques, soldados robot y bombas inteligentes. La ciencia está completamente armada, en tanto que una nueva espiritualidad divorciada del dogma religioso es incipiente. Sugiero que no es necesario que esa guerra siga peleándose, porque ya se ha terminado. La ciencia intransigente está lista para ser derribada, haciendo campo para un nuevo paradigma en que la conciencia tome el papel protagónico. No esperes ver el campo lleno de los cuerpos de los científicos caídos en la batalla. El resultado no será la extinción de la ciencia sino su expansión. La versión expandida será capaz de admitir la evidencia de algo que Leonard rehúye: un universo con propósito. (Cuando Leonard dice que yo me aferro a conceptos con una antigüedad milenaria, no puede hablar en serio, dada la gran cantidad de conocimientos científicos con los que la nueva espiritualidad ha hecho las paces.)

Él mismo sienta las bases para hablar del principio guía de la ciencia expandida que "responde ante una autoridad superior: la forma en que la naturaleza trabaja *realmente*". Desafortunadamente, no ha sido capaz de seguir su propia receta. Al enfrentar la evidencia en relación con la evolución postdarwiniana, a la base cuántica de la conciencia y a la futilidad de equiparar la mente y el cerebro, Leonard busca refugio en creencias muy queridas que la ciencia de avanzada abandona a ritmo cada vez más rápido. Lo invito a lanzarse al agua –nos da miedo– pero, al igual que la *Enciclopedia católica* citada tan extrañamente, él tiene preocupaciones más hondas (la salvación científica, quizá) que le prohíben aceptar una espiritualidad acorde con la ciencia. Cualquiera que trate de enraizar a la mente en la materia seguirá ignorando las anomalías que agrietan su cosmovisión.

Leonard está en favor de llevar una vida con propósito, sólo que la quiere divorciada de la ciencia. Siempre me ha impresionado la manera en que los científicos se casan con el dogma de un universo azaroso, completamente carente de significado, siendo que es obvio que en todo momento la vida abraza las cosas que nos importan, incluso cuando el objetivo último es tan humilde como pasar el día, terminar de leer una novela de misterio, o recoger a los niños después del entrenamiento de *soccer.* Si nuestra vida tiene significado, éste debe provenir de alguna parte.

Para que yo declare que la guerra ha terminado, debo ofrecer evidencia de ello. Estos ensayos han indicado muchos senderos que llevan a esa evidencia –desde la plasticidad del cerebro hasta la fluidez de los genes, desde el vacío cuántico hasta los dominios que van más allá del espacio y del tiempo–, y al seguirlos se atiende el llamado por obtener "nuevas intuiciones" que hizo *sir* Richard Penrose. Hace 25 años, mis colegas médicos en Boston se rehusaron a creer que había una conexión mente-cuerpo. Ahora se acepta sin dudar que nuestros pensamientos, sentimientos y estados de ánimo se comunican instantáneamente a cada célula de nuestro cuerpo. La membrana celular recibe noticias del mundo, interior y exterior; a nivel microscópico, se trata del mundo escrito en moléculas. En esa época, cuando un profesor de medicina sonreía afectadamente ante la noción de que la mente influía al cuerpo, yo espetaba: "¿Cómo mueve sus dedos de los pies? ¿No será que su mente envía una orden a sus pies?"

He declarado repetidamente que no defiendo a ningún Dios convencional. Pero la espiritualidad no puede ser marginada artificialmente de la esencia de la religión. Ambas dependen de un viaje personal que, a fin de cuentas, lleva a la transformación de la conciencia. La invitación para emprender dicho viaje proviene de la realidad misma. Creo firmemente que la realidad quiere ser conocida y la evolución humana responde a ese llamado. La ciencia es una respuesta, pero no puede apropiarse del camino; la espiritualidad es una respuesta igualmente válida.

La ciencia no debe ser el enemigo del viaje interior, y me descorazona el hecho de que Leonard crea que su idea de una "autoridad superior" prohíbe la exploración interna, como si mover mesas en sesiones espiritistas de la época victoriana fuera nuestro modelo para la espiritualidad. ¿Hay alguien que piense que Buda y Platón organizaban sesiones de este tipo? Sin embargo, no hay motivos para meter aquí paja retórica. Los grandes maestros espirituales del mundo fueron los Einstein de la conciencia. Proveyeron principios y descubrimientos que son tan válidos como los de Einstein, quien tenía dudas religiosas pero nunca perdió de vista la admiración y la maravilla que consideraba esenciales para todos los descubrimientos científicos.

Leonard cree firmemente en la duda como herramienta de la ciencia. Sólo puedo estar de acuerdo, pero un escepticismo rígido y hostil no favorece a nadie. Los escépticos se erigen en guardianes de la verdad y a nadie dejan transitar por el camino si no se adhiere a sus principios. Nunca se darán cuenta de que sólo pueden ver lo que su paradigma les pide encontrar. Si juzgas a una persona por lo bien que juega al billar, Mozart no pasará la prueba, pero la culpa está en la forma de ver las cosas.

Una vez estaba hablando de la relación mente-cuerpo ante una audiencia en Inglaterra, cuando un hombre se puso de pie rojo de ira y gritó: "Todo esto es basura. ¡No lo escuchen! ¡Lo que dice es pura mierda!"

La gente se sintió incómoda y yo quedé un tanto inquieto. "¿Quién es usted, señor?", pregunté.

"Soy el líder de la Sociedad de Escépticos del Reino Unido", respondió.

"Lo dudo", dije, y los asistentes rompieron a reír.

Leonard está a punto de unirse a la Sociedad para la Supresión de la Curiosidad, justo adonde el escepticismo rampante conduce. Pero imagino que lo guía la misma admiración y la maravilla que a Einstein, así que hablaré de esas cualidades. En el instante del Big Bang, las leyes de la naturaleza aparentemente aparecieron en 10^{-43} segundos, un parpadeo inimaginablemente corto para ensamblar todos los ingredientes del universo conocido dentro de un espacio trillones de veces más chico que el punto al final de esta oración. Nada existía durante la "época cuántica" que precedió a ese instante excepto un mar de energía turbulenta. Incluso eso es endeble conceptualmente hablando, porque no existían leyes físicas y, por lo tanto, tampoco existía nada parecido al electromagnetismo.

Si crees en el materialismo estricto, el cerebro humano también fue predeterminado en esta sopa de energía turbulenta, hace miles de millones de años. De ser así, entonces somos producto de lo que pasó después: este universo sorprendentemente diseñado, en que decenas de constantes se ordenan perfectamente de tal modo que el cambio de una parte por cada mil millones habría echado a perder toda la empresa. Tú puedes leer y pensar –además de jugar billar y practicar el juego del amor– sólo gracias a lo que sucedió después de 10^{-43} segundos. Sin luz, gravedad y electrones, por no mencionar el espacio y el tiempo, ninguno de nosotros estaría aquí. Lo que estaba antes de eso es imposible de conocer, y sólo por esa razón la ciencia queda reducida a conjeturas tan implausibles como las que he estado mencionando. Cuando discutimos sobre el origen del cosmos, el campo de acción se reduce día a día.

De hecho, decir implausible es ser amable. El materialismo no puede ir a ninguna parte antes de la creación de la materia. La objetividad no puede aventurarse a ninguna parte antes de que hubiera objetos que observar. Si el destino del universo se decidió en un solo instante, ¿por qué este momento no puede ser creativo? El atronador "¡No!" de Leonard tiene poco sentido. No me parece que su método nos lleve a ninguna parte. Nuestra subjetividad nos relaciona con el impulso primordial de hacer algo a partir de nada; de otra manera, nos privamos a nosotros mismos de la creatividad, de la inteligencia profunda y del libre albedrío.

La gente ordinaria sacrificará sus emociones y su inspiración porque la ciencia le haga el feo a la subjetividad. La ciencia no debe ser tan filosa y defensiva. Los vándalos no entrarán en sus laboratorios para destruir todo y arrojar biblias a los equipos. A pesar de cierta actividad religiosa reaccionaria, todos aceptamos que la ciencia representa algo enormemente bueno y progresista. La torre de marfil sería un sucedáneo moderno de la ciudad sagrada en la cima de una colina, pero desafortunadamente, desde esa cima no sólo nos llegaron cosas buenas, sino la bomba atómica, las armas bioquímicas y el gas nervioso.

La mayoría de los científicos hacen una mueca dolorida ante la existencia de programas de investigación armamentista, y luego van y siguen con su vida como si nada. El surgimiento de una creatividad diabólica parece incontenible. Otros científicos se unen a la redituable empresa de la muerte con gusto. Uno debe decidir en este aspecto: un mundo gobernado únicamente por la ciencia sería el infierno en la Tierra. Estar casados con el pensamiento racional es aceptable dentro del laboratorio, pero una vez que la ciencia se dedica a desmantelar la fe, el afán, el amor, el libre albedrío, la imaginación, la emoción y el yo superior como si se tratara de meras ilusiones cocinadas por nuestro falible cerebro, debe emprenderse una labor de rescate. Y debe hacerse rápido.

No pretendo avergonzar a nadie con mi fervor, todos conocemos el poder destructor del fervor cuando éste se une a la intolerancia religiosa. Pero se nos está haciendo tarde. Millones de personas han abandonado la religión organizada. Hace casi cien años, Freud ridiculizó la fe religiosa tachándola de acción retrógrada en defensa de lo indefendible. Sin embargo, la aspiración es defendible, y no puede ser satisfecha por la ciencia, a menos de que esté dispuesta a derribar las barreras que separan falsamente los mundos interior y exterior. Hace diez años se consideraba impensable interesarse en la conciencia preservando una carrera científica respetable. Hoy, uno puede asistir a conferencias en que cientos de científicos de todos los campos presentan ponencias sobre la conciencia, y la palabra "quantum" abunda para tratar los procesos cerebrales, la fotosíntesis, la migración de las aves y la formación celular. Justo bajo las narices de los físicos, las mentes brillantes están creando un nuevo campo: la biología cuántica.

Esto significa que creer en una nueva ciencia expandida ya no es una locura. Sin embargo, queda claro que la operación de rescate necesita ser mucho más amplia. A nuestro alrededor, la gente se duele a consecuencia del vacío y el deseo; existe un vacío que debe ser llenado, y se trata de un vacío espiritual. ¿Qué otro adjetivo podemos utilizar en este caso? Sólo cuando a la gente se le dé esperanza de curar este dolor, sabremos en verdad qué nos reserva el futuro. Dejemos que la ciencia se una a la cura, porque de no ser así podríamos terminar haciendo que las maravillas tecnológicas sirvan a corazones vacíos y almas abandonadas.

Reconocimientos

Deepak Chopra

Nada es más gratificante para un escritor que descubrir que sus libros se han convertido en una cuestión familiar. En este caso, la familia se extiende al equipo del Centro Chopra, que siempre cuida que todos los detalles sean atendidos y que la agenda se cumpla. Mi más cálido agradecimiento a Felicia Rangel, Tori Bruce, y a la más indispensable de todos: Carolyn Rangel. No puedo imaginar la obtención de un apoyo más sincero y comprensivo del que me da mi equipo editorial, incluyendo a Julia Pastore, Tina Constable, Tara Gilbridge y Kira Walton. Ningún libro puede ver la luz como debe ser sin un editor paciente y talentoso, y Peter Guzzardi, quien me ha acompañado en el camino durante muchos años, ha vuelto a probar que es uno de los mejores en la industria. En Leonard encontré una mente estimulante y generosa, además de un hombre que pronto se convirtió en un buen amigo.

Esta familia extendida tiene su origen en casa, con mi esposa, mis hijos y nietos. Toda plenitud lleva a ellos, y no puedo agradecerles lo suficiente.

Leonard Mlodinow

Deepak y yo tenemos distintas cosmovisiones, pero estamos de acuerdo en algo: nuestra gratitud al equipo editorial, especialmente a Julia Pastore, Tina Constable, Tara Gilbride y Kira Walton; a nuestro editor Peter Guzzardi y a Carolyn Rangel, quien trabaja para Deepak pero también resultó indispensable para mí. Gracias a Deepak, cortés aunque a veces las cosas no pintaban del todo bien. Además, quisiera agradecer a Beth Rashbaum por sus hondos comentarios sobre el manuscrito. También estoy agradecido con muchos otros que leyeron todo o parte de los varios borradores y compartieron su opinión –Donna Scott, Markus Poessel, Peter Graham, Mark Hillery, Christof Koch, Ralph Adolphs, Keith Augustine, Michael Hill, Uri Maoz, Patricia Mindorff–, y a los "rebeldes" Martin Smith, Richard Cheverton, Catherine Keefe y Patricia McFall. Y, por supuesto, agradezco a mi maravillosa agente, Susan Ginsburg, consejera, animadora, crítica. Finalmente, también agradezco a mi familia, que debió soportar mis largas horas de ausencia y mis constantes y obsesivas conversaciones relativas a los libros, conversaciones que hubieran hecho que cualquiera, salvo mi familia, desearan emprender la huida.